U0003418

最受歡迎的生物老師
李曼韻 著

生物課好好玩

48堂課×**12**篇生物先修班
一年四季輕鬆學生物的超強課表！

從生活出發，做大自然的引言人

所謂的上學，是一整天都待在學校裡，學著與知識為友、與同學為友、與校園為友。對一個中學生來說，學知識有老師引領著；學交友，青少年本就是學校裡不羈的精靈；校園也是每一個人青春歡暢的天地，莊子說天地有大美而不言，校園也有大美，一石一樹都是我們終生不會抹除的印記。與校園為友，得學會與校園對話，進而與大自然對話，心中有了大自然，才會以健康的心態面對現實。

我們的九年一貫教育規畫了學校本位課程，老師可以依學校環境的背景和特色安排課程內容自編教材，學校本位課程內容就變得又活潑又有趣又生活化。配到這門課的老師就全心投入，發揮他的專長和同學們「玩」在一起，開闊了自己的思維也讓學生們「開了竅」。

北政國民中學的李曼韻老師一九八三年自台師大畢業後就到校擔任生物科老師，因為任教學校位在山邊，她就把這個特色當作題目，自我思索經營學校本位課程的方向，她選擇了「生態教育」，也把自己定位成一個與大自然對話的「引言人」，引領學生從發現問題到觀察，再和大自然對話。

她的引言很平凡，只是提出一個校園裡或生活上常見的問題，像「草莓的種子為什麼長在臉上？」，充分理解小朋友純真的好奇之心。她接下來的引導卻很專業，循著科學精神和方法一步一步地探討到深處，這是科學教育理論的實踐，是達成提升國民科學素養目標的不二法門。

李老師每有假期就出國旅行，她旅行到阿爾卑斯山時告訴我她看到了小白花（edelweiss），讓人不禁想到主題曲正是〈小白花〉的電影《真善美》，也想到了我們的玉山上也有小白花的遠親：玉山薄雪草，更想到李老師和學生樂在學習研究的景象，就像電影《真善美》裡角色們牽著手玩在一起的畫面。

李老師就要出書了，我相信這會是一本引領我們和大自然對話的一本書，同時，也像一本可以隨身帶著四處走，隨處坐下來可以翻看的很美的書。

國立師範大學生物生命科學系名譽教授 黃生

上一堂有溫度的生物課

說這是一本等了十多年的書,應該是不會誇張的。早在十年前,九年一貫政策推行時,強調學校可以透過彈性課程,規畫學校本位課程,培養讓孩子可以從學校帶得走的能力,當時我們就不斷思索許多問題,包括孩子為什麼逃離學習?如何把每一個孩子帶上來?如何讓孩子愛上學習?學校應該如何發展有感的課程開始等等?這些年來,李老師花了畢生心力,將生活中的事物轉化成為課堂上的素材,讓孩子的生活經驗和生物課程的知識緊密結合,孩子上生物課不再是枯燥乏味的知識堆疊,而是感受知識與生命經驗的交融相會,李老師的生物課,可以說是一堂「有溫度的生物課」。

對於孩子而言,國中生物課總有許多名詞要理解,甚至要背誦,所以許多人學習生物課是辛苦的,但是因為李老師將大自然當成學生的「大型教具」,在生活中所經歷的,很可能都成為課堂上的學習內容,因此課堂就變好玩了!記得某次北政國中的孩子接受專家訪問,討論課堂上的感動時,其中一位學生提到以前上學是無感的,但在上了李老師的生物課後,她發現生活中處處是驚奇像是上過李老師「環保建築師虎頭蜂」這堂課之後,她開始尋找蜂巢的足跡,並且驚嘆自然界的大作,所以每天期盼上學。另外一位學生則是分享他放學後最大的樂趣是到學校旁的小坑溪,因為在那裡可以觀賞吳郭魚築巢穴等等的有趣景象,生活因而變得多采多姿。

這些年來許多家長和孩子一直期待李老師出書,可以當作生物課的補充教材以及課外讀物。李老師不斷創新研發教材,只希望給孩子最好的教育,如今,看見李老師教職生涯三十年,為了一圓孩子的盼望,將歷年來收集的教材及精美的照片出版成冊,個人感動不已,感動李老師的教育熱情與生態專業素養。

十二年國教的時代已經來臨,過去孩子想升高中、上大學、賺大錢等等外在動機已經不復存在,如何引發孩子的內在動機是身為教育者的我們必須思考的。尤其最新課綱強調「學習不應只是知識和技能」,更重要是透過結合生活經驗的課程設計,進而導引孩子終生學習的熱情,更培養孩子主動積極的生命態度。所以期盼這一本書的問世,可以帶給更多孩子學習的樂趣,也可以提供給關心教育的老師與父母親帶領孩子學習的參考。

台北市立北政國民中學校長 蔡來淑

一堂與大自然連結的生物課

　　國中老師當了三十年可退還不退，不少人為我感到疑惑。答案是「關於教育，我還有很多想做的事。」

　　我正做著想做的事，喜歡的事，過程難免辛苦，但內心充實快樂。工作苦悶時就到大自然裡去紓壓，無名的躁動會得到平撫，並帶回滿溢的能量。就是這股神奇的魔力讓我一次次地走進山林，並將走過的足跡轉化為課程設計的元素，傳遞生物世界的美好以喚起保育之心。

　　你或許依然困惑，「那不就是生物課嗎？」理論上，生物是一門有趣的課，但經驗告訴我，要看見孩子對於自己身上的細胞，組織或系統感到好奇或存著探究之心不是容易之事。

　　理論上，生活周遭中的動植物最能引發孩子的觀察力。但經驗告訴我，大多數孩子對於飛過身邊的昆蟲視而不見，蛙鳴鳥語聽而不聞，也不認識種在教室門前的花木。

　　比較受注意的物種，大約是蛇、虎頭蜂、大蜘蛛、蟾蜍……等，但莫名的恐懼讓許多孩子想要「消滅牠們」。

　　生物課本不會告訴我們，這時候該怎麼辦？如果無法正確引導，很難指望孩子們長大後會尊重生命、愛護環境。怎麼彌補？以前我僅能做好機會教育，也就是當孩子偶然撿來小動物，在課堂上提問。例如：樹上掉下來幼鳥、水槽裡躲著青蛙、廁所掛著蝙蝠、五色鳥撞進教室玻璃……我都立即開講，這是最有效、最深得人心的生態教育，也是最快樂的時光。雖然，每個偶遇的插播經常用掉半節課，但充滿驚喜，是我與孩子們最愛的「有感教學」。發亮的眼睛告訴我，只要持續引領，孩子們會開始關心起生活周遭的物種，留意大自然中四季的變化。可惜生物課有既定進度，想多介紹校園動植物或指引孩子做生物觀察、紀錄都因時間因素只能點到為止。

　　轉機出現在「九年一貫」。實施至今已有十多年，九年一貫的利與弊因人因校而異，但它具有「開放」的特色，使課程走向多元化，如發展學校本位課程、開放彈性課程等。我抓住了這個契機，發揮了「彈性的力量」。開始自編教

材，為學生開了一門「生態教育」課，每週一節，一年約有三十節。課程架構主要是運用在地的生物資源，結合生物課本、生活經驗、生態素養三種元素。這門課我上了十多年，一直沒有課本，只有大綱內容、教學目標，以及不斷增加的課程單元和許多的 PPT。

這一年，我嘗試將這些課程內容寫成書與更多人分享。由於希望提升孩子們的閱讀力，也希望為青少年打好生物學的基礎，才有能力讀懂更多的科普書籍，所以書中字數與內容都比課本要多。老實說，對於十歲出頭的孩子而言這本書並不那麼淺顯易懂。我希望孩子不是孤單地閱讀，而是與家長或老師一起共讀，大人也藉機複習一下遺忘許久的生物課，將分離的生活、生命與大自然重新連結。讓這本書成為一個啟動因子，打開人與自然的藩籬，每逢假日或考後，親子或師生們共同找出一段空閒，走向戶外，把腳步放慢，試著觀察周遭的生物，輕輕碰觸，靜靜嗅聞，閉目聆聽，把自己的五官及心靈開放於大自然中。你一定可以感受到大自然正在與你說著什麼，你也會很自然地在內心回應著它，那將會是你生命中非常難忘的體驗。

個人第一本書的誕生，雖然很努力了，生澀難免。而我依然深懷感恩與歡欣，感謝所有協助這本書順利出版的每一個人，感謝所有愛護過我的人。以及，這片土地。

李曼韻

Contents

Contents

1月 **戶外探險去！**

第 1 堂課

環保建築師虎頭蜂

看似可怕的虎頭蜂，往往教人聞「蜂」色變，
原來牠竟是人類也望塵莫及的厲害建築師呀？

第 2 堂課

草莓的種子為什麼長在臉上？

種子不是多半長在果實的內部嗎？
草莓為什麼那麼特別？一起來認識種子和花！

第 3 堂課

魔法世界的神祕信差貓頭鷹

看似神祕的貓頭鷹，其實距離我們很近，
而且和人類的生活可是息息相關！

第 4 堂課

多吃蔬菜就等於愛護地球嗎？

原來「多吃蔬菜」還可以節約能源呀？
一起來認識蔬菜和環保的關係吧！

生物先修班 1 代謝作用

學習重點：認識分解代謝、合成代謝。

↑ 初夏，黃腳虎頭蜂剛於樹上築成的蜂巢。外殼有深淺不一的紋路，遮住了內部多層巢脾的結構。

第 **1** 堂課

環保建築師——虎頭蜂

大家應該都認得蜜蜂吧？蜜蜂雖然會螫人，但也會幫忙植物傳播花粉，還能生產蜂蜜。那麼體型大一點的「虎頭蜂」呢？除了外貌看似可怕，還會螫人之外，牠還會什麼？我們又該怎麼和牠相處呢？

建築功力連人類也望塵莫及

第一堂課，先來認識惡名昭彰的虎頭蜂吧！虎頭蜂體型大小不一，但每種虎頭蜂都有一個共同特徵，那就是頭部比例較大、嘴部大顎強而有力。此外，牠們大都捕捉其他昆蟲幼蟲來哺育自己的幼蟲，並具有較強的毒性和攻擊性，若遭螫傷，甚至有致命的可能性。因此，虎頭蜂自然在人類心目中惡名昭彰，總是讓大家聞「蜂」色變。

難道虎頭蜂沒有任何優點嗎？其實，虎頭蜂和蜜蜂一樣，是社會性的**群居昆蟲**，整個群體由蜂后、**工蜂**及**雄蜂**所組成，巧妙地分工合作維持群體的存活。蜂后只有一隻，負責產卵；工蜂數量最多，多

「綠建築」大師

「紙蜂窩」隔熱效果極佳，據農委會研究指出，室外四十度時，紙蜂窩內溫度僅二十六到二十八度，非常舒適宜人。不就像是近年以環保特質聞名的「紙房子」嗎？建築界早已將虎頭蜂的築巢功力當作參考取材的對象！

為不具有生殖能力、未受精之雌蜂，負責構築和修補蜂巢、尋找食物及飼育幼蟲等重責大任；雄蜂僅占極少數，只負責與蜂后交配。

除了擁有超強的團結合作能力之外，虎頭蜂還是人類望塵莫及的小小建築師喔！牠們的蜂巢是由工蜂咀嚼樹皮纖維製成紙漿後所建造，非常環保。這環保的紙蜂窩多呈土黃色、棕灰色，外牆並帶有花紋，蜂窩色澤因虎頭蜂選取的樹木纖維顏色而異，蜂群數量愈多，蜂窩的尺寸就愈大。牠們的巢穴大都是封閉式的，巢脾外面還包了一層紙糊的牆壁，因此從外面看不見六角形的蜂室，這層帶有花紋的紙糊牆壁，是虎頭蜂與其他蜂類蜂巢最大不同之處。雖然有外牆，但因為還是容易遭破壞，所以蜂巢只用一年，巢穴空了以後，蜂巢就留在原地。

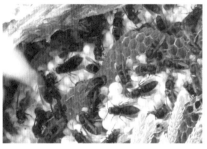

↑ 長腳蜂的蜂巢就沒有像虎頭蜂那樣有一層外牆！

↓ 外牆被風吹壞時，才有機會一窺牆內的巢脾，及其中六角形的蜂室。所謂的「巢脾」是構成蜂巢的基礎，上面排列著整齊的六角形蜂房。

台灣的虎頭蜂和牠們的蜂窩

虎頭蜂歷經卵、幼蟲、蛹，最後變為成蟲，是完全變態的昆蟲。在台灣共有七種毒性較強的虎頭蜂：黑腹虎頭蜂、姬虎頭蜂、黃腳虎頭蜂、中華大虎頭蜂、黃腰虎頭蜂、擬大虎頭蜂、威氏虎頭蜂，以下介紹最常見的三種。

名稱	最凶猛、最喜歡蓋豪宅 黑腹虎頭蜂	最常看到 黃腳虎頭蜂	體型最大 中華大虎頭蜂
分布	低、中海拔山區	低、中海拔山區	主要分布於海拔一千至二千公尺的山區
特徵	體長二至三公分。最佳辨識特徵是腹部呈黑色，體表有絨毛。	體長一．八至二．五公分，頭部為黃色，複眼紅褐色，鮮黃色的腳非常醒目。能暫停空中飛行，習性凶猛。	體長達四至四．五公分。不會在樹上築巢。

↑ 請認明黃腳虎頭蜂的「黃腳」！　　　　↑ 強風來襲，黃腳虎頭蜂的蜂巢底盤被風吹落了！

　　平常在校園最常見到的**黃腳虎頭蜂**喜歡在樹上蓋屋子，完工後的蜂巢呈長筒型，從九月到隔年一月都有機會在樹上見到，牠們的築巢高度從六至二十公尺高都有，蜂巢被破壞時，黃腳虎頭蜂們會快速地修補。

　　請大家注意了！接下來我們要認識**台灣最凶猛的虎頭蜂之一，黑腹虎頭蜂**。

　　牠同時也是最喜歡住「豪宅」的虎頭蜂。因為，牠的蜂巢體積有的可大到如天燈般，蜂數超過上萬，是台灣所有虎頭蜂中蜂巢最大的一種。

　　黑腹虎頭蜂三、四月將巢築於接近地面的土穴，等到五、六月，族群逐漸龐大後會遷移到約十公尺高的大樹上。到了秋天，牠的防衛半徑有時超過五十公尺，警戒性非常強。曾經有一位為救學童而被野蜂叮死的陳益興老師，就是死在黑腹虎頭蜂的毒針下。

　　上面介紹了最凶猛的黑腹虎頭蜂，接下來介紹**身材最碩大的中華大虎頭蜂**，牠通常在地面、樹洞中築巢，巢穴不易被發現或破壞。牠的防衛區域不大，僅約三至五公尺，到了秋天會擴大達五至十公尺。蜂群數量也不多，大約數百隻，但個頭大、毒性強，還是讓人心生恐懼。

看到虎頭蜂請記得三「不」原則

　　很多人一看到虎頭蜂，就怕得要命，急著打一一九請人來剷除，其實只要和牠相敬如賓，就能相安無事。千萬不要因為牠們有可能螫你，就覺得牠們「該死」。大自然不是人類獨有的，人與萬物

為什麼虎頭蜂秋天會變得特別凶猛？
....
動物學家趙榮台教授說，由於每年入秋之後，蜂后開始衰弱，甚至死亡，其他工蜂便開始爭相競爭地位，蜂窩內躁動不安，因此此時期的虎頭蜂反應比較劇烈，感覺特別凶猛。

都可以在自然裡悠遊生活，只要懂得如何以尊重之心和動物相處，就能與大自然和諧共處。

如果真的遇到虎頭蜂，請注意三「不」原則：

1. 不可以拿石塊投擲蜂窩。

2. 不高聲喧嘩，以免引起虎頭蜂的注意。

3. 不要招惹或打死在身體附近盤旋的蜂，這樣會刺激虎頭蜂。

只要注意以上三「不」原則，小心留意，儘速遠離，大致都可以平安無事，並非一看到蜂窩就非要打一一九剷除的。前文提到為了救學生而遭蜂吻過世的陳益興老師，起因就是頑皮的學生向蜂窩扔擲石塊。

↑ 黑腹虎頭蜂的蜂巢又圓又大，你看，這是不是豪宅呢？

↓ 黑腹虎頭蜂腹部呈黑色，體表有絨毛

↑ 中華大虎頭蜂正在攻擊金龜子。

↓ 中華大虎頭蜂的巢穴很隱密，不容易被敵人攻擊！

有助於生態平衡的環保小尖兵

虎頭蜂雖然對人類構成威脅，在大自然的生態平衡上卻扮演著重要的角色。因為虎頭蜂的幼蟲以昆蟲為主食，尤其是毛蟲。為數眾多的工蜂一生之中絕大部分的時間都在忙著捕捉毛蟲以餵養幼蜂，因此在一個虎頭蜂巢半徑幾百公尺到一公里之內，毛蟲的數量會減至最低，而毛蟲正是損害人類農作物最主要的動物。換句話說，如果有適量的虎頭蜂族群，便可以幫忙除蟲，人類就不必使用過多農藥除蟲，對於自然環境或人體健康都是好事！

虎頭蜂的成蟲吃什麼？

成蟲以花蜜、樹汁、腐果汁液，甚至是吸取其他昆蟲體液為食。

① 下列有關虎頭蜂的敘述，何者正確？

（A）虎頭蜂經常螫人致死，為無益於生態的害蟲。（B）台灣共有三種虎頭蜂。（C）虎頭蜂為完全變態的昆蟲。（D）虎頭蜂在一年四季中只有秋天時會螫人。

② 下列有關虎頭蜂社會的分工，何者正確？

（A）只有一隻蜂后，負責產卵。（B）族群中最有勞動力的是雄蜂。（C）工蜂數量不多，負責交配。（D）數量最多的工蜂是雄蟲，力氣較大，能分工擔任築巢育幼等工作。

③ 下列有關虎頭蜂蜂巢的敘述，何者正確？

（A）像個向下開放的蓮蓬頭，只有一層。（B）蜂巢複雜建構不易，故多能使用多年。（C）雖有外牆，一樣可以窺見蜂室。（D）蜂巢為環保綠建築，完全對生態無害。

④ 虎頭蜂都吃什麼呢？

（A）和蜜蜂一樣吃花蜜，素食。（B）成蟲主要吃花蜜、樹汁，也會捕捉昆蟲。（C）幼蟲吃素，成蟲吃葷。（D）幼蟲吃葷，成蟲只吃素。

[解答]

① （C）虎頭蜂為完全變態的昆蟲。

說明：虎頭蜂歷經卵、幼蟲、蛹，最後變為成蟲，是標準的「完全變態」昆蟲喔！

② （A）只有一隻蜂后，負責產卵。

說明：你答對了嗎？蜂后雖然只有一位，沒了牠，蜂群就無法繁衍後代了呢！

③ （D）蜂巢為環保綠建築，完全對生態無害。

說明：蜂巢可是冬暖夏涼、適宜居住的好範例，高超環保的建築工法讓建築學者也想向虎頭蜂取經！

④ （B）成蟲會捕捉昆蟲進食，也吃蜜。

說明：成蟲吃花蜜、樹汁，昆蟲體液等，算是雜食性。幼蟲完全肉食不喜歡吃蔬菜，只吃昆蟲（尤其是毛蟲），主要為肉食性。

↑ 九重葛大片又豔紅的部分就是「苞片」，常被誤認為花瓣。九重葛的花其實是被包在苞片之中又小又白的那幾朵。

第 2 堂課
草莓的種子為什麼長在臉上？

無論是芭樂、橘子、桃子，我們吃的水果就是植物的果實，這些果實裡面幾乎都有種子。那麼草莓呢？為什麼草莓的種子是長在臉上呢？想要了解果實與種子，得先從一朵花談起……

想要了解種子，要先了解一朵花

美麗芳香、色彩鮮豔的花朵，其實不只好看而已，它還身負繁衍下一代的重責大任。花是由葉子演變來，稱為花葉，著生於花托上，花托位於花梗頂端，負責支持花朵生長的結構。

外圍的花葉，稱為花被，包括最外層的花萼與次外層的花冠。花萼主要功用為保護花苞發育及支援開花過程，每一片稱為一個萼片，所有萼片統稱花萼。花萼內層，每一片稱為一個花瓣，所有花瓣，統稱花冠，主要功能為保護花蕊，並吸引昆蟲協助傳粉。為了引起昆蟲注目，通常花冠是顏色最鮮豔的部位。

如何授粉？

藉由昆蟲、鳥、風、水或人工的幫忙，原先在雄蕊上的花粉粒，就可以傳到雌蕊的柱頭上了。這個過程就是授粉。當蜜蜂、蝴蝶採蜜時，就會順便協助花粉的傳播！

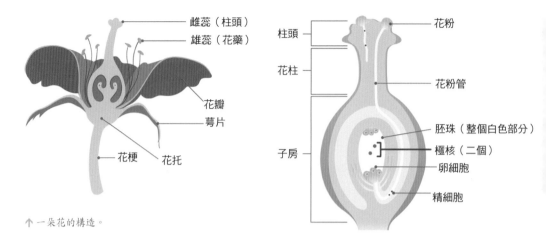

但有時候也是有例外的。例如九重葛最鮮豔的部分其實是苞片，而不是花瓣。苞片長在花萼以下，是顏色形狀較特殊的葉片，也可協助植物吸引昆蟲來傳粉。

花蕊還分雌雄？

李老師還要告訴大家一件事：花冠內的花蕊又分雄蕊、雌蕊，很令人吃驚吧！在花的授粉過程中，需要雄蕊和雌蕊攜手合作，雄蕊負責產生花粉，花粉傳遞到雌蕊的柱頭上，新生命的歷程才能展開。

花粉粒在柱頭上，會萌發花粉管，經過花柱再伸入子房內的胚珠。花粉管中有兩個精子，一個與胚珠中的卵結合，形成受精卵，另一個與兩個極核結合，故稱**雙重受精**。

一朵花若具有雌蕊、雄蕊、花瓣、萼片這四種構造，就稱為**完全花**，如桃花、梅花。若缺少四者中之任何一項，就稱為**不完全花**，如絲瓜的花。

接著進入發育階段，受精卵發育成為種子裡的**胚**，胚珠發育成熟即是**種子**。**子房**也在這個過程中，漸漸變大成為果實。

果實主要的功能為保護並協助傳播種子。一般的果實包含**果皮**及**種子**，果皮由子房壁發育而來，種子則由子房內的胚珠發育形成。

從開花結果解開草莓之謎

大家發現了嗎？像桃花和梅花這樣，擁有多數雄蕊，但只具有一個雌蕊的花，似乎一朵花都只能結出一個果實。例如櫻桃、芭樂、西瓜、南瓜……都是如此。

↑ 完全花的代表之一：桃花，它是最常出現在課本的一種花，大家應該都很熟悉了！

↑ 梅花也是完全花的代表。

↑ 絲瓜的雌花是不完全花，只有具有雌蕊的花才能結出絲瓜，圖中可以看出絲瓜的雛形。

　　但是，也有許多花是擁有不只一個雌蕊的，例如草莓、蛇莓、覆盆莓、釋迦。既然一個子房就能發育為一個果實，那麼，這些擁有許多雌蕊的花，就有許多子房，因此，它們就能結出許多個果實嗎？

　　是的，完全正確！換句話說，一朵草莓的花可以結出許多果實，一朵覆盆莓的花也可以結出許多果實。

　　咦？那我們平常吃的草莓，難道就是果實嗎？還是背後另有真相呢？

　　還記得前面提到過**花托**這個名詞嗎？我們吃的一顆顆多汁鮮紅的草莓，其實是由花托發育而來的。一朵草莓的花有許多雌蕊，每一個子房都結成一個小果實，這些小果實聚集在同一個花托上，這種特殊的果實型態稱為**聚合果**。蛇莓、覆盆莓、懸鉤子、釋迦，它們都是聚合果。這就是為什麼草莓的種子會長在臉上了！它臉上一顆顆的就是小果實，種子就在果實裡面呢！

↑ 不要懷疑，一個比李老師還大的南瓜也是由南瓜雌花的一個子房發育來的。

那麼，一個果實裡可以有幾個種子？

　　一個果實裡究竟可以有幾個種子？答案是「不一定」。一個西瓜、南瓜的果實裡有許多種子。如果是荔枝、龍眼、芒果，很明顯地，一個果實裡就只有一個種子。

　　換個方式思考看看，既然「所有的果實都發育自子房，種子則來自於子房內部的胚珠」，那麼，下次只要發現一個果實裡有很多種子，就可以推斷原來的子房裡有很多個胚珠。一個果實裡如果只有一個種子，那麼原來的的子房裡就只有一個胚珠會發育成熟。如果想深入了解雌蕊內部構造，只能透過顯微鏡來觀察，但我們可以用果實內的種子數量如此逆推回去。

　　下次吃水果時，不妨仔細觀察一下種子，也可以順便種個種子盆栽。

↑ 草莓的花，中間密密麻麻的都是雌蕊，和桃花、梅花只有一個雌蕊的景象，真的很不一樣呢！

↓ 草莓上的每一個小黑點，都是各由一個子房發育而來的。

↑ 剖開草莓，白嫩多汁的食用部分是由花托發育而來的。

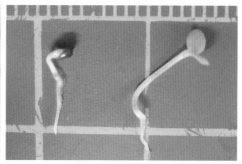

↑ 挖下幾個草莓上的小黑點，每一個小點都有機會長成一個新的植株。

① 關於草莓的敘述，何者為正確？

（A）一朵草莓花和一朵梅花或桃花一樣只結出一個果實。（B）草莓在一個雌蕊中有多個胚珠，故果實中有許多種子。（C）草莓在一朵花內有多枚雌蕊，每一枚雌蕊形成一個小果實。（D）我們食用草莓果實部份主要由子房發育而來。

② 有關「聚合果」，下列敘述何者正確？

（A）草莓是由一朵具有多數雄蕊一個雌蕊的花發育而來的果實。（B）聚合的果實全部融合在一起，就是食用的部分。（C）我們食用的白嫩多汁的部分是由子房發育而來。（D）釋迦和草莓一樣都被歸類為聚合果。

③ 我們所吃的芭樂中有許多的種子，那麼關於芭樂的花，下列敘述何者正確？（A）一朵芭樂花的子房中有許多個胚珠。（B）一朵芭樂花中有許多個雌蕊。（C）芭樂為單性花。（D）芭樂的果實是由許多朵花發育聚合而成的。

【解答】

① （C）草莓在一朵花內有多枚雌蕊，每一枚雌蕊形成一個小果實。

說明：一個雌蕊會形成一個果實，一定要記得這個重要概念，才能變成生物小高手喔！

② （D）釋迦和草莓一樣都被歸類為聚合果。

說明：釋迦的花和草莓的花一樣，都是具有多個雌蕊的，因此它們都會結出好多果實，再聚集於花托上。你答對了嗎？

③ （A）一朵芭樂花的子房中有許多個胚珠。

說明：因為「所有的果實都發育自子房，種子則來自於子房內部的胚珠」，所以，只要是果實內種子很多的植物，就可以逆推出它的子房中是有許多胚珠的！

角羽
在這裡！

↑ 鴟鴞科動物其中一個特徵，就是牠們的
喙前端會向下呈鉤狀！

↗ 稍微豎起的角羽。

第3堂課
魔法世界的神祕信差
貓頭鷹

說起貓頭鷹，你可能馬上會聯想到，J.K. 羅琳筆下「哈利波特」系列作品中，那奇幻、神祕、獨特、聰慧的信差「嘿美」。其實，銀幕上那一隻全身潔白、善解人意，可愛指數破表的嘿美，正確名稱是雪鴞，也是貓頭鷹的一種。你是不是也想養一隻呢？

其實我沒那麼神祕

大家可能不知道，其實貓頭鷹還算是常見的動物！貓頭鷹泛指鴞形目中**鴟鴞科**和**草鴞科**這一類肉食性猛禽。牠們頭型寬大，嘴短而粗壯，前端呈鉤狀，多屬於夜行性。

台灣目前共有十二種貓頭鷹，領角鴞是目前唯一可在校園、都會公園、郊區及有老樹存在的環境中被觀察到的貓頭鷹。也因為牠們和都市生活相近，所以大家漸漸開始知道，貓頭鷹並沒有大家想像的那麼神祕。在校園中甚至可常常觀察到領角鴞的蹤跡呢！

貓頭鷹有耳朵嗎？

許多人會把角羽當成是貓頭鷹的耳朵，其實並非如此。這些羽毛是從兩眼間長出來的，平時角羽是平貼在頭部，在警戒或受驚嚇時，角羽才會豎起來。貓頭鷹豎立角羽，並配合豎直身體，可「偽裝」成斷掉的木頭，躲避天敵。

　　領角鴞的外型長什麼樣子呢？牠的全長約可長到二十五公分。嘴喙呈鉛灰色，腳是淺灰色，頭上有耳羽（又稱**角羽**）。全身多為灰褐色的柔軟羽毛。其羽毛不只可以禦寒保暖，還有非常實際的消音作用和加速作用，在領角鴞起飛時可以讓牠們的動作保持迅速而安靜，有利於夜間來去自如、難以被人察覺的捕食活動。

↑ 距離都市人很近的領角鴞，其實常常悄悄潛伏於校園中喔！

↓ 放鬆狀態下，領角鴞的角羽平貼。

狼吞虎嚥的貓頭鷹

　　大家吃飯的時候，如果不仔細咀嚼就將食物吞下去，通常會被爸爸媽媽罵一頓。不過，貓頭鷹吃飯就是用「吞」的，小朋友千萬不要學喔！

　　貓頭鷹是肉食性動物，獵捕對象通常以小型哺乳類（如老鼠）、鳥類、蜥蜴、蛙類與大型昆蟲為主。牠們吃東西的方法是先將食物吞入，而不像人類會先去毛去骨再吃。將食物吞下後，將營養消化吸收，毛皮、骨骼、牙齒及羽毛、昆蟲外殼等無法消化的部分，會在貓頭鷹體內集結成類似蠶繭狀的東西，再從牠的口中吐出來。我們稱這東西為**食繭**，如果人類想要知道貓頭鷹吃了什麼，就可以研究這些食繭的成分。

該怎麼和校園常見的領角鴞做朋友？

　　台灣最常見的貓頭鷹領角鴞，近年生活圈已從都市邊緣的丘陵山區擴散進入都市叢林，特別是校園。為什麼呢？這是因為領角鴞喜歡住在大樹上，大家可以跟李老師一樣花點時間留意校園大樹約六公尺高的位置，常常可以看見領角鴞的蹤跡。由於牠們是夜間覓食、活動，白天就會停在樹枝上休息，未配對的單隻領角鴞較易更換棲息地，配對之後經常出雙入對，但也不一定就地繁殖。牠們不像其他鳥類在繁殖季節時會築巢，而是選擇適當高度，大小合適的樹洞為巢來產卵、孵卵、育幼。所以校園

像貓一樣可愛的大眼睛

因為貓頭鷹是夜行性動物，牠的大瞳孔有利於光線進入眼睛。此外，牠的雙眼都長在同一平面的顏盤上，較能精確判斷獵物距離，跟其他鳥類的「單眼視覺」比較不一樣，反而接近人跟猿猴的「雙眼視覺」，讓牠眼中所見的物體比較具有立體感。

↑ 領角鴞吃飽了，將營養都消化吸收了，現在正在吐出「食繭」。

↑ 走路時仔細看地上，在領角鴞經常出沒的地方可以撿到食繭，由牠所吃下的食物殘渣組成，其中成分可能有骨頭或是毛皮。

↑ 這一對大眼睛是牠最吸引人的可愛之處，雙眼長在臉的同一側，就和人一樣。

老樹也要有天然的巢穴，大家才有機會觀察到牠們育雛的行為喔！

　　領角鴞這麼可愛，又容易在校園中觀察到，可以養牠當寵物嗎？在台灣，領角鴞是珍貴的二級保育類野生鳥種，所以，不能像哈利波特養來當寵物。

　　我們要好好感謝領角鴞，因為牠們生性不怕人，生活空間也和人類距離相近，托牠的福，我們才有機會就近觀察鴟鴞科的鳥類。那麼，大家該怎麼和領角鴞做好朋友呢？

　　首先，如果看到領角鴞，記得不要驚動牠，也不要為了拍照而大量使用閃光燈，一旦驚動了領角鴞，牠可能就急著搬家，從此就很難再見到牠的蹤影了！

　　再來，減少農藥、老鼠藥的使用，以及維持都市中的綠意，也能幫助領角鴞過著幸福快樂的生活。這是因為老鼠藥可能會害領角鴞吃到身上有毒的老鼠，因而死亡，而都市中如果樹木數量減少，則會使得領角鴞找不到適合的居所。建議大家可以將領角鴞視為人類的鄰居，鄰居之間的生活是緊密相連的。

　　領角鴞和其他肉食性猛禽一樣，都是位居食物鏈中的**高階消費者**，意思是一個區域要餵飽牠們，必須要存在著足夠的食物供牠吃飽，例如夠多的小老鼠、小鳥、青蛙、蜥蜴……等。假如一個區域有夠多的物種，表示這個區域是個相對穩定、健康、平衡的生態系。對身為人類的你來說，也是很棒的生活環境喔！

← 貓頭鷹的轉頭角度超過一百八十度，甚至可達兩百七十度，方便觀察，也方便理羽。和大部分鳥類有限的轉頭角度很不一樣。有些鳥類由於視覺範圍較廣，甚至達三百六十度，因此牠們不用像貓頭鷹這樣轉頭，就能掌握周遭動靜。

① 貓頭鷹頭上豎起像貓耳朵般外型的是什麼構造？它的功能又是什麼？

（A）耳朵，聽覺構造的一部分，用來收集聲音。（B）觸覺構造，用來感應風吹草動。（C）偽裝，用以警戒狀態。（D）多餘的構造，沒有特殊功能。

② 根據你的推測，領角鴞為什麼會選擇校園棲息？

（A）有小朋友陪牠們玩。（B）零食多。（C）植物多，領角鴞也可以素食。（D）樹木較多，可以棲息，也提供足夠的食物。

③ 有關領角鴞的生態習性，下列何者正確？

（A）為夜行性的猛禽。（B）只生活於原始森林。（C）存在都市中的是人為放養的，非野生動物。（D）為肉食性動物，吞食動物後，連皮帶骨都能消化吸收。

〔解答〕

① （C）偽裝，用以警戒狀態。

說明：你答對了嗎？那是「角羽」，不是耳朵，也不能用來感受風吹草動喔！

② （D）樹木較多，可以棲息，也提供足夠的食物。

說明：樹木的周遭會有各種動物，這表示樹木正好提供牠們住的地方和充足的食物。領角鴞可是不吃素，也不吃零食的喔！

③ （A）為夜行性的猛禽。

說明：不只生活於原始森林，也出現於都市公園、學校。住在都會中的領角鴞也是野生的，另外，牠們所吃的食物並不是全部都能吸收，還記得「食繭」嗎？

↑ 這是還在土裡的胡蘿蔔。我們所食用的部分是它埋在土中的根部，養分由葉子行光合作用所製造得來。

第 4 堂課

多吃蔬菜就等於愛護地球嗎？

要怎麼愛地球呢？大家常聽到的「減碳」，就是減少地球上的碳排放量，降低全球暖化速度。其實，這件事也可以透過飲食習慣做到喔！為什麼呢？

有那麼多種蔬菜夠我們吃嗎？

經過上千位頂尖科學家的研究結果顯示，如果大家能「少吃肉、多蔬食」就是愛護地球的一種表現。聽到這裡，許多討厭蔬菜的人應該想大肆抗議了吧？在向大家介紹蔬食如何協助環保之前，先來認識有哪些蔬菜吧。你很快會發現，原來可以吃的蔬菜有這麼多種，而且除了果實之外，根部、莖部等各個部位都可以吃呢！

根和莖怎麼區分？

我們在吃馬鈴薯、蓮藕、薑這些蔬菜時，所食用的部位明明是埋在土裡呀！為什麼這些部位不是「根」而是「莖」？

可以觀察植物埋在地底的部位是否有「節」或「芽」，若有，就可以判定它是莖，而不是根了。例如馬鈴薯埋在土中，表面散布著芽眼，芋頭埋在土中的部位表面也有明顯的節和芽。

↑ 芋頭可以食用的地下莖。縮短膨大的地下莖，有明顯的節和芽可以辨認，它是芋頭貯藏養分及無性繁殖的器官。

蔬菜依食用部分，可以分成以下五類：

種類	根菜類	莖菜類	葉菜類	花菜類	果菜類
實例	蘿蔔、胡蘿蔔、番薯、牛蒡。	蘆筍、竹筍、筊白筍、馬鈴薯、芋頭、蓮藕、薑。	高麗菜、菠菜、韭菜、油菜、莧菜、空心菜、萵苣。	花椰菜、青花菜、金針。	絲瓜、瓠瓜、櫛瓜、小黃瓜、豌豆、四季豆、茄子、甜椒、秋葵。

番茄是水果還是蔬菜？

請問大家，番茄是水果還是蔬菜呢？它像其他水果一樣可以生吃，又很多汁，確實是很像水果，可是一想到「番茄炒蛋」這道菜，又令人不禁覺得它是一種蔬菜了。

廣義的定義是，除了穀物以外，只要是花、葉、根、莖等各部位可供人拿來料理做菜，就是蔬菜。從這個角度看來，番茄確實是蔬菜。在園藝學上，蔬菜和水果的區別是以栽種方式來做分類，蔬菜栽培期較短，可能是幾個月或是一年，水果則是經過長達幾年的栽培期，數年後才收成。例如釋迦樹種下去要三年才能收成，以龍眼子發芽種的龍眼樹，六年後可以開始結果。根據這個定義，番茄的栽培期只需要九十天，應當歸於蔬菜。所以，其實蔬菜或水果並無絕對定義的！

↑ 我們所食用的蘆筍部位是剛從沙土裡冒出來的一根根嫩莖。

↓ 我們食用的青花菜部位是由很多很小的花苞聚集成的。

一餐不吃肉＝立刻種了一百八十棵樹？

接下來，李老師要揭曉多吃蔬菜究竟和環保有什麼關係了。

大家都知道地球暖化問題非常嚴重，卻很少人知道，讓我們吃到肉、喝到牛奶的畜牧業，其實是地球暖化的最大凶手之一。根據《世界瞭望雜誌》（World Watch Magazine）在二〇〇九年曾發表的一項研究結論指出，畜牧業及其副產

↑ 又白又小可愛的豌豆花。　　↑ 這是櫛瓜，它的外表長得和小黃瓜很像，但　　↑ 豌豆結果的模樣。
　　　　　　　　　　　　　　　它不會長出藤蔓、往上攀爬，就直接結果了。

品，造成的溫室氣體已經占全球溫室氣體排放總量的百分之五十一以上，是造成暖化的最大主因。比吹冷氣、不隨手關燈還要嚴重！

　　因此，為了呼籲人們少吃一點肉，縮減畜牧業規模，美國芝加哥大學地球物理系教授紀登·艾薛（Gidon Eshel）和潘蜜拉·馬汀（Pamela Martin）曾經提出他們計算出來的數字：「一人一天吃一餐蔬食，可減少四·一公斤的二氧化碳產生，等於一百八十到三百六十棵樹一天的二氧化碳吸收量。換句話說，人類只要一餐不吃肉，馬上等於種了一百八十到三百六十棵樹。」荷蘭環境評估委員會的研究報告《改變飲食的氣候效益》中也提到：少肉、多蔬食可以有效遏止暖化，降低暖化成本。

　　究竟吃蔬食為什麼是節省能源、降低排碳量呢？

　　一頭牛若要長出一公斤的肉，平均需要吃十公斤牧草，其中九公斤牧草所產生的能量大都為牛隻維持生命所需的熱量。

什麼是碳足跡？

碳足跡是指一個人活動或使用一個產品，產品從原料取得、製造、包裝、運送、廢棄到回收，直接或間接的溫室氣體排放總量。例如，你了吃一個漢堡，夾在漢堡裡的肉是飛機從美國運來的，肉產生過程以及飛機的燃油都會製造出二氧化碳，同理，漢堡中的洋蔥是大卡車從屏東運來的，附送的玩具是中國製造船運來的，你也得把這過程中間接產生的碳全部加起去。

據國外研究，一個漢堡的碳足跡平均約為三·一公斤。

再來比較看看生產肉類和生產蔬食之間排碳量的比較，以下是根據二○○九年三月份的《科學人》整理出的資料。

生產食物項目	1kg 豬肉	1kg 蔬菜	1kg 雞肉	1kg 牛肉
平均二氧化碳排放量	3.8 kg	0.4 kg	1.1kg	14.8 kg

↑ 我們平常吃的秋葵是它果實的部分，圖中黃色的就是秋葵的花。

↓ 馬鈴薯食用部分發芽，這些芽都是有毒的。馬鈴薯食用部分是莖不是根，若長出芽來就有毒喔！

李老師相信大家都已經從這個簡單的表格中恍然大悟了，如果人類可以直接吃蔬食，就可以節省很多能量，也降低二氧化碳的排放量。

找到吃青菜的好理由

以台灣人而言，每人每天的碳足跡高達約十九‧六公斤，其中最大的排碳來源是吃肉，吃肉連帶產生的碳排放量有五‧七公斤，占全日碳排放量的百分之二十九，這個比例甚至高於吹冷氣、開車。怎麼樣呢？想要愛護地球，讓這個地方能長久美麗，大家有沒有比較想吃青菜了呢？

除了少吹冷氣、隨手關燈等好習慣之外，我們可以試著從減少食用肉量開始做環保，或者實施如西方的「週一無肉日」，既可以吃得健康，又可以減少暖化，何樂而不為呢？

↑ 圖為瑞士阿爾卑斯山區。就讓成群的畜牧牛隻漸漸成為一種風景，也是節能減碳的一種！

① 請動動腦，已知生產一公斤的牛肉，需要十公斤的穀物，生產一公斤的豬肉，需要四到五‧五公斤的穀物，生產一公斤的雞、鴨肉，需要二‧一到三公斤的穀物，那麼食用以下何種食物，較為節能環保？

（A）雞、鴨肉。（B）豬肉。（C）牛肉。（D）穀物。

② 下列何者是不健康又不環保的飲食方式？

（A）餐餐大魚大肉。（B）不挑食、多種類。（C）把便當盒裡的食物吃完。（D）每逢初一、十五吃素。

③ 下列哪一種蔬菜，我們吃的是它的「莖」？

（A）蘿蔔。（B）馬鈴薯。（C）秋葵。（D）櫛瓜。

〔解答〕

① （D）穀物。

說明：吃穀物會最節省能源，因此最為環保。

② （A）餐餐大魚大肉。

說明：你答對了嗎？記得吃東西的時候要愛自己也要愛地球喔！

③ （B）馬鈴薯。

說明：蘿蔔是吃它的根，秋葵與櫛瓜則是食用果實部位。

代謝作用

前面四堂課大家已經邊玩邊學，怎麼樣？有沒有發覺原來生活中四處都是生物小常識？這下子，對於生物課本的恐懼應該減輕不少吧！現在，請大家先回教室，加強一下生物課本中的「代謝作用」單元，讓大家快速地融會貫通，成為生物小高手！

代謝，是**新陳代謝**的簡稱，泛指生物體內用於維持生命的所有化學反應。或者，也可以簡單定義為：發生在生物體內所有的化學變化。

代謝作用可分為兩種：**分解代謝**與**合成代謝**。

「分解代謝」又稱**異化作用**，指生物體將各種營養物質分解成簡單的產物，換句話說，是由大分子物質分解成小分子物質的過程。在此過程中同時會釋出能量。

舉個最簡單的例子吧！前文介紹過的領角鴞晚餐吃了一隻老鼠，老鼠肉是蛋白質，在其消化系統中被分解成小分子的胺基酸，這樣的分解作用屬於代謝，當然了，我們可以更明確地說，這是代謝作用裡的消化作用。同理，如小朋友的晚餐吃了一碗飯、炸薯條、滷雞腿、蔬菜水果，飯與薯條的主要成分是大分子的澱粉，一樣會在消化系統被酵素分解成小分子的葡萄糖；雞肉中的蛋白質也是大分子物質，也需被酵素分解成小分子的胺基酸；而脂質一樣是大分子，需要被分解成脂肪酸和甘油，這樣才能通過細胞膜運送到全身各處。

小分子養分送到全身細胞中要做什麼呢？就是要將養分轉換為能量。幾乎每一個細胞時時刻刻都在做的一件事，就是將小分子養分，如葡萄糖分解為二氧化碳和水，並產生能量，此種代謝作用即為**呼吸作用**（又稱為細胞呼吸）。

化學變化是什麼？

當一個變化發生，形成了與原來不同的新物質時，就稱為化學變化。例如木炭燃燒，碳和氧氣結合，變成二氧化碳，這就是一種化學變化。

生命的維持需要每一個細胞都隨時正常運作以發揮功能，例如肌肉細胞要負責收縮、神經細胞負責傳遞訊息、紅血球負責運送氧氣、內分泌細胞負責分泌激素等，而每一個細胞在執行功能時都需要能量，因此細胞要不斷分解養分才能產生能量，我們進食的目的就在於提供細胞所需的養分，才得以轉換為維持正常機能所需的能量。

「合成代謝」又是什麼呢？它又稱為**同化作用**。是指將生物體所分解、吸收的小分子物質合成大分子物質的過程，此分解過程通常需要能量，與分解代謝釋出能量的情形恰好相反。例如人體將葡萄糖轉變為肝糖，或植物體將葡萄糖轉變為澱粉的過程，都屬於合成代謝。

小朋友晚餐如果吃多了，消耗的能量少於攝取的能量時，多餘的養分便會再轉為大分子儲存起來，例如，胺基酸可以合成蛋白質，修補身體或長成肌肉。同理，過多的碳水化合物沒有用完，可以變成脂肪，存在內臟周圍和皮下，也就是長胖啦！

想想看，我們明明吃的是雞肉、牛肉，或豬肉等，但在身上長出來的統統是「人肉」，是不是很神奇？現在大家了解為什麼了吧？一切就是因為代謝作用的運作。

了解代謝作用

種類	過程	能量變化	例子	反應簡式
分解代謝	大分子→小分子	放出能量	呼吸作用	葡萄糖＋氧→二氧化碳＋水＋能量
			消化作用	澱粉→葡萄糖 蛋白質→胺基酸 脂質→脂肪酸＋甘油
合成代謝	小分子→大分子	吸收能量	光合作用	二氧化碳＋水→葡萄糖＋氧＋水
			植物體內的合成作用	葡萄糖＋果糖→蔗糖 很多的葡萄糖小分子→澱粉

2月 戶外探險去！

第 1 堂課

能幹的小保母台灣藍鵲

「國鳥」台灣藍鵲應該是大家耳熟能詳的美麗鳥類吧！
你知道牠除了有傲人的外表，還是個善體人意，
喜歡幫忙照顧弟弟妹妹的巢邊小幫手喔！

第 2 堂課

好吃又美麗！認識蔬菜開的花

討厭蔬菜的小朋友看過來！
好多蔬菜既可以吃又可以觀賞，一起來認識各種蔬菜的花朵吧！

第 3 堂課

蟲蟲們其實面惡心善

蚯蚓、水蛭、渦蟲……這些蟲蟲是不是讓人一聽就渾身發毛呢？
別害怕，牠們不僅面惡心善，而且對人類其實很有益處喔！

第 4 堂課

動用好多朵花才能結成一顆果實的鳳梨

你是否曾注意過鳳梨跟其他植物的果實似乎長得不太一樣？
一起來認識「單生果」、「聚合果」、「複合果」吧！

生物先修班 2　開花植物的有性生殖

學習重點：認識有性生殖、無性生殖。

第1堂課
能幹的小保母台灣藍鵲

↑ 圖中的藍鵲可能是一雌一雄，但因為無法從外部分辨，不能確定。

不知各位小朋友記不記得？曾經在台灣「國鳥選拔」長達三個月的網路票選中，打敗千元大鈔上的帝雉、勇奪冠軍的，就是台灣藍鵲。台灣藍鵲之所以如此受人歡迎，就是因為牠的羽色簡單又華麗！牠的外貌亮麗，私底下卻是個會照顧雛鳥的能幹「小保母」喔！

身形亮麗傲人，竟是烏鴉的親戚？

台灣藍鵲擁有傲人外貌，體型適中，分布普遍，易於觀察，可說是大家很喜愛的鳥類。不過，李老師相信大家一定沒想過，台灣藍鵲居然和烏鴉同屬「雀形目」、「鴉科」的鳥類呢！相較於烏鴉一身烏黑，台灣藍鵲明豔了許多，體部寶藍色為主，雙翼偏鮮藍色，初級飛羽末端具白色斑。除了鮮豔的色彩之外，最引人注目的莫過於牠長長的尾羽。台灣藍鵲體長約六十五公分，其中近三分之二是尾羽長度，所以牠還有另一個稱號，叫做「長尾山娘」。牠的尾羽最長可達到四十公分，總共六

保育動物分為哪些呢？

在野生動物保育法第四條中，保育類的野生動物依情況共分為三級。
第 I 級為瀕臨絕種野生動物。例如：石虎、水獺、台灣黑熊、黑面琵鷺……等四十一種。
第 II 級為珍貴稀有野生動物，如台灣水鹿、東方蜂鷹、大冠鷲、領角鴞……等共一百二十三種。
第 III 級其他應予保育之野生動物，如台灣藍鵲、山羌、台灣獼猴、翡翠樹蛙……等共四十八種。

對，呈左右對稱，中央一對最長，其他較短的尾羽先端呈黑色、末端白色。雌雄兩性的鳥羽顏色相同，無法區分。

會幫忙照顧弟弟妹妹的台灣藍鵲

　　相信各位一定很難想像，這麼威風凜凜的鳥居然會是能幹的小保母！這樣的行為稱為「巢邊幫手制」，讓我們先認識牠們獨特的合作繁殖行為，再來理解這種特殊的「育兒模式」吧！

　　台灣藍鵲的繁殖季節大約從三月到八月，他們喜愛築巢於大樹的樹梢，巢的形狀如碗狀，每巢約有五到八個蛋。「巢邊幫手制」的特殊之處是鳥媽媽生下第一顆蛋後，牠前一年所繁殖出來的小孩，不會離巢太遠，會回來幫牠們的媽媽哺餵弟弟妹妹。在台灣約一百五十種的留鳥中，台灣藍鵲是唯一具有「幫手制」行為的。

　　此外，台灣藍鵲也具有強烈的護巢行為，像烏秋一樣，會攻擊侵襲者，若不小心離巢太近，就有機會見識到牠凶猛的護巢本能喔！

↑ 台灣藍鵲的六對尾羽由腹面才能清楚看到喔！是不是又威風，又層次分明呢？
↓ 台灣藍鵲的巢就像碗狀，簡單堅固。

↑ 這隻本來正在吞食盤古蟾蜍的紅斑蛇就是受到藍鵲攻擊，但藍鵲警覺性高，人的腳步漸漸靠近，就一哄而散了。

↑ 在水邊沐浴中的台灣藍鵲。

↑ 這是一個台灣藍鵲家庭，正在地上覓食。

↑ 正在進食中的台灣藍鵲。牠正在吃一種鳩鴿科的鳥類。

↑ 台灣藍鵲食性廣泛，木瓜也是牠們最愛的食物之一。

最喜歡「家族出遊」

台灣藍鵲為普遍留鳥，台灣特有種，但仍列為保育類，多分布於中低海拔的闊葉林裡。以前想要欣賞牠的身影，北部的朋友得到陽明山國家公園靜靜守候，等待運氣，有些扛著「大砲」的攝影者常常帶著蟲或肉去誘食後拍攝，這現象到現在還持續存在，但這行為不太恰當。不過，現今若想欣賞，機率可是大大提升了，從郊山到都市邊緣都可見其蹤影，這象徵著近年台灣生態好轉的結果！

讓台灣藍鵲變得常見的原因可能還有一個，那就是因為牠是雜食性，蛇類、兩生類、蜥蜴、老鼠、昆蟲、植物果實都能讓牠填飽肚子，這樣的食性是有利於族群壯大的。族群增加之後，自然提高了觀察機會。

有的山邊居民稱台灣藍鵲為「長尾陣」，只要親自看過一次就能明白，台灣藍鵲常常成群飛過天空，約五至八隻。這陣仗的成員通常是爸爸、媽媽、一至三歲左右的兄弟姊妹，可說是「家族出遊」。大家可以留意天空看看。

為什麼這麼常見，仍是「保育類動物」？

相信有的小朋友已經想問：這麼常見的鳥為什麼還是保育類呢？

保育類名單愈少，代表保育工作做得愈好！

這些年來有部分保育類野生動物，在民眾、學校、保育團體的努力下逐漸恢復生機，例如從瀕臨絕種被調整為珍貴稀有野生動物的長尾黑雉、藍腹鷴；或是從第二級調整為第三級的台灣獼猴、山羌與白鼻心。甚至還有部分物種被移出名單，例如莫氏樹蛙、褐樹蛙。生物學專家孫元勳說：「保育類的名單越愈少，就代表台灣的保育工作做得愈好。」

其實，台灣藍鵲之所以被選為保育類，代表牠的族群稀少，早期牠們一身亮麗的羽毛常遭覬覦，獵人會獵捕轉賣給想養牠或製作標本的人。而「保育類」三個字等於給牠一張護身符。凡列入保育類名單中之野生動物，「未經許可不得騷擾、虐待、獵捕、宰殺、買賣、陳列、展示、持有、輸入、輸出或飼養、繁殖」。

除了法規保護之外，這些年來，大部分民眾的生態素養漸漸提升，也是成就台灣藍鵲族群成長的原因，使牠成為低海拔地區容易觀賞的鳥類。

你一定還想問，既然族群成長了，那麼，為什麼還繼續留在保育類名單中呢？其實國內野生動物保育名錄是可以經由專家評估而修正的，例如，紫嘯鶇和台灣藍鵲一樣，是僅見於台灣的特有種鳥類，也曾經被列入保育名單之中，紫嘯鶇後因族群數量穩定，現在已經除名。

那麼，族群日漸成長的台灣藍鵲，是否有一天也可能不必再是保育類動物呢？

目前學者專家可能考量到牠的生活棲地與人類活動空間過於接近，所以仍將牠列入保育名單中，以便保護。也許，在全球保育意識逐漸抬頭的現今，即使除去「保育類」這張護身符，牠也能穩定成長。當這份名單中的項目一樣樣減少，日常生活中可見機率慢慢地增加，那就是「保育」的最高境界了。

↑ 紫嘯鶇也曾經被列入保育名單之中，後因族群數量穩定，已經除名。

下課前五分鐘

① 下列哪一種鳥類具有「巢邊幫手制」的行為？

（A）只要是鳥類都具有這種行為。（B）只要是鴉科鳥類都有。（C）只有台灣藍鵲才有。（D）紫嘯鶇、台灣藍鵲、藍腹鷴……等藍色鳥類才有。

② 下列哪一級保育類野生動物最需要被保育？

（A）第一級。（B）第二級。（C）第三級。（D）第四級。

③ 有關新台幣紙鈔上的生物，下列組合哪個是錯誤的？

（A）兩千元：台灣鱒。（B）一千元：台灣藍鵲。（C）五百元：梅花鹿。（D）兩百元：台灣蝴蝶蘭。

④ 如果保育名單上的動物愈多，代表台灣保育工作做得如何？

（A）愈好。（B）愈不好。（C）起伏不定。（D）沒有關係。

〔解答〕

① （C）只有台灣藍鵲才有。

說明：在鳥類中，只有台灣藍鵲會幫爸爸媽媽當能幹小保母喔！

② （A）第一級。

說明：第一級是瀕臨絕種野生動物，必須優先保育。

③ （B）一千元：台灣藍鵲。

說明：千元大鈔上的動物圖片是帝雉。牠就是曾和台灣藍鵲爭奪「國鳥」榮耀的台灣特有種鳥類喔！

④ （B）愈不好。

說明：愈多動物需要保育名單這個護身符，就表示愈多野生動物無法在大自然中存活，這是保育工作沒有落實的結果。

第2堂課
好吃又美麗！認識蔬菜開的花

什麼是角果？

果實成熟開裂時，中間會有橫隔。包括角果、長角果、短角果。

許多小朋友不愛吃青菜，想必這是許多家長共同的煩惱吧！父母除了可以在烹調上下功夫，變化菜色之外，也可以帶著孩子欣賞菜園，甚至親自耕種，從蔬菜生長過程中認識蔬菜，了解蔬菜也會開出美麗的花朵，或許會有更多驚喜喔！

平常吃蘿蔔的時候，是不是從沒思考過蘿蔔的花、果實，或其他部位長什麼樣子？其實，我們食用的蘿蔔是它的根，雖然蘿蔔也會開花結果，但除非是要採收種子，否則農夫是不會讓它開花結果的，因為花一開，就代表蘿蔔老了，口感也會變差，所以市場上看不到蘿蔔的花。對於植物，我們似乎常常只認識我們所食用的部分器官，對於其他非食用部位，我們似乎很陌生呢！試著參觀菜園，或是自己種植蔬菜，可以觀賞蔬菜的一生，完整體驗收成、開花結果等過程喔！

「明星蔬菜」十字花科大家族

　　十字花科的蔬菜除了根菜類的蘿蔔之外，也有許多葉菜類，例如白菜、青江菜、芥藍、高麗菜……極受日本人喜愛、吃生魚片時常見的「哇沙米」山葵也是這一家族成員。路邊常見的美麗油菜花田，其油菜也是這個大家族的代表喔！

　　在十字花科大家族中，有許多與健康息息相關的明星蔬菜喔！根據流行病學統計，多吃十字花科蔬菜，可降低胃癌、大腸癌、乳癌、子宮內膜癌的發生機率。因為十字花科蔬菜富含植物性化學物質，如硫配糖體（Glucosinolates）、異硫氰酸鹽（Isothiocyanates）等，比別的蔬菜更能抵抗癌症等慢性病。近年來，餿水油事件等食安問題頻傳，許多專家倡導我們應該更

↑ 花朵美麗，值得觀賞，也最為人熟悉的油菜花。可說是「好吃又美麗」家族的代表。

關心身體健康與飲食之間的關係，李老師相信小朋友會常在報章媒體上看見十字花科的蔬菜大受推薦，是吧？十字花科植物的葉為**莖生**或**根生**，葉的排列方式多為**互生**，少數對生，沒有托葉。花為兩性花，花萼四枚，花瓣四枚，最大的特徵就是它們的**四個花瓣排列成十字的形狀**。雄蕊多數為六枚，果實為**角果**，以其形狀的長短可再分為長角果或短角果。

　　同為十字花科的還有青花菜與花椰菜，它們可稱為雙胞胎姊妹，屬於野生甘藍的變種。我們不是吃它的葉子，而是吃那看似組成密實的頭狀部分，那是它的綠色花蕾及嫩花梗部位，故屬於花菜類。若未及時採收，讓它繼續生長，那些花苞一一開放時，便能欣賞到花菜真正的「花」，非常賞心悅目！

↑ 白花芥藍開花了！除了葉子可以食用之外，它的花苞和花也都可以吃喔！

↓ 高麗菜開花時，葉子也老了。這時是要等待收成種子，不會當作可食用蔬菜販售出去。

← 油菜花凋謝之後，形成長角果，可以收成種子。請仔細看看圈起來的地方，細細長長的全都是長角果。

→ 我們平時食用的青花菜是它的花蕾、花梗部分，如果沒有及時採收，讓青花菜繼續生長，它就會開花，其形狀也是標準的十字花！

開花後很像向日葵的茼蒿

看到這裡，應該有許多小朋友想問，還有哪些常吃的蔬菜也是開起花來明媚動人的呢？還有一種吃火鍋常見的葉菜類——茼蒿，開起花來也是不容小覷喔！茼蒿是菊科的蔬菜，其他同屬菊科葉菜的，有蘿蔓、各類萵苣、A菜（鵝仔菜）、紅鳳菜。

如果你將茼蒿種到開花，就可以欣賞到一朵縮小版的向日葵，色彩明豔。李老師要請大家順便回憶一下大波斯菊、菊花等菊科植物的樣子，菊科植物中所稱的一朵花其實是一個**花序**，也就是很多朵小花集合在一起的意思。外面一圈，一瓣一瓣的稱為**舌狀花**，每一瓣都是一朵花，茼蒿的舌狀花為黃色或黃白色。中間看似有許多小筒子的稱為**管狀花**，每一個小筒子都是一朵花。茼蒿的管狀花為黃色。

> 「花序」是什麼？
>
> 是多朵花排列在花軸上的特定次序。四月份第二堂課會有更進一步的說明喔！

↑ 這是A菜開花的樣子，也是一個頭狀花序。

↑ 茼蒿的花序，可以觀賞，也可以留著採收種子。中間看似有許多小筒子，這就是管狀花。右下角那一個花序，外圍的舌狀花已經凋謝，剩下中間的部分，就是管狀花。

↑ 圖為各類萵苣，有著顏色和造型都好看的葉片。

↑ 馬鈴薯也開花，你見過嗎？它是這麼美麗喔！　　↑ 這是絲瓜的雌花，只有具雌蕊的才能結出絲瓜。

其他你可能沒見過的美麗花朵

一提到莖菜類蔬菜，李老師相信小朋友最熟悉的就是用來製作薯條、洋芋片的馬鈴薯了，不過，應該大部分的人都沒見過馬鈴薯開花吧！我們所吃的馬鈴薯，屬於茄科，如果在二、三月放進土中，就會從芽眼開始發芽，約於五月下旬開花。馬鈴薯的花是兩性花，花瓣合生為**輪狀花冠**，輻射對稱，白色或藍紫色，雄蕊五枚，花藥黃色。

在果菜類中，絲瓜、瓠瓜、苦瓜、冬瓜、黃瓜、小黃瓜、大黃瓜都為瓜科（又稱葫蘆科），其共同特徵為草本綠色藤蔓，葉互生，有柄，花是雌雄異花的單性花，萼片與花瓣各五片，雄花花藥初為合生，後轉為離生。果實多為**瓠果**。瓜科的花朵也很美麗，例如苦瓜、冬瓜，花朵特徵是單性花，只有雌花才能結果，萼片與花瓣各五片，合生，子房位於花的下面。

還有一種花美得可以拿來當作插花花材，那就是韭菜的花。俗話說「二月韭菜，正月蔥」，意思是農曆二月的韭菜最好吃，它開花的時候則是在九月重陽節前後，美麗的白色小花，有六瓣桃狀花瓣，六枚雄蕊，中間有一子房，花叢生於韭菜花莖的頂端。近年來桃園市大溪區中新里有七十公頃韭菜花生產專業區，每逢花季，長達三公里的白色韭菜花海就成了追花族的熱門選項。

另外，每到颱風季節，價格便翻上一斤數百元的香菜若逢開花，亦透著高貴優雅的氣質，深深吸引人，一點也不輸園藝花卉。

什麼是瓠果？

瓠果又稱瓜果，含有很多種子，內果皮是漿質，外果皮堅硬，花托也發育成一層堅硬的皮包住外果皮。

↑ 美得讓插花愛好者也拿來插花的韭菜花。　　↑ 我們只知道吃香菜，很少有機會看到香菜花，其實細看它的模樣，是很美的花。

　　香菜，又名芫荽，它和胡蘿蔔同屬於繖形科，夏季時分開花，花很小，開花過程卻很值得觀察。快開花時，香菜的莖會抽高，葉子也會變形，像軟枝狀，葉片面積開始縮小。香菜花有五個花瓣，為淡粉色到白色，未開時的花瓣像收起手指的拳頭，接著花瓣由外側一一展開，但大小不等，也不一定全數展開，有時只展開三個花瓣，雄蕊也隨之慢慢伸展出來，整個過程變化豐富，趣味無窮。小朋友有機會不妨也多加觀察。

　　如果有機會到菜園參觀，或是自己在家中種植，記得多看看自己平時常吃的蔬菜，開起花來究竟是什麼模樣喔！

↑ 這就是輪狀花冠。花冠下部合生形成一短筒，裂片由基部向四周擴展，狀如車輪者，常見於茄科植物。

① 何者屬於菊科蔬菜？

  （A）白菜。（B）苦瓜。（C）茼蒿。（D）馬鈴薯。

② 何者屬於十字花科蔬菜？

  （A）青花菜。（B）地瓜。（C）番茄。（D）香菜。

③ 小朋友，你知道下列蔬菜的食用部位是哪裡嗎？請選擇正確部位的英文代碼填入。

  （1）花椰菜的食用部位是（　　）。（2）馬鈴薯的食用部位是（　　）。

  （3）高麗菜的食用部位是（　　）。（4）茄子的食用部位是（　　）。

  A：根

  B：莖

  C：葉

  D：花

  E：果實

  F：種子。

〔解答〕

① （C）茼蒿。

  說明：白菜為十字花科，苦瓜為瓜科，馬鈴薯為茄科。

② （A）青花菜。

  說明：地瓜是旋花科，番茄屬茄科，香菜是繖形科。

③ 正確答案如下：

  （1）花椰菜的食用部位是（D：花）。

  （2）馬鈴薯的食用部位是（B：莖）。

  （3）高麗菜的食用部位是（C：葉）。

  （4）茄子的食用部位是（E：果實）。

第3堂課
蟲蟲們其實面惡心善

↑ 蚯蚓長度因種類而異，台灣的蚯蚓也有長達四、五十公分的。

原始時代，人們害怕的可能是會奪去自己性命的獅子或老虎，然而現代人已經沒機會和這些猛獸正面衝突了，反而最令人害怕的是軟軟的蚯蚓、水蛭、渦蟲。許多小朋友會對著這些蟲子大喊：「噁心！」其實這些看似噁心的蟲子，對人類可是很有益的喔！

蚯蚓、水蛭、渦蟲常因身體柔軟而遭人誤會是軟體動物，事實上，雖然蛞蝓、蝸牛這兩種軟體動物最大代表的身體也很軟，然而不表示只要是身體柔軟就屬於軟體動物。有關軟體動物的定義，有待十月份第二堂生物課李老師會再介紹喔！

蚯蚓是「地球上最有價值的生物」？

蚯蚓和水蛭同屬於環節動物門，這一門動物的特徵就是身體大都細長、有分節，無論內外都分成一節一節的，每節外形都很相似，外觀看起來有一圈一圈的感覺。

> **水蛭、陸蛭分別是如何吸血？**
>
> 水蛭吸食魚、兩生類、鳥、獸的血液，或取食貝類、昆蟲幼蟲和蠕蟲。但陸蛭只吸哺乳類的血液，平常棲於潮溼的植被上，身體向前伸，以待動物經過後吸附。

蚯蚓正是環節動物門中最為人熟悉的一類，牠們身體長而圓，由很多環節組成。外表看似光滑，腹面卻長著幫助牠前進的祕密武器**剛毛**，可以增加摩擦力，幫助蚯蚓行動。只要借助於放大鏡就有機會觀察到剛毛。

　　大家應該會認為蚯蚓的頭部不明顯，想認出牠的頭，可以先找出「環帶」，距離環帶較近的那一端稱為「頭部」，也是它前進的方向。蚯蚓是雌雄同體，異體受精，生殖時由環帶產生卵繭，繁殖下一代。環帶位置與節數因種類而異，不同種類的蚯蚓，其環帶所處的節數亦不同，大部分種類約有一百多節。

　　蚯蚓具有**負趨光性**的行為，也就是不喜歡光，所以生活在泥土中，進食鑽動會讓泥土變得鬆軟，這樣很有助於農作物的根部吸收水分以及礦物營養鹽。蚯蚓主要以腐爛葉子為食。大部分的蚯蚓每天可吃進相當於自己體重的食物，然後把不能消化的沙土排放

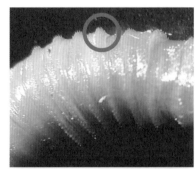

↑ 蚯蚓腹面的剛毛雖然不起眼，卻是可以幫助蚯蚓前進的關鍵祕密武器。

↓ 環帶是蚯蚓表皮上節間溝模糊、顏色較淡的環形構造，這個部位可產生卵繭，相當於蚯蚓蛋。

出來，這就是有機質肥料。自行創業生產蚯蚓糞的王廷宏曾說，達爾文曾將蚯蚓奉為「地球上最有價值的動物」，因為牠們吃進腐爛有機物，經消化排出的糞便富含氮、磷、鉀等養分以及微生物，是最天然的肥料，也對環境有益。加上牠繁殖速度快，所以養殖蚯蚓、收取蚯蚓糞也成了一門生意，網路上每公斤蚯蚓糞可以叫價到一百多元，簡直是化糞土為黃金！

↑ 這是從水溝中撈出來的水蛭。有時甚至在家中魚缸就可以發現水蛭的蹤跡。

↓ 在陸上生活的水蛭，稱為陸蛭，常俗稱螞蝗。。

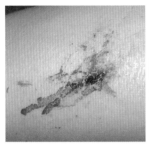

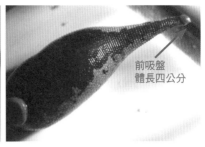

後吸盤

前吸盤
體長四公分

↑ 螞蟥的吸盤，以及吸附後留下繼續流血的傷口。

害蟲成益蟲的代表：水蛭

與蚯蚓同為環節動物的另一類就是水蛭。有時以棲息地不同而區分名稱，棲於淡水中的為水蛭，棲於陸地上的稱為陸蛭或螞蟥。因為會吸血，所以人類總認為牠是「害蟲」。

牠們在頭、尾部各有吸盤，消化系統的嗉囊很特別，能將吸進來的血液儲存在此達數月之久。

牠們的口腔中有三個顎，形成三角形。顎面上布滿了密密的細齒，一旦遇到獵物，水蛭就會先以頭部吸盤吸在對方身上，以細碎的牙齒咬開皮膚。撕咬的過程中，水蛭會分泌麻醉劑，使得被咬的人或動物只有些微疼痛，甚至一點感覺都沒有。

水蛭吸附過程中，會從口腔中同時分泌**血管擴張素**和名為水蛭素的**抗凝血素**，使得被吸附者的血液源源不斷地進入水蛭體內。水蛭還會一邊吸血，一邊濾除血液中的水分，以盡可能多吸取血液。短短的數十分鐘，吸血量可達到牠原本體重的三至七倍。吃飽喝足後，它們便會主動放棄撕咬，但被咬的人因為水蛭素的關係，傷口還會持續流血好一陣子。

正是這些抗凝血的水蛭素，在現代醫療中做出貢獻，使其成為「益蟲」。

自古以來，中國或印度都有記載，利用水蛭以通血、去淤。一九五五年，德國科學家馬克沃德特（Markwardt）首次將水蛭素從水蛭唾液中成功分離出來。一九八六年利用基因工程技術生產了重組水蛭素，一九九七年，重組水蛭素在德國上市。迄今為止，水蛭素成了世界上目前最強的凝血抑制劑。它的

小心水蛭！

水蛭主要生長在沼澤、池塘、山溪泉水中，幼蟲極小，肉眼很難看見，如果生飲山泉水，或在水中游泳，幼蟲就有可能趁此機會進入人體，寄生在鼻腔或消化道中。外出遊玩時請務必注意！

↑ 被螞蝗的吸盤吸附在皮膚表面的樣子，螞蝗的身體鼓脹。

↑ 吸飽血後的螞蝗，身體鼓脹，環節清晰可見。

抗凝血特性，能夠緩解動脈壁痙攣、降低血液黏稠度、減輕高血壓症狀，並有效防治心腦血管疾病。另外，它還能夠擴張血管、增進血液流量、加快術後傷口癒合。

透過觀察、研究、了解而加以利用，令人害怕的「害蟲」就成了「益蟲」，不可思議吧！

看見牠應該要開心的渦蟲

最後一項令人怕怕的蟲蟲，是渦蟲。渦蟲屬於扁形動物門。

渦蟲大部分為水生，仍有少數種類為陸棲，籠統稱之為**陸生渦蟲**。個體相較於水生渦蟲大很多，有的種類體長甚至可達五十公分以上。雖為陸生，但仍須生活於較潮溼的森林低地，如陽明山國家公園、巴福越嶺古道、內洞林道、東眼山步道……校園內也可以發現。陸生渦蟲為肉食性，以蚯蚓、蝸牛等各種蠕蟲為食，棲息樹根旁或牆角等陰溼環境。

↑ 陸生渦蟲的一種。

看見渦蟲需要害怕嗎？不，不只不需要害怕，更要感到開心！因為牠們是重要的環境指標生物。陸生、水生的渦蟲對生活環境都相當敏感，稍有汙染，便無法生存，所以當我們的環境中還有渦蟲時，表示我們所住的環境還沒受到汙染，值得歡喜！

① 下列哪一種動物屬於軟體動物門？

（A）蚯蚓。（B）水蛭。（C）渦蟲。（D）蛞蝓。

② 關於蚯蚓的敘述何者正確？

（A）蚯蚓生活在土裡會破壞農作物的根部。（B）分類上與水蛭是同一門的生物。（C）蚯蚓的體表完全光滑，以蠕動爬行方式運動。（D）蚯蚓的身體柔軟細長而不分節。

③ 關於水蛭的敘述，何者正確？

（A）只生活在水中，吸血為食。（B）有水生與陸生不同的種類。

（C）為吸血性寄生害蟲，對於人類沒有任何益處。（D）被水蛭吸血一定要盡速就醫，否則血流不止，會導致貧血。

④ 關於渦蟲的敘述，何者正確？

（A）生活在水中，吸血為食。（B）生活於陸上，吸食樹汁為食。

（C）有渦蟲生存的地方是骯髒的，表示該環境汙染物多又噁心。

（D）渦蟲是重要的環境指標。

【解答】

① （D）蛞蝓。

說明：蚯蚓、水蛭是環節動物門，渦蟲是扁形動物門。並非身體柔軟就屬於軟體動物門喔！

② （B）分類上與水蛭是同一門的生物。

說明：蚯蚓和水蛭同為環節動物門。蚯蚓身體看似光滑卻有環節，還有剛毛幫助前行，牠們生活在土裡，有助於農作物的根部吸收水分和營養。

③ （B）有水生與陸生不同的種類。

說明：從水蛭身上研究製出的水蛭素對人體很有益處。如果被水蛭咬了，還會流一陣子血，過一陣子血才會凝固。

④ （D）渦蟲是重要的環境指標。

說明：渦蟲是重要的環境指標，如果看到牠，不需要覺得噁心，反而應該感到開心！表示你住的地方環境很好！

第 4 堂課

動用好多朵花才能結成 一顆果實的鳳梨

↑ 覆盆莓的一朵花結出眾多小漿果，綠色的還未成熟。

堅果、漿果、瘦果、假果……等，你一定聽過許多關於形容果實性質的名稱，這些都是果實分類上的名稱，令人困擾的是果實的分類方式不只一種呢！

單生果與聚合果

我們先介紹一種基本的分類方式，這個分類方式是依據發育成一個果實的子房數目多寡來分類，依此方式可將果實分為**單生果、聚合果、複合果**三大類。

教科書在教到花與果實的時候，最常舉的例子是桃花、梅花，課本通常會說每一朵桃花中有許多雄蕊，但只有一個雌蕊。像這樣，一朵花只有一個雌蕊，由一個子房發育為一個果實者，稱為「單生果」，或簡稱「單果」。這是數量最大的一類，常見的蔬果中，如桃子、李子、梅子、芒果、芭樂、番茄、黃瓜……等，都是屬於單生果。

若一朵花中有許多個雌蕊，眾多子房集生於單

台語俗諺中「鳳梨頭，西瓜尾」，頭跟尾是指哪裡？

「頭」是指與莖相接的那一端，遠離的一端為尾。頭端接近母株地面的根部，水分與養分較多，所以鳳梨是頭部較甜，愈往尾部就愈酸。而一般瓜類生長時，多是頭上尾下，倚地的尾半截較大，甜度也較高，西瓜也是。

↑ 釋迦的一朵花。　　　　↑ 覆盆莓的花，中間部分是許多雌蕊。　↑ 釋迦的聚合果。

一花托上，根據在植物學上「一個子房發育為一個果實」的邏輯，這一朵花中的眾多子房會發育成眾多的果實，只不過外觀上看起來像是一個果實，這種果實稱為「聚合果」或「集生果」，我們在一月份第二堂課中提及的草莓、蛇莓、覆盆莓、釋迦正是屬於此類。

好多朵花聚合而成的「複合果」

根據前文已經知道一朵花可以發展出一個或好多個果實，那麼有沒有可能反過來，由很多朵花、很多個雌蕊發展成一個果實？緊接著要出場的是「複合果」，簡稱「複果」，是指一個果實由整個花序上的許多朵花發育聚合而成，也就是由好幾朵花中的好多個子房發展而成，當然幾乎都是雌花。但外觀上看起來，只像是一個果實，這就是「多花果」。也有人稱為「多花複合果」、「多花聚合果」或「多花集生果」。生活中常見的如桑葚、鳳梨、麵包樹、波羅蜜、無花果、構樹、林投果等，都屬於這一類果實。必須動用好多朵花才能結成一顆果實喔！

小朋友一定多少知道這些水果，不過，你對它們的花是否熟悉呢？

蠶寶寶的食物小葉桑

我們先從最容易觀察的小葉桑來認識「複合果」。

大部分人養蠶寶寶時使用的葉子就是桑樹葉子，不知道各位有沒有在採桑葉時，也一起觀察它的開花結果過程呢？

↑ 大家可能不常見到小葉桑的雌花，是暗綠色的，花柱很長，柱頭兩裂，內面覆柔毛。

台灣原生桑樹只有小葉桑一種，SARS 流行期間，曾盛傳以桑葚熬汁飲用，可增加人體免疫力，減少被感染機率，一度造成桑葚的高價搶購熱潮。其實，民間利用小葉桑已有多年歷史，除了食用之外也有藥用，現在更有生技公司從小葉桑中萃取出可以有效美白的成分，比起其他保養品，既天然又安全。這麼有價值的原生植物，很值得大家好好認識！

小葉桑第一個有趣的特徵是**雌雄異株**。意思是，它的植株有性別之分，雄株只開雄花，無法結果，如果想吃果實，一定要找到雌株。果實要由紅轉黑時才好吃，許多動物都很喜歡吃。

第二個有趣的特徵是，葉形的變化較大，尤其是在它小時候，葉子有的裂，有的沒裂，有深裂也有淺裂，一至五裂不等，長大後葉片多為心或卵形，葉緣有鋸齒。若怕採錯桑葉，餓死蠶寶寶，就要想辦法認其他特徵，它的小枝無毛，具有許多黃褐色的皮孔。

↑ 這是市場上常見的栽培種桑葚。每一小串葡萄狀就是一個複合果，是整個雌花花序發育而來。

↓ 雄株的小葉桑只產生花粉，不會結果實。

↑ 這是開花中的鳳梨植株。

↓ 紫色部份是鳳梨的一朵花，近看很美喔！

最典型的多花複合果代表是鳳梨！

生活在亞熱帶的我們，對鳳梨一點都不陌生，不過，其實食用鳳梨只是鳳梨科中的一種，全世界的鳳梨科植物多達兩、三千種，只有一種可以吃。相信各位小朋友聽了，會更想認識我們每逢夏天常吃的這種水果！

鳳梨的植株高度約數十公分，莖很短，葉從地面向上生長，既厚又硬，葉緣有銳利鋸齒。當鳳梨植株的中心逐漸轉紅冒出新芽，就表示是要開花了。它的花多為紫色，

↑ 這是波羅蜜，雌雄同株異花，雌花常著生於基部之主幹及老枝，所以結果實的時候會像這樣，果實掛在大樹幹上。

↑ 麵包樹也是雌雄同株異花，通常是雄花先開後，雌花才出現。整個果實也是一個多花聚合果。

開在莖頂，由下往上開。

它的果實為**複合果，由多數子房融合而成**。農業專家研發改良鳳梨品種時，為了食用時的美觀與方便，通常會捨棄有種子的鳳梨品種。改良後的品種通常子房發育不完全，因此內部種子也無法孕育出子代，農業上大都採用無性繁殖的方式繁殖鳳梨。

↑ 這是我們吃的鳳梨，果實即為多個小果所組合而成，每個小果稱為「果目」，數數看，這顆鳳梨大概是由幾朵花結出的？

① 關於花朵、雌蕊與果實的敘述，下列敘述何者正確？

　　（A）一朵花中只能有一個子房。（B）一朵花只能發育為一個果實。（C）一朵花中只能有一個雌蕊。（D）一朵花中可能有很多個雌蕊。

② 下列何者不是多花複合果？

　　（A）葡萄。（B）鳳梨。（C）桑葚。（D）無花果。

③ 關於小葉桑植株的敘述，下列何者正確？

　　（A）小葉桑的葉片是蠶寶寶的食草。（B）小葉桑是外來種。（C）小葉桑開花時，一朵花中有很多個雌蕊。（D）花瓣鮮豔，可以吸引昆蟲。

④ 關於鳳梨的特徵性質，下列敘述何者正確？

　　（A）食用鳳梨多以種子繁殖。（B）鳳梨開花，一朵花可以結出一個鳳梨。（C）鳳梨的果實是由一整個花序發育而來。（D）鳳梨和草莓一樣同屬於聚合果。

【解答】

① （D）一朵花中可能有很多個雌蕊。

　　說明：仔細上過這堂課，你就會知道前三個選項的答案都是「不一定」喔！

② （A）葡萄。

　　說明：鳳梨、桑葚、無花果都是多花複合果喔！葡萄是一朵花結出一個葡萄。

③ （A）小葉桑的葉片是蠶寶寶的食草。

　　說明：小葉桑是台灣原生桑樹，而且是雌雄異株，這是它的特徵喔！

④ （C）鳳梨的果實是由一整個花序發育而來。

　　說明：鳳梨多以出芽作無性繁殖。草莓是聚合果，鳳梨是多花複合果。

開花植物的有性生殖

上完了二月的課程，相信小朋友對於植物的生殖一定抱有許多疑惑吧！動物的生殖過程比較容易理解，植物的生殖似乎較難完整觀察到。認識「開花植物的有性生殖」之後，就能對這個課題多一點概念！

「生殖」的意思是指親代產生子代的過程，就像每個小朋友都由爸爸媽媽生出，爸爸媽媽就是「親代」，小朋友就是「子代」。同樣的，你家中所養的小狗也一樣，有狗爸爸媽媽作為「親代」，小狗是「子代」。

那麼植物呢？植物有兩種生殖方式。一種是開花結果之後，種子落地又萌芽，長出新的植株。另一種是利用根莖葉這些營養器官，長出新的植株。前者是**有性生殖**，後者是**無性生殖**。

「無性生殖」是指沒有經過配子結合的生殖方式，只有透過細胞不斷分裂。由於只有一個親代，所以這種繁衍方式下，子代和親代基因的相似度高達百分之百。例如馬鈴薯以塊莖上的芽眼繁殖後代就是其中一種代表。

而植物的有性生殖，相較於無性生殖，又更加神祕複雜、多采多姿了！由於透過開花結果產生的子代有兩個親代，子代和親代的長相會略微不同。就像所有小朋友都會和爸爸媽媽有些地方相像，有些地方又不太像。

開花植物的有性生殖是怎麼樣的過程呢？李老師在前面的章節已經提過花的構造，性別的祕密就藏在花蕊裡。一朵花中同時有雌蕊、雄蕊的花，稱為兩性花，例如百合、梅花。若只具有雄蕊或雌蕊者，稱為單性花，例如絲瓜。

古人並不知道植物也行有性生殖，也不知道花就是做為繁殖之用。分類學家林奈把花朵這生殖器官當

> **配子是什麼？**
>
> 有性生殖過程中，親代產生的生殖細胞稱為「配子」。配子分成雌配子、雄配子兩種。簡單說，雌配子就是卵子，雄配子就是精子。

作分類依據，迄今，大家都還記得林奈在分類學上的貢獻，但在十八世紀的當時，明白花朵有性別，能產生精卵細胞這件事的人並不多。

開花植物的有性生殖

	特徵	例子	授粉、生殖過程
兩性花	一朵花中同時有雌蕊、雄蕊。	百合、梅花、桃花、蘭花、孤挺花、朱槿、杜鵑、油菜花。	傳播媒介：昆蟲、鳥、風。原理：雄蕊上的花粉粒內含有精細胞。雌蕊的子房內有胚珠，胚珠內有卵細胞。
單性花	一朵花中只有雄蕊或只有雌蕊。	絲瓜、木瓜、小黃瓜、小葉桑、秋海棠、玉米、楓香、油桐花。	雄蕊的花粉粒經由上述媒介的幫忙，傳到雌蕊的柱頭上，花粉粒會萌發產生一條花粉管，藉此將精細胞送入胚珠中和卵細胞結合，完成受精作用。受精之後：胚珠會發育為種子，子房發育為果實。種子播種後萌芽為新個體。

　　如果用根莖葉就能輕鬆地繁衍下一代，為什麼植物還需要大費周章地進行授粉、受精、開花結果這樣漫長的有性生殖？

　　事實上，說穿了，植物為的還是自己本身。

　　在進行有性生殖的過程中，因為配子的形成與受精作用，都可以讓基因有機會重新組合。產生出來的子代，所擁有的遺傳因子與表現出來的性狀有機會與親代有所不同，如此一來，就更能增加同種生物中個體間的差異，讓這個物種更能適應環境的改變，這就是植物進行有性生殖最大的意義與目的。

動物也有無性生殖嗎？

也是有的，只是植物利用無性生殖來繁衍後代的情形遠比動物普遍。例如水螅的「出芽生殖」、渦蟲的「斷裂生殖」都是無性生殖。

3月 **戶外探險去！**

第1堂課
不要寵壞台灣獼猴

↑ 白臉的台灣獼猴。
↗ 紅臉的台灣獼猴。

縱橫山林的台灣獼猴雖然活潑可愛，卻似乎不太好相處？許多人會問：「台灣獼猴聲數量是否已經過多？還需要列入保育類嗎？」「是否因為牠們的數量太多了，危害農林作物也隨之增加？」「是否可以適度開放獵殺獼猴，以保護農作物？」「民眾餵食獼猴有什麼影響？」難道台灣獼猴真的「太多」了嗎？

保育動物 vs 害獸

許多小朋友可能不知道，過去的台灣百姓生活辛苦，看到大型生物就想獵殺，不是吃就是賣錢，幾乎沒有人在談保育。於是，梅花鹿、雲豹相繼絕種，台灣黑熊、水鹿、山羊，還有台灣獼猴數量皆岌岌可危。

一九七二年，台灣正式頒布全面禁獵並禁止野生動物出口，一九八九年「野生動物保育法」實施，台灣獼猴被列為珍貴稀有的保育類野生動物。近三十年來，在台灣自然環境中，許多動物因此得

白臉 VS 紅臉

台灣獼猴的臉色呈淡紅色，或深或淺，隨個體不同而異，所以台灣原住民朋友常將牠們分為「白臉」與「紅臉」。很有趣吧！

↑ 宜蘭福山植物園、仁山植物園等都是觀賞台灣獼猴的好地方。牠們屬於群居，生活於樹上。食物以漿果、核果、植物嫩葉等為主，也吃昆蟲、軟體動物、甲殼動物等，是雜食性動物。

↑ 遇見台灣獼猴時，牠有時會從樹上下來，慢慢朝人群走近，記得，不要餵食喔。台灣獼猴是台灣唯一和人類同屬靈長類的動物。牠有四肢，前肢比後肢短，四肢都有五趾，和人類相似度真的很高！

到了喘息的機會，台灣獼猴更是明顯的受惠者，其族群數量呈現持續而穩定的成長。

根據農委會二〇〇〇年所公布的資訊，台灣山林裡約有二十五萬隻獼猴，十多年來，數量變化不大。

二十五萬隻獼猴算不算「太多」？專家學者評估，這個數字並未超過**環境負荷量**，而是某些人猴衝突被過度報導。

這十多年之間，隨著猴群接近人類的生活圈，人們不需進入深山就能遇見獼猴，例如在高雄柴山、台北陽明山，宜蘭仁山、玉山國家公園……都有機會近距離觀賞獼猴。接觸機會增加了，遊客卻未接受如何「賞猴」的教育，因此人猴之間的衝突事件時有所聞，像是獼猴搶食遊客食物、抓傷遊客，更嚴重的是不少地方都有猴群侵入果園的困擾。久而久之，這些新聞漸漸讓人們誤以為，可愛的保育動物台灣獼猴，好像變成了會為人類帶來麻煩的「害獸」了。

我喜歡牠，為什麼不可以餵牠吃東西？

屏科大團隊研究高雄柴山的獼猴問題後，認為「不餵食、不干擾、不接觸」三不原則，可降低被獼猴搶食機率，並建議看猴子要像「賞鳥」般，只遠觀，不碰觸，若遇到猴子尾隨，不理會，依原步伐繼續向前，牠就不會再跟了。

屏科大研究還指出另一件事。柴山獼猴數量為

不可以寵壞獼猴！

二〇一〇年春節開始，玉山管理處決定不再「寵壞獼猴」，明文規定遊客餵食如果被抓，第一次罰九百元，第二次一千五百元，最高可罰至一萬五千元。

什麼會增加到超過環境負荷量？原來，遊客帶來的額外食物是主要原因。如此看來，如果想要減少人猴衝突，阻斷遊客的餵食行為，以抑制獼猴數量，會是根本解決之道。

其實，想和台灣獼猴好好相處，不一定要餵食牠。「不任意餵食野生動物」就是我們人類必須學會的其中一個生態素養。

二〇一〇年二月，報紙出現一則難得的生態新聞，關於國小翰林版六上第六課的〈獼猴爺爺〉，課文中敘述台南縣南化鄉東和村林鉎修先生（獼猴爺爺）買下一隻待宰猴子，醫治後野放，林先生擔心這隻斷臂的猴子覓食不易，於是每天餵食花生米或拿香蕉在路邊等牠來吃；沒想到猴子也會「吃好到相報」，於是前來吃香蕉的猴子愈來愈多，東和村意外成為生態觀光景點。

這則新聞的爭議點在於：生態志工或國家公園警察勸導小朋友不要餵養野生動物，否則會開立罰單，小朋友的困惑是：「課本裡說獼猴爺爺很有愛心餵猴子，為什麼我們不可以餵？」最後的結果是請出版社修改課文，否則給予小朋友錯誤的生態觀念。

愛動物要用對的方式去愛

許多小朋友會認為以食物餵養，可以免於牠餓死，有什麼不好？然而，以生態觀點來看，不當餵食可能會造成幾個問題。

首先是**改變獼猴的食性**，例如獼猴由生食轉為熟食，或是影響獼猴覓食認知，**改變獼猴的行為**，使得牠們不再自行尋找食物，而是等待餵食甚至是搶食，

↑ 這隻獼猴就是發現沒人理會牠，於是跟了一段時間，自然就回頭了。

↓ 遠遠眺望牠，欣賞牠在森林中跳躍，揮灑一身本事！

當然，人類的食物也有可能造成肥胖問題，既不利於牠們的健康，也使得人猴之間的關係日漸緊張，甚至可能使農地受害者對獼猴更加厭惡。長期而言，對於獼猴保育工作有相當不良的影響。

所以，李老師要再次提醒小朋友，要考慮「環境負荷量」，不要人為餵食，造成猴子族群數增加。這樣一來，大家喜歡的可愛台灣獼猴，可以過得更好、更健康喔！

屏科大蘇秀慧老師說「讓獼猴回到原始棲地找到食物來源」，藉由人類行為的節制，當獼猴學習到在步道無法取食，就會漸漸回到天然的棲地。「野生動物不會讓自己餓著，會重新適應天然的環境」。台灣獼猴是與人類血緣關係最近的野生動物，記得以對的方式愛牠們喔！

↑ 我們從遠處觀賞台灣獼猴自在地進食，與牠和諧共存、互不打擾。

① 在台灣，野生台灣獼猴可以「餵」嗎？

（A）可以，這是愛護動物的表現。（B）不可以，這樣可能會改變牠的食性或行為。（C）可以，因為牠是保育類。（D）不可以，因為牠很挑食。

② 關於台灣獼猴的族群，下列敘述何者正確？

（A）目前族群偏稀有，故列為保育類。（B）目前族群太大，已從保育類中除名。（C）目前族群約二十五萬隻，仍屬於保育類。（D）台灣獼猴的族群，未來只會增加不會減少。

③ 下列關於負荷量的敘述，何者錯誤？

（A）一個環境中所能供養生物族群的最大數量，若生態環境被破壞了，環境的負荷量會降低。（B）生物族群的大小會受到環境負荷量的影響。（C）環境對每一種生物的負荷量都是相同的。（D）當生物族群大小尚低於負荷量時，生物族群通常會呈現漸增的趨勢。

【解答】

① （B）不可以，這樣可能會改變牠的食性或行為。

說明：愛護動物不等於要親自餵食牠喔！小朋友須有正確的生態觀念，才能真正和動物們相親相愛！

② （C）目前族群約二十五萬隻，仍屬於保育類。

說明：動物是否列為保育類，和牠的數量並沒有絕對關係喔！

③ （C）環境對每一種生物的負荷量都是相同的。

說明：環境對於不同種的生物，負荷量也不同。例如，同樣是擎天崗草原，對水牛的負荷量為七百隻，對綿羊的負荷量可能為一千隻。由於各物種食性、食量、重量都不相同，所以在同樣環境中的負荷量也會不同喔！

第2堂課
賞櫻，不只看熱鬧
更要看門道

↑ 桃李杏梅櫻中，櫻和李有較長的花柄，其中以櫻花花柄最長，花朵自然就下垂了。

↗ 李花的花柄也較長，但還是不及櫻花。

近年來，賞櫻成了春天的全民運動，春暖花開，落「櫻」繽紛時節，上網搜尋，就有「全台賞櫻景點攻略五十處」之類的參考資料。不過，你對櫻花了解嗎？你知道到處種植櫻花會有什麼不良影響嗎？賞櫻時不只看熱鬧，更要看門道！

你真的認識櫻花嗎？

許多人喜歡賞櫻，但你真的認識櫻花嗎？

很多人並不知道自己其實分不清楚桃花、李花、梅花、櫻花，在學會辨別出櫻花之前，需要先談一點植物名稱。

桃、李、梅、櫻這四種植物同屬雙子葉植物綱、薔薇目、薔薇科，接下來的屬名也相同，拉丁字為 *Prunus*，然而這個字的中文譯名可有趣了，有的翻成李屬，有的翻成桃屬，甚至梅屬、櫻屬、櫻桃屬也有！無論這個字翻成「哪一種屬」，李老師在此告訴大家，這四種花確實是同科同屬不同種的

人為的育種
是怎麼進行的？

嫁接，是園藝上常用的技術，一種植物無性繁殖和改良品種的方法。以人為方式，將一植物枝或芽接到另一親緣關係較近的植物體上，成為一新植株。此法能保持植物原有的某些特性，常用於果樹的栽培以改良品種。例如：將昭和櫻嫁接在山櫻上，目的就是為了讓它擁有山櫻耐高溫的特質。

↑ 山櫻花中最常見的是深紅色的霧社品系。

↑ 山櫻花葉柄基部有撕裂狀托葉。注意觀察，花謝之後，也可以靠撕裂狀托葉此特徵辨識櫻花喔！

↑ 山櫻花果實味道不佳，有人製成蜜餞或釀造成醋，接受度仍是很低。沒關係，就留給小動物吃吧！

植物，長得相似是正常的。

　　如何辨別櫻花呢？櫻花有著長長的花柄（或稱為花梗），我們總感覺「櫻花向下開」，就是因為這長花柄。

　　說到這長花柄，請回憶一下，平時所吃的櫻桃是不是也有長長的果柄？那就是從花柄而來的。

　　這麼說來，櫻桃樹開花之後所結的果實就是櫻桃嗎？

　　原則上是對的。只不過我們在市場上所買的櫻桃和它們為同屬不同種。還有，也不是每一種櫻花花謝之後都會結果喔！

會結果實的山櫻花

　　在台灣，常見的賞櫻名單之中，開花之後少數能結果實的就是山櫻花。山櫻花又稱「緋寒櫻」，「緋」是紅色之意，意思是寒冷時節開放的豔紅色櫻花。山櫻花花色為深桃紅色、花單生或數朵簇生，花瓣五枚著生於萼筒上，花冠中富含花蜜，深受昆蟲及鳥類喜愛，我們也可以賞花順便賞鳥、賞蟲喔。

　　山櫻花適應性很強，較耐高溫，也是台灣主要櫻種，從平地到高山都能生長，有深紅系的「霧社種」和粉紅系的「竹子湖種」，還有少許白色的突變種，是台灣分布最廣的櫻花樹種。山櫻花所結的櫻花果，由綠轉紅時非常美麗，但澀味十足，轉為黑紫時可以淺嘗，然而果實不大，味道也不好吃。

其他櫻花多為觀賞用

　　相信大家還常常聽到吉野櫻、紅粉佳人、富士櫻……等，這些是人們為了賞花所選拔培育出的園藝品種，就不會結果了。看看下列這張表，從一些容易辨

認的種類，搭配賞櫻地點著手，慢慢去深入認識櫻花吧！

這些都是台灣常見櫻花喔！

山櫻花（緋寒櫻）※ 圖為白色花品種。

特徵：花朵為吊鐘狀、花柄長，可再分為淺粉色、桃紅色、白色。

花期：一月至二月中，是台灣開花最早的櫻。

特色：台灣原生種。台灣分布最廣的櫻樹種。

分布地點：散見全台各地。

重瓣緋寒櫻（又稱八重櫻）

特徵：花朵為重花瓣的山櫻花，形狀如吊鐘狀、顏色紅、花柄長。

花期：二月中到三月初。

特色：花朵大，重瓣花開整樹顯得飽滿、濃密。

分布地點：散見全台各地。

染井吉野櫻

特徵：萼片及花梗上有毛。初開淡紅，全開漸白，但蕊心的部分仍偏紅。

花期：三月中至四月初。

特色：大島櫻和江戶彼岸櫻的雜交種，是天然雜交種。

分布地點：阿里山。

霧社櫻

特徵：花朵細小、花瓣白色，是台灣最小型的櫻花。

花期：三月中旬前後。

特色：台灣原生特有種。

分布地點：中海拔如霧社、武陵。

紅粉佳人

特徵：顏色粉嫩，花瓣單瓣，花梗短。

花期：二月中。

特色：昭和櫻與台灣山櫻花的育種。

分布地點：武陵農場獨有。

河津櫻

特徵：花形較大、單瓣花瓣，花瓣彼此較為緊密，顏色為淡粉紅色。

花期：二月中至三月初。

特色：日本人移植台灣山櫻花至九州種植，與當地大島櫻的天然雜交種。

分布地點：新店溪左岸自行車道、南投台大茶園、隙頂……等。

昭和櫻

特徵：粉紅色花瓣，全開時花瓣明顯較分離，花朵較為下垂。

花期：二月至三月。

特色：全開時花瓣分得很開，掉落時花瓣一片片掉。

分布地點：陽明山花鐘附近、阿里山。

千島櫻

特徵：花瓣為淡粉紅色。

花期：二月至三月。

特色：與吉野櫻很像，但花比吉野櫻大、雄蕊比較長。

分布地點：阿里山。

寒櫻（在台灣又稱富士櫻）

特徵：花瓣五枚，下垂狀團簇，不完全展開，顏色初為淺粉色，而後隨雄蕊變色漸轉粉紅。

花期：一月中至二月下旬。

特色：為緋寒櫻與日本山櫻的雜交種。

分布地點：陽明山、桃園大溪、拉拉山、嘉義迷糊步道。

賞櫻潮的後遺症

賞花固然是件美事，可惜，一窩蜂的賞花潮造成各地都在瘋狂搶種櫻花。

種植者無非就是期望櫻花帶來觀光人潮。但是緯度、溫度各異，氣候條件不同，台灣是不能也不必複製像日本一樣的櫻花文化的。

在台灣，原生種櫻花多生存於氣度較低的山林，以往人為栽種也多在中海拔山區，如阿里山、陽明山等公園裡。近年來，為了滿足大眾追櫻的熱潮，櫻花開始擴散，從高山向平地，從郊區向市區，甚至是行道樹、學校、一般人家都要種上幾棵。

台灣低海拔山區多由複雜的樹種所組成，如相思樹、白匏子、樟樹、江某、香楠、九芎、烏臼、血桐、野桐、山黃麻……等，孕育著豐饒的生物多樣性。現在不少地方將這些「花」色不起眼的樹木一一砍除，如此一來，依靠這些植物生存的昆蟲、鳥類等生物就失去了棲地及食物。不僅如此，所種植的櫻花可能也因為氣候不適合，相繼枯死。即使活了，也是存在著林相單一化的問題。

在賞櫻之際，可以多培養關懷自然的胸懷，關心櫻花濫植可能傷害生物多樣性的問題！

① 下列哪一種水果果柄最長？

　　（A）水蜜桃。（B）杏桃。（C）毛桃。（D）櫻桃。

② 台灣的櫻花群中最能適應低海拔較高溫度的是哪一種？

　　（A）霧社櫻。（B）緋寒櫻。（C）吉野櫻。（D）紅粉佳人。

③ 認識了櫻花之後，我們了解想要維持生物多樣性，下列何者是最好的方式？

　　（A）盡量減少不必要的開發，落實保育工作。（B）利用基因改造的生物技術，以增加族群的基因多樣性。（C）多多從國外引進物種，以增加物種多樣性。（D）砍伐森林來創造不同的棲地增加生態多樣性。

〔解答〕

①（D）櫻桃。

　　說明：櫻花在幾種花中，花柄最長，因此可推論結成果實後，果柄也是最長。你答對了嗎？

②（B）緋寒櫻。

　　說明：其他櫻花都是適應較低氣溫的。

③（A）盡量減少不必要的開發，落實保育工作。

　　說明：以文中的櫻花例子而言，若維持原貌，不擅加培育新品種、不隨意引進新物種，也不濫伐森林，對於保持生物多樣性而言就是最好的方式。

↑ 在貓空，樟樹步道旁的的魯冰花。

第3堂課
化作春泥更護花的 魯冰花

「天上的星星不說話，地上的娃娃想媽媽，夜夜想起媽媽的話，閃閃的淚光魯冰花……」知名電影《魯冰花》的主題曲是如此琅琅上口，其中提到的魯冰花究竟是什麼呢？

一九八九年《魯冰花》電影上映，至今許多小朋友還能完整唱完它的主題曲，卻不一定都知道什麼是魯冰花。其實，它是一種特殊的植物，落地化為泥土後，還會繼續守護其他植物！

沒錯，魯冰花是一種花

魯冰花在植物學上稱為「羽扇豆」，屬於豆科植物中的羽扇豆屬（*Lupinus spp.*），而「魯冰」這兩個字則來自於拉丁屬名 *Lupinus* 的音譯，這一屬約有五百種，全部泛稱「魯冰花」。

電影以花為名，是有其時代背景的。早期，魯冰花是茶園的綠肥，種植魯冰花只是為了它能化作

什麼是「有機」？
....
「有機物」在生物學上指的是與生物體有關或來自生物體的物質，如醣類、蛋白質。常聽到的「有機蔬菜」，指的是種菜過程使用的肥料和除蟲方式，都只使用有機物，沒有施用農藥或化學肥料。

泥土養料以換來香甜的茶味，故事隱喻台灣
早年許多貧窮兒童的才華正像魯冰花一樣，
總是被埋沒。

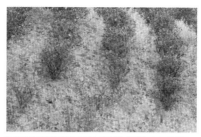

很多人都說，看完電影的當年，沒見過
魯冰花，不知道它名副其實就是一種花，也
不知道它與茶樹的關係。

而早在一九二六年魯冰花屬的黃花羽扇
豆品種便已從日本引進，因為這種植物根系
發達，**固氮作用**的功能很強，生長迅速，
耐旱力及抗寒力俱佳，又適合生長於酸性土
壤，便慢慢成為台灣北部重要的冬季綠肥，
算是幫助北部茶葉發展外銷的幕後功臣之
一。以現在流行語稱呼，符合了「有機茶」
的部分條件。

↑ 茶園中的這一種魯冰花又名黃花羽扇豆。
↓ 這是魯冰花的掌狀複葉，葉柄長，小葉約
五至十一片。

氮元素對植物是很重要的

所謂「固氮作用」意思是將空氣中的氮氣（N_2）
轉變為含氮化合物的過程。大氣成分中約有百分之
八十為氮氣，但動植物無法直接吸收，必須轉化為
含氮化合物，如銨鹽（NH_4^+）或硝酸鹽（NO_3^-）
等，植物才能加以吸收利用。

植物要「氮」做什麼呢？

雖然光合作用藉由水（H_2O）和二氧化碳
（CO_2），可以為植物合成葡萄糖等碳水化合物養
分，但植物體也需要合成蛋白質、核酸、葉綠素……

> **還有哪些綠肥植物？**
>
> 田菁、苜蓿、油菜、大波
> 斯菊、滿江紅……等都是
> 綠肥植物。有些名字很熟
> 悉吧！因為在台灣已成
> 為常見的休耕田景觀綠肥
> 作物。

等其他物質，這些複雜分子的合成光靠碳、氫、氧三種元素是不夠的，還需要有
氮等其他元素。大部分植物得到含氮化合物的方式，是經由根部吸收水分時，從
富含營養鹽的土壤中吸收的，如果其中含氮的營養鹽不足，就代表土壤貧瘠，作
物當然長不好。

所以，李老師前文提到魯冰花有很強的「固氮作用」，能使氮氣轉化為植
物可以吸收的含氮化合物，茶樹自然而然就能長得健康強壯了！

營養不良的時候，植物自有方法！

在貧瘠土壤中生長的植物該怎麼存活呢？和魯冰花一樣同屬豆科的植物中，有許多都有這種罕見的本領，就是與**根瘤菌**合作，形成互利共生的關係。

根瘤菌存在於土壤中，它如果侵入豆科植物根部，根部外觀便好像長了瘤一樣，這就叫做「根瘤」。聽起來雖然好像是植物生了病，事實上，「固氮作用」即在根瘤中進行。植物會將光合作用所產生的養分分享給根瘤菌，而根瘤菌則會回報植物所需的含氮化合物。是一種雙贏的組合，植物也不會營養不良，根瘤菌也得以存活。

大豆、碗豆、落花生、苜蓿、紅豆、綠豆……等，它們都有這個本領，能與根瘤菌合作無間，攜手對抗生存問題。

生物之間的合作是大自然最美好的一景，希望小朋友能夠想到，原來「有機」的背後隱含著這種和諧關係！

↑ 在瑞士山區拍到的郊外魯冰花。出國的時候，歐洲、紐西蘭都可以觀賞到喔！

↓ 魯冰花的蝶形花冠，是不是很美呢？

歷史悠久又美麗的魯冰花

魯冰花還有哪些不為人知的小祕密呢？它原產於地中海沿岸、北美、南歐，喜歡溫和、涼爽、陽光充足的氣候，不耐炎熱、高溫、潮溼，耐寒冷、抗霜害能

↑ 在溫帶國家的夏天，中海拔地區可見五顏六色的魯冰花。這是多葉魯冰花，攝於瑞士里德阿爾普（RIEDERALP）。

↑ 有些魯冰花已經是很受大眾歡迎的觀賞用庭園植物了。

↑ 魯冰花的莢果長得很像大豆莢，內含種子二至五粒，莢果外有許多茸毛。非常特別！

力強。植株高約三十至一百二十公分，掌狀複葉，葉形很像孔明手上的那把「羽扇」。

　　多葉魯冰花開花時會由下往上開出一串可長至六十公分的直立花序，約有五至十三輪小花整齊排列，每輪花三至五朵，花冠呈蝶形。花色繽紛多變，黃、藍、紫、紅、粉、白……各種顏色都有。除了可當茶園裡的綠肥外，它的種子富含具美容效果的油脂，早在古羅馬時期就有記載當時人們對它的喜愛。原來魯冰花的歷史如此悠久！是不是很吃驚呢？

↑ 魯冰花主要以種子繁殖，播種季節主要在秋冬季。這是它的種子模樣，每顆直徑大約○‧五公分長。

　　國內的多葉魯冰花多栽培在中高海拔地區，如梅峰、福壽山農場，主要作為園藝觀賞花卉。低海拔區的黃色魯冰花初春時節可以在貓空看到，樟樹步道旁的茶園有滿滿的、黃澄澄的魯冰花。茶樹從當年的主角轉為配角。

　　當年引進黃花羽扇豆作為綠肥植物，是因為這個物種較耐台灣的低海拔溫度。現在重新栽種僅是為了提升貓纜的觀光價值。李老師希望大家日後看到魯冰花，除了欣賞它的美，還可以認識到不需仰賴化學肥料，而是靠物種之間合作的美好關係！

① 一般植物所需的含氮化合物，多是經由何處吸收的？

（A）由葉的氣孔。（B）由葉子行光合作用製造的。（C）由根部吸收水分時一起吸收。（D）由莖的樹皮。

② 關於「固氮作用」的敘述，下列何者正確？

（A）將空氣中的氮氣（N_2）轉變為含氮化合物的過程。（B）大部分植物細胞中都可進行此作用。（C）人類也是透過固氮作用得到蛋白質的。（D）高等生物無須依靠固氮作用，可以自行吸收空氣中的游離氮加以利用。

③ 關於魯冰花的敘述，下列何者正確？

（A）屬於豆科大家庭的一員，容易因被根瘤菌寄生後死亡，而後化為其他植物的養分。（B）屬於豆科大家庭的一員，和大豆一樣，和根瘤菌形成互利共生關係。（C）在台灣早期就有引進，主要作為園藝觀賞花卉。（D）花色單純，只有黃色花和藍色花。

[解答]

① （C）由根部吸收水分時一起吸收。

說明：根部可從富含營養鹽的土壤中吸收含氮化合物，如果土壤貧瘠，作物當然就長不好了！

② （A）將空氣中的氮氣（N_2）轉變為含氮化合物的過程。

說明：高等生物是不能自行從空氣中吸收游離氮的，人類是靠進食和消化獲得蛋白質的！

③ （B）屬於豆科大家庭的一員，和大豆一樣，和根瘤菌形成互利共生關係。

說明：根瘤菌不是寄生在植物上，而是形成共生關係喔！請記清楚喔！

← 阿爾卑斯山區常見的阿爾卑斯玫瑰（ALPINE ROSE）也是一種杜鵑花喔！杜鵑花這個大家族還真是分布於世界各地呢！

↗ 台灣馬醉木，是特有種，枝條上倒垂綻放著一個個小巧可愛的壺形花朵，但它可是有毒的喔！要小心不要採食！碰觸不會中毒，吃下肚子就會中毒喔。

第 4 堂課
三月花季的大明星 杜鵑花

為什麼叫
「平戶杜鵑」？

平戶位於日本長崎縣，自古為對外貿易的港口。多種外來杜鵑隨貿易落腳平戶，與日本原生種自然雜交產生的一群杜鵑品系，稱為平戶杜鵑。台灣於一九二五年引進數種到陽明山種植。

打開台北市政府網站，就可以看到市鳥、市樹、市花的介紹，其中市花寫著「杜鵑花」。不只是台北市，新竹市的市花、中國的無錫、鎮江、長沙、大理……等各城市，以及尼泊爾的代表花朵也都是杜鵑花。快和李老師一起來認識三月賞花季的大明星杜鵑花！

「杜鵑花」其實是一個大家族？

杜鵑花其實是一個科，其下有許多屬。但狹義的「杜鵑花」一般指杜鵑花科杜鵑花屬植物的統稱。杜鵑花原產於喜馬拉雅山區，現今種類品系繁多，廣泛分散於世界各地，全世界約有九百種，在中國就有五百種以上，台灣原生杜鵑有十五種之多。平時在公園、校園、平地常見的杜鵑多是園藝栽培的杜鵑花，屬外來種。

廣義來看，「杜鵑花」其實是一個大家族。除了上面提到的杜鵑花屬之外，杜鵑花科還包括藍莓、蔓越莓等具可食用果物的越橘屬。不過，在

「杜鵑花科」這個大家族中，大多數植物卻都是有毒植物，例如羊躑躅、馬醉木，光從中文俗名中大約就可以猜到，「羊躑躅」表示羊吃了它會走路不穩、搖搖晃晃，即所謂「躑躅」；同理，「馬醉木」這個名字表示馬吃了它就像喝醉一樣東倒西歪。簡單說，意思就是會中毒啦。

陽明山的平戶杜鵑

台北著名的陽明山公園內最常見的平戶杜鵑、皋月杜鵑、西洋杜鵑及久留米杜鵑等，都是外來的園藝栽培品種，而非台灣原生杜鵑。

其中以平戶杜鵑最為常見。平戶杜鵑因顏色不同又有許多園藝名稱：豔紫杜鵑、白琉球杜鵑、雪白杜鵑、粉紅杜鵑、大紅杜鵑。

平戶杜鵑為杜鵑花屬常綠灌木植物，園藝栽培種，原產於中國，傳至日本後經過多年所培出的品系，花大、花多、花色豐富、易於種植管理，這些都是它廣受歡迎的原因。

台灣原生杜鵑

台北市的網站上寫著：「杜鵑花的生命力超強，既耐乾旱又能抵抗潮溼，無論是大太陽或樹蔭下它都能適應……最厲害的是它不怕都市汙濁的空氣，因為它長滿絨毛的葉片，既能調節水分，又能吸住灰塵，最適合種在人多、車多、空氣汙濁的大都市，可以發揮清淨空氣的功能。」杜鵑花長滿絨毛的葉片，最厲害的就是這一點！

如果看膩了城市裡這些吸附髒空氣的杜鵑，還可以走入郊區，不一定要上高山，就能欣賞到清新脫俗的其他台灣原生杜鵑喔！

葉子上的絨毛有什麼用處？

除了杜鵑葉片上的絨毛能夠調節水分、吸附灰塵，有利都會的空氣清淨之外，還有其他植物也有類似特點。例如雪山翻白草、玉山薄雪草與尼泊爾籟簫，它們的莖、葉面亦均密生絨毛，高山植物的這一特徵有利於它在低溫、強風、乾旱地高山環境中生活。

↑ 屬於平戶杜鵑類中的粉白杜鵑，又名粉紅杜鵑。

↑ 屬於平戶杜鵑類中的豔紫杜鵑。

↑ 屬於平戶杜鵑類中的雪白杜鵑，白色帶有紅色斑點或條紋。

台灣共有十多種原生杜鵑，無論是生態習性、分布、型態與花朵，皆有其特色。例如，有附著於大樹幹上生長的**著生杜鵑**、只分布於溪流沿岸的**烏來杜鵑**、成群出現的**台灣杜鵑**，以及**南湖杜鵑、玉山杜鵑、紅毛杜鵑、台灣高山杜鵑**等。它們的花朵顏色有白色、紅色、桃紅色、紅色、黃色……等色彩繽紛，植株高度從一公尺左右的小灌木到十公尺高的小喬木都有，形形色色。海拔分布更是寬廣，從低海拔到高山都可以見到其蹤跡。

以下是最容易觀賞到的五種台灣原生種杜鵑！

台灣杜鵑

特徵：花苞像蓮花座一樣，有粉紅和白色花色，著鐘形花冠。葉長橢圓形，葉子上表面光滑，下表面被灰褐色貼伏狀毛茸辨識特徵。

花期：四到五月

特色：台灣特有種。可長成大喬木，台灣原生杜鵑花中唯一可形成森林的杜鵑。

分布地點：全島八百至兩千一百公尺的山地。例如南投縣沙里仙溪、溪頭、日月潭、杉林溪、東眼山、鳶嘴山。

烏來杜鵑

特徵：葉片兩面披褐色剛毛。花頂生，花冠呈現漏斗狀，花色為桃紅、淡紫。雄蕊十枚。

花期：三月下旬至四月上旬。

特色：台灣特有種。台灣原生杜鵑中，唯一屬於亞熱帶低海拔的河岸杜鵑。原生地僅於台灣北部北勢溪的溪畔。為台灣原生杜鵑植物中族群最少，分布最狹隘的一種。

分布地點：因翡翠水庫工程之故，目前已無野外分布。

金毛杜鵑

特徵：葉子橢圓形，兩面都披覆腺毛。磚紅色的花冠呈漏斗狀。

花期：三至十月。盛花期集中在七、八月。

特色：台灣特有種。台灣所有的野生杜鵑花中，垂直海拔分布幅度最大者。

分布地點：分布於本島海拔二百五十公尺至兩千七百公尺地區。奧萬大、陽明山、大雪山等，全島分布普遍。

玉山杜鵑（森氏杜鵑）

特徵：葉橢圓形，葉面光滑，葉背幼時披密毛茸。花芽頂生；花冠鐘形，白至淡紫紅色，雄蕊十枚。

花期：三到五月。

特色：台灣特有種。台灣分布海拔最高的杜鵑，可高達三千八百公尺。

分布地點：分布本島海拔一千七百公尺以上山區。阿里山、大雪山、太平山、合歡山、觀霧等森林遊樂區內等，全島分布普遍。

西施花

特徵：花二至三朵簇生，花冠粉紅色，有黃綠色或紫色斑點。花冠是典型的漏斗狀。

花期：三到五月。

特色：適合生長在溫暖的中低海拔，約三百到兩千四百公尺的地區。花朵具香味。嫩葉淡紅至暗紅。

分布地點：全島低海拔至兩千四百公尺樹林。東眼山、大雪山森林遊樂區等地。

　　有了基本的認識之後，若逢杜鵑花季，再聽到「淡淡的三月天，杜鵑花開在山坡上、杜鵑花開在小溪畔，多美麗啊……啊……」這首古老的歌曲〈杜鵑花〉，相信會對這個花季大明星有更多認識！

① 下列何者所指是一般所稱的杜鵑花？

（Ａ）是指一種花。（Ｂ）是指一種鳥。（Ｃ）泛指杜鵑花科杜鵑花屬的植物。（Ｄ）泛指杜鵑花科杜鵑花屬的鳥。

② 下列我們常吃的水果中，何者與杜鵑花關係最為接近？

（Ａ）草莓。（Ｂ）覆盆莓。（Ｃ）黑莓。（Ｄ）藍莓。

③ 下列關於杜鵑花的描述，何者正確？

（Ａ）台灣都會公園、學校所植種的杜鵑為台灣原生種。（Ｂ）原產於北半球熱帶，抗高溫潮溼。（Ｃ）台灣的杜鵑均為外來園藝品種。（Ｄ）杜鵑花中有許多種類是有毒的，不可任意採食。

【解答】

① （Ｃ）泛指杜鵑花科杜鵑花屬的植物。

說明：杜鵑花科杜鵑花屬是個大家族，常說的杜鵑花泛指這個家族中的植物喔！

② （Ｄ）藍莓。

說明：藍莓屬於杜鵑花科，草莓、覆盆莓、黑莓則為薔薇科植物。李老師在課堂上教的，小朋友都記住了嗎？

③ （Ｄ）杜鵑花中有許多種類是有毒的，不可任意採食。

說明：請再複習一下：台灣都會公園、學校所植種的杜鵑為外來的園藝品種。杜鵑原產於喜馬拉雅山區。台灣的杜鵑不全為外來種，還有十多種原生種喔！

生物先修班 3

達爾文 vs 拉馬克

在三月份的生態課中,有些小朋友看到台灣獼猴,會不會開玩笑說這個是人類的祖先呢?這個概念就是從「演化論」來的,演化論對很多人而言比較抽象,因為這門學問並不是透過顯微鏡或標本就可以看見而理解的。一起來認識演化論,讓你變成生物小高手吧!

　　演化論是用來解釋生物在世代與世代之間具有變異的現象。**演化**,是生物體的遺傳性狀在世代之間所發生的變化。

　　性狀是什麼?性狀指的是生物特徵。例如,我們描述一個人,說他「黑皮膚、捲頭髮、有酒窩、雙眼皮、身高很高、沉默寡言、心事重重⋯⋯」其中「膚色、捲髮、酒窩、雙眼皮、身高」這些身體上的特徵,就是「生物特徵」,也就是性狀。「沉默寡言、心事重重」不是性狀。性狀的表現由基因決定。地球上的生物,在過去漫長時間裡,族群裡的遺傳性狀在世代之間一直改變,這種改變稱為生物演化。

演化論的關鍵人物達爾文

　　說到演化論,不能略過演化論的關鍵人物**達爾文**。

　　古希臘時期到十九世紀,其實都曾陸續出現相關理論,但當今演化學絕大部分以達爾文的思想為主軸,一八五九年出版的《物種起源》在這門學科中宛若聖經,幾乎使得演化論直接與達爾文畫上等號。

　　達爾文在一八〇九年出生於英格蘭,中學畢業後,父親送他去愛丁堡大學學醫,但他天生喜歡自然與動物,對於學醫興趣缺缺。後來他到了劍橋大學改讀神學,劍橋大學的韓斯洛教授在一八三一年介紹他參與「小獵犬號」的航行,這趟將近五年的旅程影響了他的一生。

　　尤其在加拉巴哥群島五個星期長的停留期間,島上許多外表相似卻又有著些微差異的生物,引發了他的好奇。

以**鶯鳥**為例，群島上有很多種鶯鳥，每一種都很相似，只有鳥喙各自略有不同。

後來，達爾文讀到馬爾薩斯所寫的《人口論》。書上說：「人口的增加率通常會超過糧食供給的增加率。」達爾文認為這理論放在自然界中，如果動物的增加率會超過食物的增加率，表示生物一定會競爭食物與生存空間，造成只有適者才能夠繼續存在，而不適者勢必遭到淘汰。「適者」，指的是生物身上具有能適應生活環境的生物特徵（性狀）。

這時，達爾文回想起在加拉巴哥群島所看到的鶯鳥。

這些由南美遷徙來的鶯鳥本來都是同種，也就是彼此之間都可以交配繁殖，但來到島上後，為了適應各島的特殊環境，鳥喙產生了差異，而且只有能適應各島環境的鳥才能活下來。日子一久，各島間的鶯鳥就變成不能互相交配繁殖的不同種了。

一八五八年，華萊士考察了巴西馬來半島等地的物種後，寄給達爾文一篇論文，論點和他長期研究的演化理論不謀而合，於是達爾文和華萊士共同發表了《天擇說》。隔年達爾文又出版《物種起源》，至今他仍是演化論的關鍵人物。

在達爾文之前，還有一位拉馬克

達爾文出生的那一年，還有一位**拉馬克**也曾發表了自己的進化觀點。當時，拉馬克就已經指出：「時間以及適合的環境是自然界產生眾多物種的主要關鍵。」拉馬克認為「生物在適應的過程中，經常使用的器官會漸趨發達，不用的器官則荒廢退化」，這就是有名的「用進廢退」說。他甚至指出「所有的後天改變都是可以遺傳的」。李老師相信許多生物小高手看到這裡會覺得這個論點實在不可思議，是吧？

「後天的改變可以遺傳」這論點當然是錯的，也不受達爾文認同，但是拉馬克的論述卻遠比這句話複雜而完整。達爾文也承認「用進廢退」可能在演化上扮演非常重要的角色。拉馬克與達爾文還有一個共通點，就是他們都一致認為生物演化是因應環境變動，經過很長的時間，造成生物適應性改變的結果。

拉馬克的重要性實在不是教科書中所寫的那麼簡單。他出版了《動物學哲學》、《無脊椎動物的自然史》、《無脊椎動物的分類系統》。同時也是無脊椎動物研究的奠基者，他是首次將甲殼類、蜘蛛與環節動物獨立於昆蟲之外的學者；也將動物分成脊椎動物及無脊椎動物，取代之前有血動物及無血動物的分類方式。這些都是拉馬克的重要貢獻！

4月 戶外探險去！

第1堂課

大雨之後的百蛙齊鳴

一場大雨過後，城市裡、鄉野間紛紛響起各種蛙類的鳴叫聲，
有的低沉拉長，有的只有單音鳴叫。一起來認識各種常見蛙類吧！

第2堂課

大家都聽過蒲公英，卻不一定知道它的真面目！

一陣風吹來，有時會帶來一朵朵長著毛絮的種子，很漂亮對吧？
但那不一定是蒲公英喔！究竟蒲公英的真面目是什麼樣子呢？一起來一探究竟吧！

第3堂課

昊昊家族裡的掌葉蘋婆

你聽過「掌葉蘋婆」嗎？你聽說過這種因為不佳的氣味而不大受歡迎的行道樹
嗎？其實，只要真正認識它，就會知道怎麼和這種樹作好朋友喔！

第4堂課

玉蘭花一開，天牛鳳蝶跟著來

馬路上車流之間常看見兜售玉蘭花的小販，你也許不
知道玉蘭花盛開的樣子更為美麗，而且，玉蘭花的身
邊總是圍繞著各式各樣的昆蟲喔！

生物先修班 4 *昆蟲的變態*

學習重點：
昆蟲的完全變態、不完全變態、無變態。

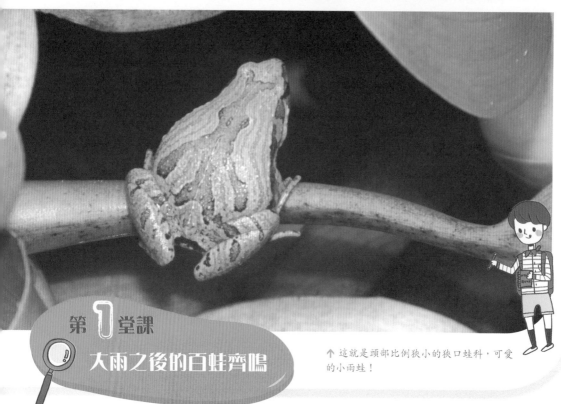

第 1 堂課
大雨之後的百蛙齊鳴

以前的人會捉青蛙來吃，現在的人對牠的印象卻不大好，近年發生過都市居民投訴青蛙太吵的荒謬事件。當一場大雨之後百蛙齊鳴，我們是否對這些青蛙有足夠的認識呢？

到處都看得到蛙類！

相信大家一定都見過蛙類，台灣是很適合蛙類生存的好地方喔！從平地到海拔三千公尺的高山，從農田、湖邊、公園、校園、社區，只要是有水有遮蔽的地方，一年四季都看得見牠們的蹤影。蛙類**屬兩生類**，皮膚沒有足以防止水分蒸發的角質層，生活環境需要一定的溼度。

台灣的蛙類約有三十一種，可分成**赤蛙科、蟾蜍科、狹口蛙科、樹蛙科**四大類。其中數量最多的是赤蛙科，有十三種。

該怎麼辨認牠們呢？牠們表皮平滑、身體修長、後肢善於跳躍，體色多為黃褐色，有些夾雜著

背側褶是什麼？

有些青蛙的背部兩側各有一條長條形皺褶突起，這就是「背側褶」，是辨識蛙類的重點之一，例如拉都希氏赤蛙的背側褶非常突出，很容易認出牠來！也讓牠有「闊褶蛙」的別稱。

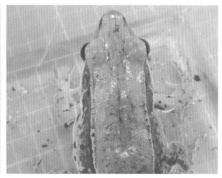

↑ 貢德氏赤蛙雄蛙體背為淡褐色或赤褐色，有一對外鳴囊，背側褶明顯，上下唇皆白色，鼓膜周圍白色，像戴一個白色耳環，這一點是牠的最佳辨識標誌。

↑ 比較看看吧！貢德氏赤蛙的背側褶比較突出，非常明顯！

綠色，變化很多。還有幾個小訣竅：首先，趾端沒有明顯吸盤的，就可以確定不是樹蛙科。再來，沒有毒疣，所以就不會是蟾蜍科。最後，如果頭部並不狹小，那就不是狹口蛙科，利用這樣的消去法辨別之後，剩下的大約就是赤蛙科成員了。

常見的赤蛙科成員出場囉！

被投訴的貢德氏赤蛙

　　每到夏天的繁殖季節，貢德氏赤蛙不再低調，三五成群移至水草間或池塘邊活動，但牠警覺性高，一旦有人靠近，就會噗通一聲跳到水裡。牠的叫聲如同狗叫般，是低濁而且大聲的「狗～～」，日夜都能聽到，所以又俗稱「狗蛙」。不知情的人可能還真的以為小狗掉到水裡正在呼救呢！

　　二○一四年曾發生過台北雨聲國小被投訴「蛙叫太吵」，校方便貼出「敬告水生池眾蛙類，九點以後，禁止蛙鳴」的幽默公告。被投訴的，正是貢德氏赤蛙。然而牠是無辜的！反而是我們人類需要提高生態素養，認清大自然是萬物與我們共有的。

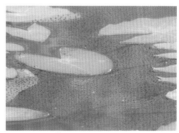

↑ 貢德氏赤蛙卵粒小，黑白分明，仔細看，常可以看見牠的卵呈現一大片漂在水面上或水草間。

↑ 雄腹斑蛙有一對外鳴囊。

↑ 腹斑蛙體側有一對淺色細長的背側褶，背部中央有一條淺色不明顯的背中線，腹側有些大黑斑。

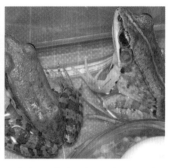

↑ 左邊是拉都希氏赤蛙，背側褶肥厚，沒有背中線。右邊是腹斑蛙，有明顯背側褶也有背中線。這兩種蛙很相似！

在台灣蛙類家族中，貢德氏赤蛙算中大型蛙類，在食糧欠缺的過去也是饕客覬覦的對象，因此二〇〇八年之前也被列入保育類名單之中，現在大家不再吃野生青蛙了，牠的族群又恢復了生機。

叫聲不輸貢德氏赤蛙的腹斑蛙

腹斑蛙屬於中型肥碩的蛙，腹側的大黑斑使牠被稱為腹斑蛙。繁殖期約於三至八月，春夏為主。雄蛙有一對外鳴囊，叫聲像是「給ㄟ給ㄟ」一至四聲，鳴聲響亮，非常容易辨識。而且喜歡合唱，聲勢一點都不輸經常遭人投訴的貢德氏赤蛙。

叫聲像小鳥的斯文豪氏赤蛙

斯文豪氏赤蛙的鳴叫只有單音「啾」，是像小鳥一般的高頻率叫聲，非常

↑ 這是斯文豪氏赤蛙最典型的體色，身體兩側為灰褐色，背上為鮮豔綠底交雜些許深色斑紋，像是穿了迷彩裝。斯文豪氏赤蛙體色變化多端，有綠色、褐色、綠褐交雜，一般以綠色較為常見。

↑ 找找看，青蛙在哪裡？有些青蛙身上的花紋和顏色與環境融為一體，不易被發現，就可以保護自己。

特別喔！

前文曾經提到，吸盤狀腳趾是樹蛙科的特色，不過，赤蛙科裡也有一些成員擁有吸盤喔！其中一個就是斯文豪氏赤蛙。牠的吸盤狀腳趾和樹蛙的吸盤還是有點不一樣，樹蛙的吸盤比較大而平坦，赤蛙的吸盤較小。

斯文豪氏赤蛙分布於全台中低海拔的溪流周邊地區。身體修長，吻端較尖，背側褶不明顯，也沒有背中線。

↑ 在野外賞蛙的時候，有時有機會遇到這種對生態有不好影響的蛙類：牛蛙！

惡名昭彰的牛蛙

前面介紹了幾種叫聲特殊的可愛蛙類，緊接著登場的是台灣青蛙界的大魔頭──牛蛙。

日據時代，日本人將牛蛙引進台灣作為食用蛙類，有些牛蛙逃離養殖場，或者被刻意放生，便在野外自行繁殖起來，近年造成了一些生態危機！

牛蛙可大至十多公分，食量大，嘴巴也大，肉食性，所以只要比牠嘴巴小的動物都有可能成為牠的食物，換句話說，所有台灣原生蛙類都有可能被牠吞下肚去。就算不是直接吃掉，牛蛙也會占用生存空間或食物等資源，危害其他的原生蛙類。令人頭痛！

交通安全需多注意的梭德氏赤蛙

梭德氏赤蛙分布範圍廣泛，平常安靜棲息於森林底層，只要進入繁殖期，就會一改平時低調作風，大量出現在溪間石頭上。梭德氏赤蛙和斯文豪氏赤蛙一樣，趾端有略為膨大的吸盤，蝌蚪腹部扁平也有吸盤，卵粒富有黏性可以聚成一團黏在水底石頭上，這些特徵都可以幫助牠們適應在溪流中的生活。

中低海拔的梭德氏赤蛙的繁殖時節為十到十二月，這時候牠們常常需要出山、過馬路，到河裡繁殖產卵，於是此段時間容易被路過的車子輾斃。

荒野保護協會新竹分會發起的「守護大山背梭德氏赤蛙」的活動，就是因為大山背產業道路緊鄰粗坑溪，每到梭德氏赤蛙繁殖期，就常常在路上碰見青蛙命喪車輪下的慘案。荒野保護協會新竹分會不忍心，於是安排志工守護赤蛙過馬路。怎麼樣？是不是很溫馨呢？

從生態角度看蛙類

簡介完常見蛙類之後，各位小朋友大約可以理解牠們所面臨的困境就是人口所帶來的壓力，**包括棲息地的減少或被汙染，以及牛蛙這類的外來種帶來的威脅。**

蛙類是穩定健康的生態系中不可或缺的成員，成蛙是肉食性動物，蚊子、蒼蠅、蜻蜓等比牠小的昆蟲都是牠的食物，換句話說，牠們可以幫人類除去害蟲，如此也就可以減少農藥的用量，進一步為人類增進飲食的健康。

牠們本身就是對環境變化很敏感的生物，當酸雨、農藥、紫外線增加，都會導致族群減少。科學家也發現，全球暖化也間接導致兩生類種類及數量逐漸下降。

所以，當一場大雨過後，我們還聽得見百蛙齊鳴，千萬別抱怨，因為這是值得高興的事情！

↑ 梭德氏赤蛙有四大特徵：背中央的八字斑、無背中線、背側褶細長明顯、趾端有吸盤，這幾項可以用來辨認牠們。

下課前五分鐘

① 下列何者不可能為牛蛙的食物？
（A）魚。（B）小老鼠。（C）青蛙。（D）水蘊草。

② 哪裡最不適合蛙類生存？
（A）池塘。（B）溪流。（C）農田、菜園。（D）水井。

③ 寫出關於蛙類的鳴叫，下列敘述何者正確？
（A）每一隻青蛙都會叫。（B）青蛙鳴叫很吵，可以請警察來噴灑農藥。
（C）只有雄蛙在繁殖時期才會鳴叫，為求偶之用。（D）貢德氏赤蛙叫聲
像小鳥，斯文豪氏赤蛙叫聲像狗吠聲。

〔解答〕

① （D）水蘊草。
說明：因為牛蛙為肉食性，所以水蘊草牠們是不吃的喔！

② （D）水井。
說明：兩生類成蛙以肺呼吸，生活環境需要陸地，但因皮膚缺乏角質層，
無法防止水分散失，因此不能離開水源。水井或較深的水桶因為太深，青
蛙難以捕食，加上沒有陸地，也容易讓青蛙溺斃。

③ （C）只有雄蛙在繁殖時期才會鳴叫，為求偶之用。
說明：蛙鳴時不要傷害牠喔，要尊重牠！另外，不是每隻青蛙都會叫，雌
蛙就不會叫。

第2堂課

大家都聽過蒲公英，卻不一定知道它的真面目！

↑ 這就是奧地利的國花，也是電影《真善美》主題曲當中提到過的「小白花」，它是有名的阿爾卑斯山受保護植物，是很具代表性的菊科植物。

談起蒲公英，相信大家一定都不陌生，它帶著毛絮的種子隨風飛舞的畫面，大家一定都很常見到。但你知道這些毛絮其實並不一定屬於蒲公英的嗎？真正的蒲公英，你知道是什麼樣子嗎？趕快聽聽李老師上課了！

「頭狀花序」是什麼？

「花序」是多朵花排列在花軸上的特定次序。「頭狀花序」花軸頂端寬大平坦成盤狀或球狀，密生許多沒有花柄或短柄的小花。

蒲公英產於溫帶、亞熱帶，在許多溫帶國家，如歐洲、中國、日本、美國、加拿大，它是常見野花。童詩、兒歌、繪本中常提到蒲公英，小朋友們往往「未見其花，先聞其名」。不過，很少人知道自己看到翩翩飛舞的毛絮種子，有時候並不是蒲公英，而是昭和草、一點紅、苦菜等種子有毛的菊科植物。

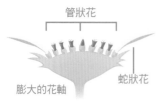

管狀花

蛇狀花

膨大的花軸

先從菊科植物的「頭狀花序」說起

為什麼蒲公英翩翩飛舞的毛絮種子會和上述植物搞混呢？這是因為蒲公英和它們都同樣是菊科植物，有一些菊科植物的「頭狀花序」會產生帶有毛

絮的種子，因此結出種子後，看起來就都非常相似。

　　請回憶一下，二月份第二堂生態課中曾經講到茼蒿，當時曾經提到菊科植物。菊科植物原生種多達兩萬種以上，是雙子葉植物中最大的家族，分布各大洲，功用也廣，觀賞、食用、藥用皆可，可說與人類的生活關係密切。

　　前文提到茼蒿的時候已經略作介紹，在此再詳細解釋一次。

　　我們平常所指的「一朵菊花」，實際上是由數朵甚或數百朵小花所組成的一個**花序**，稱為「頭狀花序」，「頭狀花序」這個特徵也成了辨認菊科植物最直接的方式。

　　菊科植物的「頭狀花序」大都由「管狀花」及「舌狀花」兩種外部形態不同的花所組成。

　　以向日葵來說明，口語上，我們說

↑ 這是常見的校園反毒活動代表「紫錐花」，是北美菊科植物紫錐菊，為北美印地安人治療蛇、蟲咬傷常用敷料，近年還製成健康食品。因為它可以內服外用，有「健身」、「抗毒」的意義，所以引申為「反毒」的代表花卉。中間像毬果的地方是管狀花，外圍紫色--圈是舌狀花。
↓ 這是向日葵的頭狀花序。

一朵向日葵看起來有很多黃色的花瓣，中間則是很多深色花蕊。以植物學而言，那「一朵」其實是一整個「頭狀花序」，外圍黃色，一般稱為花瓣的部分，每一「瓣」都是一朵「舌狀花」，而中間被當作深色花蕊的是許多朵的「管狀花」。

↑ 這些是向日葵頭狀花序中的管狀花，仔細看！可以看到每五個花瓣合成管狀，膨大部分就是子房，也就是將來會長成葵瓜子的部位喔！

↑ 這張照片是黃鵪菜，有果實也有花。

↑ 昭和草的頭狀花序只有管狀花。

其他菊科植物中有的只有「舌狀花」，如蒲公英、黃鵪菜、兔兒菜。有的則只有「管狀花」，如藿香薊、紫背草、鼠麴草、昭和草。

↑ 大花咸豐草的頭狀花序，有管狀花與舌狀花。

想了解真正的蒲公英請看這裡！

台灣有兩種蒲公英，一為原生種的**台灣蒲公英**，另一種為歸化種的**西洋蒲公英**。

台灣蒲公英分布在大甲溪以北的西部海濱沙地，如八里、林口，也偶見於校園及低海拔山區，花期主要在三至四月。西洋蒲公英在台灣則是從平地到高海拔山區都有分布，小朋友仔細看的話，都市中的安全島、行道樹下或校園草坪都有機會看見它們的身影。

蒲公英花粉量不大，是**蟲媒花**，意思是靠昆蟲傳粉。開花時會先抽出長長的花柄，花開過之後，花柄會彎向一側，數天後果實成熟時，**冠毛**出現，花柄會再伸直，如此可借助風力將種子傳播到更遠的地方。

蒲公英的果實為尖長型，植物學上稱為「瘦果」。大而易見的瘦果以向日葵的果實最容易觀察，我們所吃的葵瓜子就是除去果皮的種子。

成熟的蒲公英瘦果，具有明顯而長的**喙**，以及頂端長出一圈由花萼變化而成白色的「冠毛」，它是多條細長絨毛，瘦果在花莖上集合成球狀，就會形成我們平常看到在草地上飛舞的可愛毛球！李老師相信，蒲公英瘦果飄揚的模樣，最能讓小朋友理解植物是如何借用風力，來擴展自己生長範圍的。

昭和草、一點紅、黃鵪菜等也有這樣長著冠毛的瘦果，它們和蒲公英不同

↑ 蒲公英植株長這樣，看清楚了！

↑ 蒲公英的花細看是這個模樣喔，是不是很漂亮呢？

↑ 蒲公英的瘦果具有明顯而長的喙，上頭有白色的冠毛。

之處在於，它們的瘦果上不具有「喙」這樣的構造，這是辨識蒲公英不同於其他菊科有毛絮植物的最佳方式。

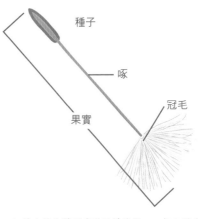

種子

喙

冠毛

果實

↑ 蒲公英是單顆瘦果的構造圖，一般人稱為「種子」，仔細看看，其實它是長這樣喔！

蒲公英也會睡覺！

蒲公英還有幾項特徵。

首先，它擁有不錯的繁殖力和適應力，所以能夠遍布世界各地。這可能與它具有強壯的主根有關，蒲公英生長到第二年，它的根就有機會達到一公尺長。除了幫助吸收水分及礦物質，也將光合作用所製造的養份儲存在根部，以供不時之需。

而且，蒲公英會睡覺喔！但它的睡眠狀況不是很固定，有時中午陽光很大就先午睡，也有時早上開花，下午或晚上閉合，這樣連續開、合的睡眠運動大約會持續二至三天。

它還有很棒的藥用效果呢！根據台灣藥用植物的記載，台灣蒲公英全株具解熱、解毒、健胃藥……等功效。在歐美國家，則習慣把蒲公英葉子做成沙拉，把它的根烤過加工後做為無咖啡因的天然咖啡替代品，這些都是蒲公英的延伸價值。

怎麼樣，下次看到看似不起眼的蒲公英時，是否會對它刮目相看呢？

↑ 這是睡眠運動中的蒲公英。噓！不要打擾它！

① 有關蒲公英的敘述，下列哪一項是錯誤的？
　（A）蒲公英的種子會隨風飄到較遠的地方繁殖。（B）常說的一朵蒲公英的花，其實是一個花序。（C）蒲公英的花序只有舌狀花。（D）花粉量大，為風媒花。

② 有關蒲公英的敘述，下列何者正確？
　（A）在台灣的都是外來種，像小花蔓澤蘭一樣危害生態。（B）葉子可做成沙拉食用，根烤過加工後可做為無咖啡因的天然咖啡替代品。（C）台灣蒲公英全株有毒。（D）為一年生植物，所以繁殖不易。

③ 關於日常生活中所稱呼的「一朵」向日葵的敘述，何者正確？
　（A）其實是一個花序，包含有數十朵甚或上百朵小花。（B）外圍一圈黃色花瓣狀的是管狀花。（C）中心花蕊狀的是舌狀花。（D）它有五個黃色的花瓣，為雙子葉植物。

④ 下列何者不屬於菊科植物？
　（A）紫錐花。（B）昭和草。（C）月橘。（D）向日葵。

［解答］

① （D）花粉量大，為風媒花。
　說明：蒲公英的花粉量不大，為蟲媒花，要靠昆蟲協助授粉喔！

② （B）葉子可做成沙拉食用，根烤過加工後可做為無咖啡因的天然咖啡替代品。
　說明：蒲公英並非都是外來種，台灣也有原生種蒲公英。它並非全株有毒，而是全株具解熱、解毒等功效，是很棒的藥用植物。另外，它絕非繁殖不易，它的繁殖力和適應力都很不錯的。

③ （A）其實是一個花序，包含有數十朵甚或上百朵小花。
　說明：你明白「花序」是什麼了嗎？仔細上過這堂課，這一題一定不會答錯喔！

④ （C）月橘。
　說明：紫錐花、昭和草、向日葵，都是課堂上提過的菊科代表植物喔！

↑ 魚腥草，花很小，看起來像白色花瓣的部分是它的總苞片。全株具強烈腥味，但有藥用功能。

第3堂課
臭臭家族裡的掌葉蘋婆

大家都喜歡香味，自古以來香水、香料、精油的原料也大多取自植物。然而植物的味道並不總是讓人喜愛！在這堂課上，李老師將要介紹以臭為名的一群植物，先稱它們為「臭臭家族」吧！

名字聽起來臭不臭？

「臭臭家族」裡頭有臭杏、臭茉莉、臭垂桉草、臭娘子等，光聽名字就可以想像它的氣味。另外有的像豬屎豆之類的植物，名字也是讓人聞之色變。有的名字聽起來很正常，聞起來卻令人不敢恭維。

臭臭家族之中，有些是全株都臭，但只要你不去招惹它，不至於引起公憤，人們還會善用它的藥用價值，例如魚腥草、雞屎藤。

也有些是明明很臭，卻還不少人偏愛，例如榴槤、大蒜。

掌狀複葉

一片葉子的各小葉基部，集生在葉柄的頂端，張開如手掌狀。其他如馬拉巴栗、鵝掌藤也是喔！仔細瞧瞧掌葉蘋婆的掌狀複葉！

大家不喜歡掌葉蘋婆，是誰害的？

還有一些隨著開花而來的異味，尤其是行道樹這種人為大量栽種的情形，每到花季，花朵群起放香，真的會令人退避三舍。其中最惹人嫌的莫過於掌葉蘋婆了。從它的俗名卻完全嗅不出任何異味。

掌葉蘋婆原產於熱帶亞洲、非洲、澳洲，一九〇〇年間由印度引進台灣，因適應台灣的環境，生長狀況良好，枝葉茂密，對酷熱的台灣夏天而言是非常理想的遮蔭大樹，加上花果都具備觀賞價值，於是台灣各地普遍栽植，成為常見的行道樹。

不知大家是否注意到了？近年，關於掌葉蘋婆的負面報導不斷。爭議來源最主要在於它開花時節不受人歡迎的惡臭，有人形容為雞屎、豬屎，有人說像是貓狗或老鼠的屍臭味，總之，就是將它形容為異味。

↑ 雞屎藤分布普遍，校園、菜園、路邊，連海岸附近都有機會遇到。全草有如雞屎味，故名雞屎藤，花期為四至六月以及九至十月，花朵多，小而美。
↓ 掌葉蘋婆的掌狀複葉，小葉有七至九枚，簇生於枝端。

一旦讓人討厭，要挑剔其他毛病就容易了。例如它的果實頗為堅硬，有人便擔心它掉落時可能砸中人或車。還有人擔心掌葉蘋婆的根群會毀損人行道鋪面而影響行走安全，落葉季節更是容易招致打掃人員的連連抱怨。

台灣以台中市種植較多，因此抗爭也最嚴重。民眾因受不了花臭，便要求相關單位將樹木移植或砍除。然而，大家何不仔細想想，樹是無辜的，為何必須成為犧牲者呢？

掌葉蘋婆被引進台灣已經一百多年了，大家應該早就知道它的花朵有異味，那麼，在選擇行道樹或公園植栽時，其實就應該避

↑ 這是掌葉蘋婆的花，單性花或雜性花。具強烈異味。
↓ 果實造型奇特，暗紅色的外殼，像縮小版的木魚，成熟時裂開一側，露出紫黑色的種子。

↑ 大約在三月下旬，掌葉蘋婆的樹葉幾乎落光，準備　↑ 冬天，它仍綠意盎然，不畏寒冷。
開花了。其他植物大部分正忙著冒新芽長新葉呢！

掉一些來日可能會有爭議的樹木才是。

　　發生了爭議該怎麼辦？李老師建議大家，我們不如趁此好好認識一下這種爭議頗多的植物，唯有透過學習，才有助於日後選擇行道樹種的依據與考量。

別忽略了它四季皆分明的美麗

　　掌葉蘋婆屬於梧桐科，為落葉喬木，樹高可達二十五公尺。

　　它喜歡約攝氏二十三度到三十二度的溫度，也需要充足的日照，所以在台灣的栽種以中南部較為普遍。

　　花季約在春天四月，紫紅色的小花開滿整樹是很漂亮的，然而因為它的怪味，使得人們不知不覺忽略了它的其他優點。

　　掌葉蘋婆**四季皆有鮮明特色**，很適合少量種植於校園，作為植物觀察的好教材，只種一、兩棵，異味並不易造成困擾。只可惜，由於不懂其特性，大量種植為行道樹，才造成人們對掌葉蘋婆的厭惡。

　　別忘了它的美啊！春天時，樹上開滿美麗的小花，同時，新葉慢慢冒出枝頭，樹形美麗，充滿了青春氣息。夏天，綠葉滿樹，遮蔭效果極佳。秋天時，樹葉依然蒼綠濃密，繼續認真地為人遮蔽陽光，並進行光合作用幫人類除去過多的二氧化碳，這時，果實躲在綠葉之間悄悄地長大。

　　到了冬天，只有少數葉落，一身綠意無畏寒冬，直到春天二月底至三月間，正當許多樹木都在冒新芽長新葉，掌葉蘋婆才開始落葉，這一落又苦了許多打掃人員，抱怨也就難免了。樹葉落盡時，造型奇特的果實也露了出來。四月花開，長出新葉，如此循環不已。種子成熟後可生食或榨油，根據資料，味道像花生一樣。

↑ 蘋婆也是四月清明節前後開花，花落如雪。

↑ 蘋婆果實剛開始是橄欖綠色，近成熟時為深紅色。這是七月的果實，快要成熟了。

還有一個「不會臭」的親戚

掌葉蘋婆還有一個同科同屬的近親「蘋婆」，名字聽起來很鄉土、很親切吧！這位「親戚」蘋婆，沒有掌狀複葉，也沒有遭人唾棄的異味，花朵比之掌葉蘋婆更有特色。若仔細觀察，可以發現雖然小小一朵，但造型可愛，就像是一個個精緻的燈籠。它的花朵沒有花瓣，那些看起來像燈籠面的構造，其實都是長滿星狀毛的萼片。

它的果實造型如鳳眼，種子可以食用，每到七月底八月初果實成熟，部分傳統市場都還能買到，是許多人懷念的古早味。小朋友有機會也可以去找一找！

↑ 蘋婆的種子，可食用。有人吃過嗎？

① 有關「臭臭家族」的成員，下列哪種植物全株任一部位，在搓揉之後皆可聞到有如雞屎一樣的味道？

（A）掌葉蘋婆。（B）蘋婆。（C）榴槤。（D）雞屎藤。

② 關於掌葉蘋婆的敘述，下列何者錯誤？

（A）每逢開花時放出惡臭，為有毒植物。（B）在台灣生長狀況良好，是非常理想的遮蔭大樹。（C）花果均具觀賞價值。（D）葉子為掌狀複葉。

③ 以生態觀點而言對於樹種的選擇，下列何者是較正確的做法？

（A）不必考慮環境的適應性。（B）必須適地適性。（C）只要樹形優美就好。（D）樹種便宜最重要，不喜歡再砍掉也不可惜。

〔解答〕

①（D）雞屎藤。

說明：掌葉蘋婆是只有花臭，榴槤是果實臭。蘋婆則沒有異味唷！它不是臭臭家族的成員！

②（A）每逢開花時放出惡臭，為有毒植物。

說明：雖然掌葉蘋婆有異味，但非有毒植物，成熟的種子甚至是可以吃的。

③（B）必須適地適性。

說明：雖然掌葉蘋婆似乎不太受歡迎，但我們對它有足夠的認識，就能將它種植在適當的地方！

↑ 白玉蘭的花朵，花萼與花瓣同色同形狀，枝條上可見明顯的皮孔。這是玉蘭花完全盛開的樣子，跟我們平常看到的很不一樣吧！

小朋友都對玉蘭花的芬芳香氣有印象，對吧？城市的街道上，車流不止的紅綠燈前，也常看到賣玉蘭花的小販。玉蘭花這樣芬芳的植物，你認識多少呢？是不是只有人類喜愛它呢？

已有三百多年歷史的「老前輩」玉蘭花

除了在車陣中可以看到玉蘭花兜售之外，許多中小學裡也看得見玉蘭花。很多小朋友會撿拾玉蘭花的葉片，除去腐爛的葉肉後，留下細密美麗的葉脈，做成書籤。

既然是許多學校裡的校園植物，就值得好好就近認識它。

小朋友可能難以想像，其實玉蘭花引進台灣栽培已有三百多年了，可說是我們所有人的「老前輩」！台灣的氣候很適合玉蘭花生長，早期婦女常將花朵做為髮飾或別在衣襟上當裝飾，自然美觀又香味宜人。

「全緣」是什麼？

葉緣完整無鋸齒或缺刻者，就叫做「全緣」。例如榕樹葉片也是全緣。

現在玉蘭花的種植多半是為了當作庭園香花景觀植物，亦有大批種植以摘取花朵的專業園區。台灣種植最多的地區是屏東，由於氣候溫暖，一年四季皆可採收。

玉蘭花屬於木蘭科常綠喬木，植株可高達二十公尺，樹幹直挺，枝條繁多，小枝條為淺綠色。葉片互生，長約十六至三十公分，**全緣**，葉子呈披針形或橢圓形。葉柄基部膨大，托葉在葉片展開後會脫落，脫落處留下明顯的痕跡，如果沒看見花的時候，這就是辨識它的方式之一。

木蘭科植物在演化上是比較「原始」的一群，它的特徵之一是每一朵花都具有較多的雄蕊、雌蕊、花瓣及花萼，並呈螺旋狀排列。「木蘭科家族」還有庭園中常見的**含笑花**、低

↑ 玉蘭花植株。

↓ 含笑花有一種非常獨特而濃烈類似熟香蕉的香氣。

海拔山區分布普遍的**烏心石**，以及在阿里山森林遊樂園區裡的**木蘭**，它們的花也都有較多的雄蕊、雌蕊、花瓣及花萼。

玉蘭花花朵單生於**葉腋**，也就是葉子基部和莖之間的夾角，莖長出分枝的部位。花期以夏天為主，有時氣候溫暖，到十一月都還在開花。花謝之後，不易看到它的果實種子。

販售的玉蘭花都還是未開的花苞，大家自然就以為那是它開花的樣子，它的花瓣其實可以完全開放，露出花蕊，但開花時間不久。

↑ 烏心石的花朵約只有玉蘭花的一半大，香味幽雅清新，也較玉蘭花淡了許多。

↑ 木蘭花植株，花頂生。這一點不同於玉蘭花花朵生於葉腋。

比人類更愛玉蘭花的昆蟲們

喜歡吃玉蘭花葉子的青斑鳳蝶、綠斑鳳蝶、大背天蛾

　　除了人類之外，某些蝴蝶也是拜訪玉蘭花的常客，與人類不同的是，牠們並不是為了聞香而來，而是為了它那翠綠、寬大，帶著光澤的葉片。鳳蝶科的青斑鳳蝶與綠斑鳳蝶幼蟲都會取食木蘭科植物的的葉片，因此，李老師每年都可以在校園中觀察到青斑鳳蝶完整的生活史。

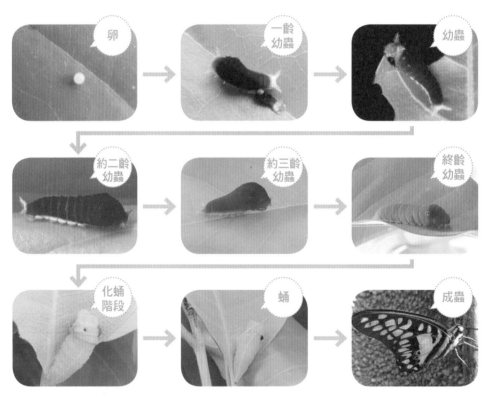

↑ 這是青斑鳳蝶的生活簡史，從卵長成各階段幼蟲，化為蛹，與背景融為一體，最後羽化為美麗的蝴蝶。

　　除了蝴蝶之外，還有一位特殊訪客，那就是大背天蛾的幼蟲，牠們也是以玉蘭的葉子為食草，若幼蟲數量不多還不至於危害植株。

擁有精采故事的紫豔白星大天牛

　　喜愛玉蘭花的，還有一種鮮豔美麗又霸氣的紫豔白星大天牛，牠是台灣特有種，牠的故事比較戲劇化一點。

　　台灣光復初期及七〇、八〇年代，許多台灣人以製作標本外銷維生，那時美麗碩大的天牛中有「台灣天牛三寶」之稱，紫豔白星大天牛就是三寶之一。

　　紫豔白星大天牛，特徵之一就是「大」，體長約五公分，比一般常見天牛大上一倍。

↑ 大背天蛾的幼蟲，化蛹前夕為止的幼蟲「終齡幼蟲」會鑽入土中化蛹。蛹期越冬，約五個月才會破蛹而出。

特徵之二是牠亮紫色或墨綠色的金屬光澤翅鞘。這令人驚嘆的美麗外觀，不只本地的昆蟲迷想收集，連日本人也喜愛不已。漸漸地，牠的數量減少，因為，**只要抓太多，就會危及族群大小**，這是不變的通則。現在，台灣已經不再做標本外銷，紫豔白星大天牛的族群也慢慢在恢復中，北中南部偶爾可以看到，並未列進保育類。

　　紫豔白星大天牛還有一項引發爭議的特質是，牠遭人視為「害蟲」。牠喜歡棲息於平地至海拔兩千公尺左右的木蘭科植物中，包含李老師前面提到的烏心石、玉蘭花及含笑花。成蟲於三至九月之間出現，交配後，雌天牛會把卵生在樹幹表面，幼蟲孵出後就侵入樹幹內吃纖維質。牠的食量很大，會蛀蝕烏心石、玉蘭花等植物的樹幹，這就是為什麼許多人視之為害蟲。

　　我觀察校園的玉蘭花植株長達二十五年之後，發現樹幹的確是受到天牛的蛀食，但玉蘭年年開花，採花人受惠，青斑鳳蝶飛舞，大背天蛾也來湊一腳，偶爾也看到蟪蛄（ㄐㄩㄝ ˊ ㄙㄡ）在玉蘭花植株上產卵、護卵的行為，也會遇見領角鴞前來休息，如此豐富的生物多樣性，值得我們用心觀賞，不需要將特定生物視為「害蟲」。

　　下次經過校園的玉蘭花旁，記得觀察看看玉蘭花周遭還有哪些昆蟲喔！

→ 紫豔白星大天牛是台灣原生星天牛屬中體型最大的種類，體具強烈金屬光澤，有紫色及綠色的，觸角各節基部白色、端部黑色，翅鞘表面光滑，散布白色碎斑，雌蟲體幅明顯比雄蟲更寬大。這麼美麗的昆蟲，難怪當年的標本愛好者會想蒐集了。

① 下列哪一種植物,具有濃郁的芬芳香味?
　（A）玉米。（B）玉龍草。（C）玉蘭花。（D）毬蘭。

② 關於玉蘭花這一種植物的敘述,下列何者正確?（A）一朵花中有多數的
　雄蕊與雌蕊。（B）是近年來引進的外來種。（C）是雌雄異株的單性花。
　（D）每一朵花只一個雌蕊,只結一個種子。

③ 關於紫豔白星大天牛這一種昆蟲的敘述,下列何者正確?
　（A）凡是天牛都會危害樹木,都是害蟲。（B）紫豔白星大天牛為完全變
　態,成蟲和幼蟲都取食木蘭科植物。（C）天牛幼蟲素食,成蟲為葷食。
　（D）牠是美麗的大昆蟲,日漸減少,已列入保育類。

【解答】

① （C）玉蘭花。
　說明:其他植物並沒有像玉蘭花這麼宜人的香氣喔!

② （A）一朵花中有多數的雄蕊與雌蕊。
　說明:玉蘭花並不是近年才引進的,它是三百多年引進的庭園植物。是我
　們大家的「老前輩」喔!

③ （B）紫豔白星大天牛為完全變態,成蟲和幼蟲都取食木蘭科植物。
　說明:天牛素食,訪花時幫助植物傳播花粉,是植物重要的媒人。會危害
　樹木的只是其中少數。牠的成蟲與幼蟲都是植食性,也就是「素食」的意
　思。而且,紫豔白星大天牛並未列入保育類喔!

昆蟲的變態

　　各位小朋友上完了四月份的生態課，趕快進教室聽李老師講生物課囉！一講到昆蟲，大家可能會想到前一堂課才認識的天牛、鳳蝶，對嗎？這堂課讓我們來認識生物課本中的「昆蟲變態」單元吧！

　　什麼是昆蟲？我們通常籠統地將所有三對步足、兩對翅、一對觸角的動物稱為昆蟲。牠們在分類上屬於節肢動物門，昆蟲綱，種類之多，堪稱是世界最大家族！地球上已知動物約有一百三十萬種，其中昆蟲就占了四分之三！

　　昆蟲的變態行為總令我們好奇不已，許多小朋友也很有興趣。因為，人類是哺乳類動物，出生之後到長成，其外部形態特徵差異不大。但昆蟲則不然，從卵、孵化後的個體，到成蟲之間，形態上會發生一些明顯的變化，我們將這種改變的過程稱為「變態」。

　　變態的方式隨昆蟲種類而不同，昆蟲的變態可分成：**完全變態、不完全變態、無變態**。

完全變態

　　完全變態的意思是蟲的生活史經過**卵期、幼蟲期、蛹期、成蟲期**。

　　卵，指的是受精後的受精卵，卵期是產卵之後到孵化為止。雌蟲會將卵產在孵化後的幼蟲容易吃到食物之處。例如，青斑鳳蝶的幼蟲以木蘭科葉片為食物，因此，雌蝶就會將卵產在玉蘭花、烏心石等木蘭科樹葉上，卵期結束、孵化後，幼蟲就有食物來源了。

　　幼蟲期主要任務就是「吃」和「長大」。但昆蟲身體的外部構造是外骨骼，無法隨著身體變大，所以必須將太小的舊皮蛻掉，換上較大的新皮，這過程稱為「蛻皮」。蛻皮的次數因昆蟲種類而異，一般說來約三至四次，也有多達十多次的。

　　幼蟲經過一段時間的成長之後，會停止進食並進入靜止狀態，稱為前蛹期，隨後蛻變為蛹。在「蛹期」階段，昆蟲會將幼蟲的組織分解，形成成蟲的組織，對外界刺激有反應但因不會移動，體內會徹底改造，一段時間之後，成蟲便自

「蛹」掙脫而出，羽化為成蟲。「蛹期」就是幼蟲期結束到成蟲之間。剛從蛹殼出來的成蟲，常常會暫懸垂著等待翅膀慢慢伸展開來，翅膀完全乾燥後便可開始活動。昆蟲蛹期的長短，隨種類而異，也會因氣溫或是否以蛹越冬等其他因素而有所不同，最尋常的約需一至兩星期。

進入成蟲期的昆蟲，外型大小已經固定，不再蛻皮，體型也不再長大，主要任務就是繁殖。成熟的雌雄個體交配之後，生命進入下一世代的循環。

要怎麼辨別一個昆蟲是否為完全變態呢？這並不容易，必須同時也觀察牠的幼蟲。因為完全變態的昆蟲，其幼蟲期的形態明顯與成蟲期不同，幼蟲期看不見翅膀，幼蟲時期的外觀型態與生活習性也與成蟲不相同。

回想一下我們所看到的毛毛蟲、雞母蟲（甲蟲幼蟲）、孑孓（蚊子幼蟲）等，這些幼蟲身上都不具翅膀，外表型態也與成蟲差很大，就可推知牠們屬於完全變態。蝴蝶是最常見的完全變態代表，牠也完整經歷過四個階段，而且毛毛蟲會長大，但在變成蝴蝶（成蟲）之後，就不會再由小蝴蝶長成大蝴蝶了。

不完全變態與無變態

另有一些昆蟲從幼體至成蟲，型態雖有所變化，但幼蟲和成蟲形體相似。生活史中只有卵期、幼蟲期、成蟲期，沒有蛹期，而且翅在幼蟲時期就已出現，並且每蛻皮一次，翅就稍長一些，這一類不經蛹期的變態，稱為「不完全變態」。

再回想一下，我們所看到的小螳螂、小蟑螂、小椿象、以及水薑等，身上都具有一對小小的翅膀，那就可以猜測，它們都屬於不完全變態的昆蟲。

昆蟲的生命史雖都具有變態的過程，但對少數不具翅膀的昆蟲而言（無翅亞綱），由卵孵化後的幼蟲到成蟲，兩者除了體型大小及生殖能力的差異之外，其他均極為相似，此種昆蟲稱為無變態類昆蟲，家中常見的衣魚便是屬於此類。

	完全變態	不完全變態	無變態
舉例	蝴蝶、蚊子、甲蟲	螳螂、蟑螂、椿象	衣魚
觀察特徵	幼蟲期沒有翅膀，型態與成蟲期明顯不同。	幼蟲時期已有小小翅膀。	幼蟲與成蟲除了大小與生殖能力之外，幾乎無差異。只有無翅亞綱昆蟲是無變態昆蟲。
生活史經歷階段	卵期→幼蟲期→蛹期→成蟲期	卵期→若蟲（或稚蟲）→成蟲期	卵期→幼蟲期（又稱為仔蟲）→成蟲期

5月 戶外探險去！

第1堂課

何處是龜途？台灣常見的烏龜

你是否常聽到有人養烏龜當寵物呢？你分辨得出來烏龜的種類嗎？
你知道巴西龜不是從巴西來的嗎？一起來認識常見的烏龜吧！

第2堂課

老鷹還捉小雞嗎？

老鷹給人的印象是威猛又優雅，但似乎很少見？其實，只要抬起頭來仔細觀察，就有
機會發現各種鷹的蹤跡喔！

第3堂課

北部的壁虎不會叫，南部的壁虎會叫？

常聽到人說北部的壁虎不會叫，南部的壁虎會叫，為什麼會有這種說法呢？壁虎
除了斷尾求生的能力，以及壁虎功之外，還有什麼不為人知的小祕密嗎？

第4堂課

穿越侏羅紀的裸子植物

你知道「蘇鐵」這種植物嗎？如果告訴你，它是從恐
龍還在的那個時候就存在於地球上的，你會不會覺得
很不可思議呢？

生物先修班5 食物鏈

學習重點：
認識食物鏈、生產者、消費者、分解者。

↑ 食蛇龜腹板有一橫向韌帶，可使腹甲閉合，這個特徵讓牠又稱為「閉殼龜」。

第 1 堂課

何處是龜途？
台灣常見烏龜

許多小朋友都曾飼養烏龜當寵物，然而這樣便宜的小烏龜大多是外來種的紅耳龜，容易生病死亡，不但沒機會完整觀察牠的行為，幸運養成之後，有時又因不想費心照顧而放生，於是衍生出一些生態問題。本堂課我們先來認識台灣常見烏龜吧！

別讓台灣烏龜消失！

各位小朋友是否聽說，台灣烏龜身價暴漲呢？這絕非好消息喔！物以稀為貴，這代表台灣烏龜命運坎坷，日漸稀少。

你可能不知道，烏龜之所以稀少是因為人為濫捕，捕抓的目的主要是為了走私到中國，因應中國的「炒龜熱」，有人將烏龜作為食用、藥用，或是寵物。台灣的烏龜本來就不多，近年來不肖業者持續出賣牠們，若不謹慎因應，難保不會使烏龜走上梅花鹿或雲豹的悲劇下場，逐漸消失。

我們需要好好認識台灣的烏龜。龜在生物學上

↑ 食蛇龜背甲最長約二十公分左右。

的分類是屬於爬蟲綱，龜鱉目。

　　台灣有**五種原生淡水龜**，分別為屬於河龜科的**金龜、食蛇龜、柴棺龜、斑龜**，以及鱉科的**中華鱉**。其中金龜列為一級保育動物、柴棺龜和食蛇龜為二級保育動物。

需要保育的金龜、食蛇龜、柴棺龜

　　先認識被列為一級保育動物的「金龜」吧！小朋友們可以從「一級保育」想像得到牠的處境，現在，在台灣要看到野生金龜已經非常困難了，金門地區族群較大。牠們生活在池塘、沼澤地，背甲最長約二十公分，眼睛後方有黃色的環紋，龜殼上面有三條明顯的稜脊。

　　接著是二級保育動物「食蛇龜」，牠又稱「箱龜」、「閉殼龜」。牠名字中的「食蛇」二字還真是虛有其名啊，其實，牠沒那麼可怕！牠和大部分河龜科一樣，為雜食性，以植物的果實、種子、莖葉、嫩芽及節肢動物、蚯蚓、小型螺類等無脊椎及部分脊椎動物屍體為食。牠的腹板有一橫向韌帶，可使腹甲閉合，故稱閉殼龜，這個名字因為符合牠的外型特徵，相較於「食蛇龜」其實更為貼切。其他的龜類腹甲沒有閉合喔！而食蛇龜的腹甲可閉合，並且可以稍加彎曲，因此有較佳保護功能！

　　雖然同屬於河龜科，牠卻和其他河龜科的龜類不同。其他河龜科在陸地活動時間較短，食蛇龜則能夠在陸地上生活及交配，主要棲息於低海拔森林及其邊緣地帶，或離水源較近的溪流旁、沼澤。因為常常在陸地上趴趴走，所以食蛇龜也成了最常被撿走的烏龜。

　　另一個需要保育的是二級保育動物「柴棺龜」，牠是半水棲性，主要棲息於丘陵地區的水域附近，也會爬上溪邊石頭休息或晒太陽。雜食性，以小蝦、水生昆蟲、魚、蚯蚓、植物的果實、種子、莖葉及嫩芽為食，春末至夏季繁殖。繁殖

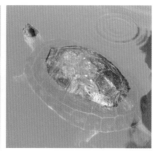

↑ 斑龜，頭頸部、四肢、尾巴都有細細的黃綠色縱紋

↑ 斑龜的尾巴比例明顯較大，所以還有一個綽號，叫做「長尾龜」。

↑ 這是一隻成熟的雌斑龜，牠正在游泳。牠的背甲可達約二十七公分，雄龜較小，約達二十公分

期的時候母龜需到岸邊的沙土上產卵，但不斷加高的河岸，使得懷孕的母龜上、下岸非常困難。

最適合當寵物的斑龜

「斑龜」是台灣地區最常見的淡水龜，是上述台灣四種原生龜中唯一的非保育類，分布於低海拔的水域環境，水流較緩的溪流、溝渠、池塘、水庫、沼澤等都有機會遇見牠。當然也出現在寵物市場，所以如果真的想養隻烏龜當寵物，牠是最佳選擇。一樣是屬雜食性，水生的小型動物、水生植物、岸邊植物嫩葉、花、漿果、蚯蚓等都可以是牠的食物。

那麼，究竟該怎麼養烏龜呀？烏龜的飼養和一般寵物一樣，不能因一時興起就買回來養，膩了就讓牠自生自滅。一定要先認識動物特性、飼養方式。以斑龜為例，我們需要了解牠是為「偏水生性」的烏龜，絕不能以無水環境長期飼養，若每天餵食時泡水，也不能少於六小時。最理想的設置是有乾溼分離環境，可讓斑龜自行選擇上岸或下水。此外，烏龜為**外溫動物**，無法恆定自己的體溫，台灣的冬天雖然不至於日日酷寒，但寒流來時，建議加溫，尤其是幼龜，冬天的低溫常常是造成斑龜生病的主因。加溫的方式可不是幫牠穿毛衣喔，可以使用加溫燈。

最好天天換水，至少一週換水一至二次。有水族用的過濾設備當然最好。

該給斑龜吃什麼呢？建議可以餵飼料或是撈小魚、小蝦、蝌蚪、青菜，如果冬天發現烏龜的活動量低、進食量少，這是正常現象，不是生病。還有，也要讓牠上岸晒太陽，偶爾放到陸地上讓牠爬行運動是很有趣的，但記得牠的動作可不慢，一下就躲進角落讓你找不到龜影了。

台灣唯一的原生鱉：中華鱉

　　五個台灣原生淡水龜中，最後一種是鱉，台灣只有一種，叫做「中華鱉」，俗稱甲魚。牠的背甲柔軟，在國外稱鱉為「軟殼龜」。多生活在沙泥底質且水流緩慢的水域，偶爾會上岸晒太陽，但頻度較一般淡水龜低，中華鱉主要為肉食性，在野外以小型魚類、甲殼類、螺貝或水生昆蟲為食。在台灣因為有人吃鱉，所以野外雖然不多見，但養殖場還不少。

已經存在兩億年了，未來的「龜」途在何方？

　　本堂課一開始提到的「紅耳龜」，是一種已經危害台灣生態的外來種烏龜。牠原產於北美洲，被我們誤稱為巴西龜，成體性情凶猛，常被飼主遺棄或放生。但紅耳龜在野外環境中適應力強，耐汙力高，食性廣泛，已於台灣各地成功建立族群，本土龜種因此遭受嚴重威脅。因此，各位小朋友想要養動物，請千萬不要隨意遺棄牠，要花時間認識牠、給牠最好的照料，否則可能造成其他物種的生存空間被壓縮。

↑ 這是幼鱉，背甲具有黑斑，成體時會逐漸消失。頸部極長，即使棲息在較淺的湖泊或河流底部，仍能將頭伸出水面呼吸，成體背甲最長可達三十至三十五公分。

↓ 中華鱉，吻端細長如豬鼻般突出，尾巴很短，四肢均有像蛙類一般的蹼。

　　你可能不知道，烏龜家族存在世界上已有兩億年了！如今因為種種威脅，族群逐漸減少，台灣的原生種烏龜亦未能倖免。除了飼養牠們之外，最理想的莫過於努力維持大自然現有的平衡狀態，讓我們走到溪邊水畔，就能遇見台灣原生烏龜，與牠們一起享受陽光。

↑ 因為頭後兩側各有一塊明顯的紅斑，所以才會有「紅耳龜」這個名字。

↑ 紅耳龜已成了野外最常見的烏龜，在台灣許多地區已能產卵繁衍後代。

① 下列何者不是台灣原生烏龜？
　　（A）紅耳龜。（B）食蛇龜。（C）金龜。（D）柴棺龜。
② 下列哪一種台灣原生烏龜不在保育名單中？
　　（A）金龜。（B）食蛇龜。（C）柴棺龜。（D）斑龜。
③ 關於台灣烏龜的處境，下列敘述何者正確？
　　（A）台灣沒有吃龜的文化，所以烏龜的生存不易受威脅。（B）中國人愛
　　吃龜，台灣有人走私出口到對岸，危害台灣烏龜生存。（C）巴西龜為來
　　自巴西的外來物種，供為寵物之用。（D）台灣人自己養龜自己吃，沒有
　　危害生態。

【解答】

① （A）紅耳龜。
　說明：除了常被誤稱為巴西龜的紅耳龜之外，其他三種都是台灣原生種喔！
② （D）斑龜。
　說明：其他三種都是保育類喔！你答對了嗎？
③ （B）中國人愛吃龜，台灣有人走私出口到對岸，危害台灣烏龜生存。
　說明：巴西龜是外來物種，供為寵物之用，但並非來自巴西。

第 **2** 堂課
老鷹還捉小雞嗎？

↑ 仔細觀察牠往下鉤的嘴喙。

相信許多小朋友都玩過「老鷹捉小雞」，不過在都會生活中要看到小雞已經不容易了，更遑論老鷹。老鷹真的這麼神祕不易看見嗎？老鷹還捉小雞嗎？讓我們一起抬頭尋找牠的蹤影⋯⋯

錐狀細胞

人眼的錐狀細胞集中於視網膜的中央，負責色彩視覺，感受顏色，每一平方公釐約有二十萬個錐狀細胞。

老鷹、貓頭鷹都是「猛禽家族」的成員

「猛禽」按照字面解釋，意思就是「兇猛的鳥類」，以現今通俗的鳥類分類觀點來看，猛禽現在分為兩大類，一類是貓頭鷹，一類是老鷹。

一月份第三堂課「魔法世界的神祕信差貓頭鷹」已經介紹過貓頭鷹，牠是「鴞形目」。這一類的鳥，例如領角鴞，多半在夜間活動，所以也叫做「夜行性猛禽」，簡稱「夜猛禽」，英文是 owl。

我們所說的「老鷹」，指的是「隼形目」這一類的鳥。由於隼形目的猛禽主要在日間活動，因此又稱為「日行性猛禽」，簡稱「日猛禽」，英文叫做 raptor。

↑ 看看夜猛禽這銳利的鷹眼！　　↑ 這可不是睡眼惺忪喔！這是透　　↑ 鋒利的腳爪。
　　　　　　　　　　　　　　　　　明的瞬膜。

　　中文裡的鷹、鵟、鵰、隼、鷂等的掠食性鳥類，常被一概稱之為老鷹，但也有人把「黑鳶」叫做老鷹，為避免混淆，以上動物，我們就一律以「日猛禽」稱呼。

瞬膜是什麼？

瞬膜為一層覆蓋在結膜上以保護角膜、清除異物，並防止眼球乾燥的構造。又稱第三眼瞼。

賞鳥人最愛的就是猛禽

　　墾丁的十月國慶、八卦山的清明前後，總是有著絡繹不絕的賞鷹人潮。這麼受賞鳥人喜愛的猛禽有哪些特質呢？牠們真的很特別，由於都是肉食動物，以捕捉哺乳類、鳥類、爬蟲……等為食，所以牠們需要有些「特殊能力」，以便抓取獵物。

　　首先，牠們都有著絕佳的視力，日猛禽主要靠視覺來尋找獵物，經過長期的演化，視網膜上負責日間視力的**錐狀細胞**密度為人類的八倍，眼球體積也占了頭部相當大的比例，這麼優質的視力非常有利於在高空「肉」搜獵物。

　　第二個共同特徵是牠們都有著彎曲銳利的腳爪，可以像刺刀一樣刺進獵物身體，再輔以粗糙的腳底不讓獵物滑脫。

　　第三項特徵是，猛禽都具有下鉤狀而銳利的嘴喙，可以像剪刀般切割及撕碎獵物。猛禽種類很多，不同種類的猛禽覓食方式與獵食對象不同，因此腳爪與嘴喙在型態結構上也會略有差異。

鳴聲響亮的大冠鷲

　　台灣最常見的留棲性日猛禽**大冠鷲**，又稱「蛇鵰」，蛇類是牠最主要的食物，尤其是春夏繁殖季時，蛇類占牠食物的七成以上，其次為蜥蜴等爬蟲類。牠的體型大，外表深褐色，翼下有明顯的白色橫帶，頭頂有黑白相間的冠羽，在

空中常常一邊盤旋一邊鳴叫，尤其是接近繁殖季節的春天，是猛禽中少數得以先聽見牠的聲音，再抬頭尋找觀察的猛禽。

大冠鷲的鳴叫聲響亮而悠遠，聲音宛如「揮～～揮～～揮～～揮有～揮有～」，辨識度極高的聲音，是大部分人尋覓牠們的最佳線索。

我們還可以多瀏覽樹枝或電線桿頂端，因為牠們常停棲於視野良好的高處，等到發現蛇類出現便迅速飛下去以腳撲擊，再將獵物帶至隱密處慢慢享用。

都市常見的鳳頭蒼鷹

即使不到野外，也有機會觀察到猛禽喔！都市邊緣的樹林、公園綠地、人

↑ 大冠鷲的體型大，常停棲在樹枝高處。
↓ 仰望時，可見牠的翼下有明顯的白色橫帶。

造林或學校，只要有足夠的空間及良好的環境，就可以吸引一些活動範圍較小的猛禽，在台灣都會地區常見的猛禽代表就是**鳳頭蒼鷹**，牠是目前都會地區森林中最常見的日猛禽。鳳頭蒼鷹的菜單包括昆蟲、青蛙，及較大型的蜥蜴、鳥類、鼠類等等，非常多樣化。

相較於大冠鷲，鳳頭蒼鷹的身形小了許多，也不常鳴叫，飛行時，尾下覆羽的白色羽毛明顯。牠有一個專屬的飛行特徵，就是下壓並快速地抖動雙翼，非常特別！全年都

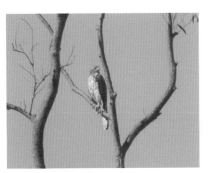

↑ 鳳頭蒼鷹體型比大冠鷲小了一號，體長約四十至四十八公分，也常停棲在樹枝高處。
↓ 逛進校園裡的鳳頭蒼鷹。牠是唯一能夠適應台灣都市叢林的日行性猛禽。

↑ 東方蜂鷹襲擊黃腳虎頭蜂蜂巢。

↑ 東方蜂鷹在枝頭理羽，打點自己。

有機會觀賞到鳳頭蒼鷹的身影，但以二至六月的繁殖季節活動較為頻繁。

口味很「特殊」的東方蜂鷹

　　一般而言，體型較大的猛禽，獵物通常也比較大。但蜂鷹屬卻是例外，牠們以蜂類幼蟲和蛹為主要食物，非常特別，竟以如此小的獵物為食。幸好自然界有許多蜂巢可以提供相當數量的幼蟲和蜂蛹，這種特殊食性的優點是，沒有其他猛禽和牠競爭。

　　世界上共有三種蜂鷹，台灣的蜂鷹是**東方蜂鷹**。

　　相信大家很好奇，東方蜂鷹直搗蜂窩時是否怕蜂螫呢？這個問題還留待專業學者詳細研究。牠進食的時候總從容不迫，即使吃的是虎頭蜂也沒在怕，實在叫人捏把冷汗！不過，牠頭部小，臉部羽毛十分細密硬實，像魚鱗片般排列，確實可能可以降低被螫的風險。

撿拾腐肉的清道夫黑鳶

　　造成話題的《老鷹想飛》紀錄片，是關於老鷹專家沈振中老師二十年來對黑鳶的生態觀察紀錄，不知道大家看過了嗎？黑鳶曾經是台灣最常見的鷹種、分布遍及全台的老鷹，現在卻是二級珍貴稀有保育類動物。八〇年代之後，因環境破壞，台灣的黑鳶數量急速下滑，目前估計僅存約四百多隻左右。《老鷹想飛》期望喚起觀眾理解人類與自然共生之美好。

　　黑鳶全身暗褐色，羽緣淡褐色。頭部、腹面有淡褐色縱斑。尾羽略長，有不明顯之淡褐色橫斑。飛行時，雙翼狹長，翼下初級飛羽基部有明顯白斑，尾有時略呈開剪，尾羽形狀很像魚尾，這是兩個較易於辨識的特徵。

　　黑鳶為雜食性，不挑食，是台灣唯一的食腐性鳥類，也是自然界的清道夫。

有些農夫用農藥防止鳥類吃作物，黑鳶再吃了暴斃的麻雀、紅鳩等，常常就隨之中毒死亡。加上食物減少、棲息地、大樹減少，族群數量也就急遽下降了。

「鷹派」生存風格，漸受威脅

台灣的日猛禽紀錄上達三十二種，不因季節而遷徙的留鳥四季都可觀察，但以春季求偶期時最佳，一日之中以上午九點至十二點之間是最有機會遇見的時段，因為這段時間牠們必須出來覓食或求偶，是活動最頻繁的時段。

牠們是位居食物鏈中的高階消費者，理論上是沒有天敵的，但是人類對牠們直接間接地形成了生存威脅。諸如獵捕、棲地破壞、噪音、遊客、環境毒害、食物不足等因素，都使得牠這種有王者之風的「鷹派」生存，漸漸受到威脅。由於牠是高階消費者，因此，如果老鷹數量下降、被掠食者的壓力隨之降低，生態系統便會失衡。

看看天空吧！認識牠！如今牠未必還捉小雞，現在開始，期待是由我們努力保護環境，讓牠們能好好生存下去。

↑ 黑鳶腳爪尖銳向內彎曲，有利於抓取獵物。

↑ 黑鳶掠過水面，用利爪捕捉食物，在空中便將獵物送到嘴裡了。

↑ 黑鳶飛行時雙翼狹長，翼下飛羽基部有明顯白斑，尾羽形狀很像魚尾。

① 猛禽面臨威脅，下列何者不是幫助牠們的方式？

（A）不亂丟垃圾。（B）選用對環境友善的農產品。（C）將森林變成草原以方便觀察。（D）多多使用環保碗筷。

② 關於台灣猛禽的敘述，下列何者正確？

（A）牠們生存備受威脅，全部都是保育類。（B）牠們會吃掉許多家畜，所以可以獵殺。（C）牠們大隻，形態優美，適合製成標本販售以振興經濟。（D）牠們都是肉食性，所以稻田、紅豆園等使用農藥不會危害到猛禽的生存。

〔解答〕

① （C）將森林變成草原以方便觀察。

說明：將森林變成草原，那就是破壞原本的生態環境啦！

② （A）牠們生存備受威脅，全部都是保育類。

說明：牠們都是肉食性，所以稻田、紅豆園等使用農藥不會危害到猛禽的生存？這個概念是錯誤的，初級消費者會吃施以農藥的作物而中毒，未死之前再被老鷹吃了，毒就這樣透過食物鏈而進到老鷹體內了。

北部的壁虎不會叫，南部的壁虎會叫？

↑ 這一隻是斯文豪氏攀木蜥蜴，尾巴有受傷，但不是斷尾求生，也不會再生。

壁虎是經常出現在住家中的蜥蜴，你的家裡出現過壁虎嗎？你看過牠斷尾嗎？聽過壁虎叫嗎？也有人說「北部的壁虎不會叫，南部壁虎會叫」，這是真的嗎？

認識爬蟲類

在介紹壁虎之前，先來認識「爬蟲類」吧！

最早登陸的脊椎動物是**兩生類**，但牠們的皮膚不能防止水分蒸發，爬蟲類則演化出有防水功能的鱗片或骨板，所以較能適應陸地乾燥的環境。牠們以爬行的方式移動身軀前進，所以才會被稱為爬行動物，或爬蟲類。

「爬蟲類」有哪些呢？難道是會爬的就屬於爬蟲類？那麼，蟑螂、螞蟻、蚯蚓……都是了？可惜爬蟲類的辨別方式沒有這麼簡單。

爬蟲類屬於脊椎動物。脊椎動物共分為五大類：**魚類、兩生類、鳥類、哺乳類、爬蟲類**。

↑ 蝎虎的尾巴具許多環形之櫛刺狀鱗片，但斷尾後再生的尾巴沒有明顯的環節及疣鱗。

↑ 蛇蜥看起來就像一條蛇！

↑ 麗紋石龍子的幼體與成體體色不同，幼體體背黑色，有五條
縱線均勻分布於背側，尾部是鮮明的藍色。雌性體色與幼體類
似但較黯淡，雄性個體以黃褐色為主，側面有橘紅色的縱斑。

　　「爬蟲家族」的成員包括哪些呢？蛇、蜥蜴、龜鱉、鱷魚和鱷蜥五類，後
兩者並不產於台灣。其中最容易遇見的爬蟲類，就是蜥蜴。

　　「蜥蜴」並不是一種生物，甚至也不只是一個科。蜥蜴只是一個通用的「俗
稱」，泛指除了蛇、龜、鱉以外的爬蟲類。

　　台灣產蜥蜴類可分為五個科，包括跑起來像在飛的**飛蜥科**，住家中最常見
的，會表演壁虎功的**壁虎科**；身體修長、尾巴細長的**蜥蜴科**，以及軀體肥胖、
鱗片光滑的**石龍子科**。第五種是不具四肢，看起來就像條蛇的**蛇蜥科**。

這是台灣五種蜥蜴分類

分類	飛蜥科	壁虎（守宮）科	蜥蜴科	石龍子科	蛇蜥科
特徵	頸背部具有脊鱗凸起。	腳趾下有規則皮瓣。具有攀爬吸附能力。	身體修長、尾巴細長。	軀體肥胖、鱗片光滑。	不具四肢，乍看似蛇。
例子	斯文豪氏攀木蜥蜴。	蝎虎、無疣蝎虎、鉛山壁虎。	台灣草蜥、雪山草蜥。	印度蜓蜥、麗紋石龍子。	蛇蜥。

壁虎聲勢浩大！

　　壁虎科，或稱守宮、蜥虎，是蜥蜴類中的第二大科，僅次於石龍子科，全
世界的壁虎達六百七十種，占全部蜥蜴類的五分之一以上。非常聲勢浩大！

　　廣泛分布於各大洲的熱帶、亞熱帶及溫帶地區。生殖方式為卵生，大多數
壁虎每次產出兩個蛋。

台灣的壁虎中，以最常在住家附近出沒的鉛山壁虎、蝎虎，與無疣蝎虎最容易見到。牠們會在夜間光亮的地方捕食飛蛾、蚊子等昆蟲，因此可視為益蟲。雖然大家不喜歡牠在家中留下黑白分明的排泄物，但還是得感謝牠們，因為是肉食性動物，才能幫忙把住家中的蚊子、蟑螂等有害昆蟲除掉，我們也因此可以不必使用太多的殺蟲劑。

壁虎是我們的好朋友！但有些人會在家中放置為了黏蟑螂、老鼠的強力膠黏板，壁虎就常常成為無辜的受害者。

牠的身體通常是扁平的，外表有小型而軟質的鱗片。頭部背面沒有對稱排列的大鱗片。眼睛通常很大，牠的瞳孔為垂直型，與貓眼有一點相似。大都沒有可動性的眼皮。

↑ 家庭窗台上兩兩成對的蛋，大概就是壁虎的卵。

⇓ 壁虎的眼睛與瞳孔。

拆解飛簷走壁的「壁虎功」

壁虎的四肢不長，腳趾較寬扁，趾下有皮瓣，皮瓣的皺褶上均勻披覆著細毛，每根細毛都很細，約為人類頭髮直徑的十分之一。細毛末端如樹枝狀的分支，分叉出的數量約為一百至一千根，稱為**匙突**。

匙突的功能就是「壁虎功」的祕訣！理論上，兩個表面之間若能彼此緊緊連接，應該就能黏著。也就是說，壁虎是靠著無數個扁平匙部，與物體形成點狀的接觸，這就是牠們在天花板上得以健步如飛的奧祕。

↑ 嘴裡正吃著蚊子的蝎虎。

為什麼壁虎叫聲南北大不同？

你知道嗎？全世界的蜥蜴當中，除了某些巨蜥在受到威脅時，及某些蜥蜴在打鬥時會發出一點聲音之外，壁虎科是唯一會發出聲音的蜥蜴喔！

不過，也不是所有的壁虎科蜥蜴都會鳴叫。台灣多種的壁虎科蜥蜴中以蝎虎的叫聲最為明顯，類似這樣的聲音：「嘖、嘖、嘖、

噴」。牠的叫聲響亮，除了晚上以外，有時白天也會躲在暗處鳴叫。

　　台灣民間盛傳一種説法：「南部的壁虎會叫，北部的壁虎不會叫。」這是真的嗎？

　　事實上，這句話中所説的兩種壁虎，並不是同一種壁虎。南部會叫的壁虎，是蝎虎。北部不會叫的壁虎，是無疣蝎虎。

　　由於台灣的壁虎科成員外型都很相似，若非經過仔細觀察，要分辨類似物種並不容易，尤其是蝎虎與無疣蝎虎外型雷同，看起來就像是同一種生物了。

　　蝎虎較偏好炎熱的環境，而無疣蝎虎喜歡較低溫的環境，因此蝎虎的分布範圍便多在南部，而無疣蝎虎則多分布在北部。所以在台灣早期會有「南部的壁虎會叫」的説法。

↑ 趾下有皮瓣。蝎虎的皮瓣有兩列。
↓ 蜕皮中的壁虎。壁虎和蛇一樣也是會蜕皮的，只是壁虎較小隻，蜕下來的皮也不像蛇一樣的完整一件，所以不容易看見。

　　然而聰明的小朋友會發現，現在，即使在北部也常聽到壁虎的叫聲，為什麼呢？

　　這是因為隨著台灣交通的便利發展，南來北往日漸頻繁，搭便車北上的蝎虎多了，因此也不再只限於南部才聽得到壁虎唱歌了。現在，「南部的壁虎會叫，北部的壁虎不會叫」就不再成立了。

　　壁虎除了會叫（不是每隻都會）、會壁虎功之外，都還有另一項特異功能，就是「斷尾求生」。當壁虎遭到天敵攻擊，倍感壓力時，會自行斷掉尾巴，讓不斷甩動彈跳的斷尾吸引敵人之目光，便以趁機逃之夭夭，失去的尾巴經過一段時間後會再長回來。但小朋友也不要為了觀察牠這種特異功能而刻意玩弄牠，因為失去尾部要再長回來是需要很多能量的，而且能再生的次數也極有限。下次見到牠，請多多用關愛的眼神注目牠喔！

↑ 壁虎的斷尾求生。
↓ 遺留下來的尾巴。由於裡面還有神經，還能扭動一小段時間。

① 目前在台灣,「北部的壁虎不會叫,南部壁虎才會叫」是真的嗎?為什麼?

（A）真的,因為溫度不同,低溫使得北部壁虎失去發聲的能力。（B）真的,因為壁虎的種類不同,會叫的蝎虎只分布在南部。（C）錯,會叫的蝎虎南北部都有分布。（D）錯,所有的壁虎在任何地方都會叫,就像青蛙一樣。

② 下列哪一種爬蟲類可以斷尾求生?

（A）蛇。（B）烏龜。（C）攀木蜥蜴。（D）壁虎。

③ 關於壁虎的敘述,下列何者正確?

（A）壁虎功是因為趾下有皮瓣,皮瓣的皺褶披覆著特殊的細毛。（B）壁虎是害蟲,因為有毒。（C）壁虎是日行,草食性動物。（D）壁虎和蛇最大的差異是蛇會蛻皮,壁虎不會蛻皮。

〔解答〕

① （C）錯,會叫的蝎虎南北部都有分布。

說明:會叫的蝎虎在台灣已廣泛分布,南北部都有。「南部的壁虎會叫,北部的壁虎不會叫」這種說法就不再成立了!

② （D）壁虎。

說明:蜥蜴類中的攀木蜥蜴不會斷尾求生。

③ （A）壁虎功是因為趾下有皮瓣,皮瓣的皺褶披覆著特殊的細毛。

說明:其他選項都不對喔!壁虎不是害蟲,牠們會協助吃掉蚊蟲蟑螂,壁虎不是日行動物也不是草食動物。另外,壁虎跟蛇一樣會蛻皮,只是體積較小,不容易觀察到。

第4堂課
穿越侏羅紀的裸子植物

↑ 台東蘇鐵，台灣現今唯一的原生種蘇鐵。已是「珍貴稀有植物」，要好好愛護它！

你看過《侏羅紀公園》或《侏羅紀世界》嗎？電影中的恐龍是不是令人印象深刻呢？不過，小朋友是否注意過在恐龍背後當背景的綠色植物是什麼呢？你一定想不到，現實生活中仍然找得到年代和恐龍一樣古老的植物喔！

「阡插法」是什麼？

簡單說，就是剪下母株的枝、莖葉、頂芽等部份使其生根，然後栽種出與母株相同的幼苗。是典型的無性繁殖。

裸子植物曾是地表植物之王

會結種子、以種子繁殖後代稱為**種子植物**，其中包含了會開花結果的**被子植物**，以及較古老、不結果實只結種子的**裸子植物**。

裸子植物於距今三億多年前的古生代出現，在兩億至一億四千萬年前，中生代侏羅紀恐龍稱霸時，裸子植物是地表上最具優勢的綠色植物。是構成大面積森林的重要角色。當時還沒有會開花結果的被子植物，大自然裡沒有五顏六色的花朵。跟著李老師想像一下吧！如果回到侏羅紀，你所看到的自然景象大多是綠油油的一片喔！

現今世界的種子植物約有二十五萬種，裸子植

物只有六百多種，還有不少種面臨著滅絕的危機。裸子植物都為多年生木本，主要分布在溫帶地區或熱帶、亞熱帶較高海拔的山區，常形成大片純林。

認識裸子植物

　　裸子植物最大的特徵就是**沒有果皮包護種子**，種子裸露在外。換句話說，胚珠沒有子房包裹，當然就沒有由子房壁發育而來的果皮。而胚珠後來形成種子，種子外層就沒有果皮來保護種子。

　　裸子植物家族中有哪些成員呢？松、杉、柏等針葉樹，以及銀杏、羅漢松、蘇鐵等都屬於裸子植物。它們普遍特徵是沒有色彩豔麗的花朵、花瓣、花萼等，繁殖器官較為單調，多為單性，常聚集成毬狀，稱為毬果，主要依靠風媒傳粉，大部分的松、杉、柏科及南洋杉科都是結毬果植物，其餘各科之種子，例如銀杏、蘇鐵則呈核果狀。

曾與恐龍活過同個時代的蘇鐵

　　從目前所發現的化石資料來看，蘇鐵科植物曾經與恐龍共同生存於中生代，也就是從三疊紀、侏羅紀到白堊紀。後來因為地球氣候及環境的改變，大部分的蘇鐵都滅絕了。台灣現今只有一種原生的蘇鐵，叫做**台東蘇鐵**，現今，自然生長的台東蘇鐵已非常少，目前它已被列為「珍貴稀有植物」，必須加以保護。

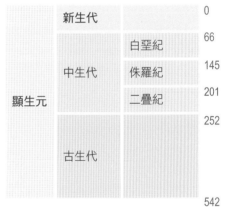

		0
新生代		
		66
	白堊紀	
		145
中生代	侏羅紀	
		201
	二疊紀	
顯生元		252
古生代		
		542

單位：百萬年

↑ 台灣鐵杉，為松科鐵杉屬常綠大喬木，樹冠層平展，傘型外貌，樹皮灰色或鐵色，成熟樹皮上有不規則紋路如雲母片狀的裂片。

↑ 蘇鐵雌雄異株，這是蘇鐵的雌株，才能結出種子，橘紅色的部分就是種子。

↑ 毬果不是果實喔！它有雌（上）雄（下）之分，是松、杉、柏等植物的生殖器官。

↑ 台灣杉，以台灣之名為屬名
的唯一物種。

↑ 銀杏，扇狀的葉片，不同於大部分
針狀葉的裸子植物。作為行道樹時，
景觀非常美麗。

↑ 台灣水杉。

松、杉、柏的「毬果」

我們比較熟悉的松、杉、柏等，它們的樹幹高大挺直，人們自古以來很喜歡利用它們來造屋或製作家具，堅固耐用又美觀，也適合拿來當作雕刻用的木材，以及造紙的原料，用途很廣泛，不知不覺間已和人類的生活密不可分。它們的葉子多呈針狀，針葉長短因種類不同而異，所以又稱**針葉樹**。

前文提到松、杉、柏會產生「毬果」，雖然「毬果」當中有個「果」字，但不要聯想為果實喔！否則一不小心就會忘記「裸子植物沒有果實」的通則。毬果其實是它們的生殖器官，由許多「鱗片」組成，有雌、雄之分。雄毬果成熟時，會產生大量的花粉粒，主要依靠風的傳播，將花粉粒帶到雌毬果上。雌毬果的各鱗片內側有裸露的胚珠，胚珠內含有卵。受精後的胚珠便發育為裸露的種子。在雌毬果內長成的種子常帶有薄翅，可以幫助種子隨風散播到遠處，拓展它們的生存空間。

除了建築、家具、造紙等用途，許多裸子植物的美，讓人類將它們拿來作為觀賞用植物，被廣植運用於庭園景觀。在日本、美國等國家也有銀杏做為行道樹，樹形樹葉都優美。在國內小葉南洋杉、蘇鐵是引進的園藝植物，常出現在校園裡。

其他裸子植物大明星

台灣原生種的裸子植物中，最值得一提的就是以台灣為拉丁屬名「*Taiwania*」命名的台灣杉。這種與台灣同名的台灣杉於全球只有一屬一種，與水杉、銀杏及世界爺等同為世界頂級的古老珍寶。在惠蓀林場、大雪山森林遊樂區、太平山森林遊樂區、奮起湖、阿里山等地都可以看得到！

水杉曾被植物界認為是滅絕樹種。後於中國湖北省被發現，深入觀察和研

究比對之後，證實是罕見的水杉，當時震驚了全球植物界，堪稱是「死而復生」了！現在在台灣以**扦插法**繁殖成功，不少地方都有種植，為世界著名孑遺之「活化石」。

為什麼稱活化石呢？某些現存的物種，因為生活的環境從古到今變化不大，所以外型仍然保留著原始形態，這些生物都稱為活化石。

裸子植物中，還有另一個「活化石」，那就是**銀杏**，它是最典型的活化石代表。它盛產於中生代侏羅紀，存在至今已超過兩億年。現存的銀杏科僅剩一屬一種。在台灣因氣候條件無法廣泛栽種，較少見到。我們最常和它相見的地方，可能是在餐桌上。有時會吃到「白果」，那是它的「種子」，不是果實喔！

↑ 雪山森林遊樂區的小神木是紅檜。
↓ 紅檜是台灣的神木中最常出現的。

原生種裸子植物中名號最響叮噹、身價無法估量的，非**紅檜**莫屬了！紅檜也就是台灣俗稱的「神木」中最為人熟知的物種。例如巴陵拉拉山神木群、赫威神木群、觀霧檜山巨木群、棲蘭山神木群、雪山神木、溪頭神木及阿里山神木，它們都是以紅檜或台灣扁柏為主的裸子植物，有些樹齡已達兩、三千年了，非常珍貴。它們的樹幹挺直，木材紋理細緻美觀，質地堅實，且含有精油可防蟲，過去是建築、製造家具的最佳木材，但千年樹木存活至今不是件容易的事，現在已被珍視為台灣共同的資產，留下來供人景仰，依法已不再砍伐。

除了這些常聽到的裸子植物，在台灣只要上到中高海拔，都還有機會見到更多樣的裸子植物。例如葉子兩針一束、樹皮不規則開裂的台灣二葉松；樹形優美開闊如傘狀，木材堅硬、針葉較短的台灣鐵杉。當然還有毬果模樣非常特別，直立向上、藍紫色的台灣冷杉。

這麼多珍貴的裸子植物雖然沒有美麗的花朵，卻是穿越侏羅紀，歷經演化而得以活在現代的植物，小朋友有機會務必多多觀察它！

← 台灣冷杉只生長在海拔三千公尺以上的高山，顯得神祕而難以親近。它的毬果是寶藍色帶點紫色，鱗片上白色部分是樹脂晶體，模樣很特別。

① 關於種子植物的敘述，下列敘述何者正確？

（A）種子植物都會開花結果。（B）大部分種子植物會開花結果，一部分不會。（C）種子植物都是高大喬木。（D）種子植物到了中生代才演化成功。

② 關於裸子植物的敘述，下列敘述何者正確？

（A）有許多裸子植物可以存活上千年，是神木中的重要成員。（B）白果就是銀杏的果實。（C）所有的裸子植物都結毬果，毬果有雌雄之分。（D）裸子植物在現今地球陸地上占了大部分的生長面積。

③ 下列哪一種植物只結種子，沒有果實？

（A）稻米。（B）蓮花。（C）松樹。（D）愛玉。

④ 下列哪一種生物，可以稱為活化石？

（A）銀杏。（B）神木。（C）羅漢松。（D）恐龍。

【解答】

① （B）大部分種子植物會開花結果，一部分不會。

說明：種子植物分為會開花結果的被子植物與不開花的裸子植物。這一點很重要，希望各位小朋友多注意喔！

② （A）有許多裸子植物可以存活上千年，是神木中的重要成員。

說明：白果是銀杏的種子，不是果實。不是所有的裸子植物都會結毬果。裸子植物現今只有六百多種，不像當年那麼威風啦！

③ （C）松樹。

說明：松樹為裸子植物，沒有果實，其他均為被子植物，會結果實。

④ （A）銀杏。

說明：銀杏的生活環境從古到今變化不大，外貌仍然和兩億年前相差無幾，因此才會稱為活化石喔！

生物先修班 5
食物鏈

前面常常聽到「消費者」這個詞,小朋友是否很疑惑:這個詞是什麼意思?生物界有「消費者」,難道也有「生產者」嗎?一起來認識「食物鏈」吧!

在認識「食物鏈」之前,大家請先認識這幾個概念。首先要知道,生態系包含生物和環境兩個部分。環境中的生物種類繁多,根據它們獲得能量的方式不同,可以分為生產者、消費者和分解者三類。

「生產者」指的是可以行光合作用,自行製造所需養分的生物,包含綠色植物、藻類和藍綠菌。它可以從環境中得到二氧化碳和水,合成碳水化合物,將太陽能轉為化學能,儲存在碳水化合物中。太陽輻射能只能透過這樣的途徑,持續輸入到生態系統裡轉化為生物能,成為消費者和分解者維持生命的唯一能源。

簡單舉例:身為「生產者」的植物,如玉米、牧草,將太陽能轉化為碳水化合物,形成植物的根、莖、葉、花、果實、種子,身為「消費者」的豬吃了玉米的果實或牛吃了牧草,而得以維持生存。一開始的太陽能藉由生產者才能繼續將能量在食物鏈中傳遞。

「消費者」又是誰呢?只要是透過攝食獲得所需養分的生物就是「消費者」,也就是動物。

動物可以區分為草食性動物和肉食性動物兩大類。若以食物鏈概念區分,草食性動物就是一級(初級)消費者,牠們為了獲得能量,所吃的是植物。草食性動物接著又會被肉食性動物所捕食,這些吃初級消費者的動物就稱為二級(次級)消費者。例如吃植物的羊,就是一級(初級)消費者,而接下來吃了羊的老虎,就是二級(次級)消費者了。

還有另一種生物是「分解者」。不跟植物一樣行光合作用、不跟動物一樣進食,而是依靠分解外界的生物碎屑、排泄物獲得養分,這就是「分解者」。它們是推動物質回歸大自然,繼續循環的關鍵生物,包括細菌、黴菌、真菌等都屬於此類。

以台灣森林生態系的生產者、消費者和分解者為例,請看看以下圖表。**像這**

樣，將生物藉著攝取食物路徑以獲取能量所聯繫起來的關係，就稱做食物鏈。

「生產者」
青剛櫟
（行光合作用維生） → 「初級消費者」
松鼠
（吃青剛櫟維生） → 「次級消費者」
松雀鷹
（吃松鼠維生）

　　這個例子比較單純，其實很多生物吃的東西不只一種，這時很多條食物鏈就會交錯在一起，形成錯綜複雜的食物網。食物網很有趣，它愈是複雜，表示生物愈是多樣，生態系便會愈趨穩定。這表示在一個複雜的食物網中，若某種動物數量減少，以牠為食的更高階消費者也不用擔心會因此餓死，因為物種多樣化，還有其他選擇，這樣一來，食物網中的每一種生物就可以維持動態平衡，這是生態系最理想的境界。

　　當一條食物鏈上某種生物減少或消失時，一定會影響到其他生物族群的生存。以上段例子說明，松鼠吃青剛櫟，松雀鷹吃松鼠，在這條食物鏈上，松雀鷹是較高級的消費者。如果我們補獵太多松雀鷹，松鼠沒有了天敵，族群增加，便有許多松鼠啃食青剛櫟，接著可能造成青剛櫟族群萎縮的現象，接著，許多吸食青剛櫟汁液的昆蟲，如台灣綠騷金龜、台灣扁鍬、台灣小紫蛺蝶、台灣大虎頭蜂、枯葉蝶……等都可能面臨食物短缺窘境，就連愛吃青剛櫟堅果的台灣黑熊都有可能跟著遭殃！

　　難道我們什麼都不能吃嗎？不，我們只要盡量避免吃身為「高級消費者」的動物，影響就會比較小！以魚而言，就是注意不要吃大型（高階消費者）的鮪魚、旗魚、鯊魚。

　　而且陸地上有許多可怕的汙染物，可能透過食物鏈，讓高級消費者體內含有高濃度的毒性。

　　為什麼高級消費者體內毒性濃度較高呢？以「大魚吃小魚，小魚吃蝦米」的食性關係來解釋，假設一隻蝦米體內含有一單位的有毒物質，一隻小魚一生會吃一百隻蝦米，那小魚體內便累積了一百單位的毒物；若大魚一生吃一百條小魚，毒物在大魚體內就會累積到一萬單位了，這就是生態學裡所說的**生物累積**。

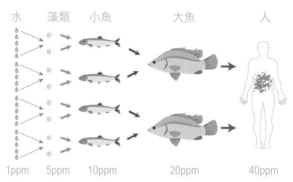

水　　藻類　　小魚　　　大魚　　　　人

毒性物質濃度　1ppm　5ppm　10ppm　　20ppm　　40ppm

← 根據食物鏈，很清楚看到毒性物質濃度會不斷累積。

6月 戶外探險去！

生物先修班 6　動物的再生能力

學習重點：
認識再生、再生生殖、擁有再生能力的各種動物。

第 1 堂課
手藝精湛的陶藝大師
泥壺蜂

你知道住家附近也可以觀察野蜂嗎？想要就近安全觀察蜂類，可以注意看看這種「土樓神祕客」泥壺蜂。究竟泥壺蜂造土樓做什麼呢？

不成群結隊的泥壺蜂

一提到蜂，你第一個念頭是不是牠們成群結隊、分工合作的模樣？無論是可以人為飼養、生產蜂蜜的蜜蜂，或者是讓人聞之色變的虎頭蜂，都是具有社會性組織的蜂，群體中有蜂后、工蜂及雄蜂，大家一起生活，彼此分工合作。

然而，在我們生活周遭，也有一類總不成群結隊，老是單獨行動的蜂喔！牠們個頭不算小，沒有蜜蜂的社會性組織，稱為泥壺蜂。牠又叫狩獵蜂，或稱蜾蠃（ㄍㄨㄛˇ ㄌㄨㄛˇ）。

泥壺蜂經常出現在校園住家等環境，也是胡蜂科中最常見到的成員。

分類上隸屬於泥壺蜂亞科（蜾蠃亞科），在台

↑ 雌虎斑泥壺蜂體色黑色，全身被覆黃色斑紋。在巢內產下一個卵後，才飛去捕捉獵物，牠捕捉了一條蝶蛾的幼蟲，要作為幼蟲的食物。

灣幾乎全屬獨居性蜂類，常見的種類有**黃胸泥壺蜂、虎斑泥壺蜂、棕泥壺蜂**等。

　　牠們的外型上有一些共同特徵：腹部第一節又細又長，之後的腹部呈圓錐形。最常見的黃胸泥壺蜂，體長約二至三公分，前胸背板黃色，腹錘前半部褐色，後半部黃色，配色鮮豔明亮，非常漂亮。牠們是獨行俠，並不經營社會生活，即使在繁殖期，也是由雌蜂自行負起築巢、產卵、抓蟲的工作。

泥壺蜂竟是陶藝大師！

　　一月份已經認識了綠建築大師虎頭蜂，相形之下，泥壺蜂為下一代所打造的窩也非常特別。牠們的材料因為取之於自然，所以也可以稱為綠建築，除此之外，泥壺蜂竟還是手藝精湛的陶藝大師呢！

↑ 黃胸泥壺蜂，腹部前節具細柄。
↓ 雌蜂正在將唾液混合泥土，搓成一小個潮溼的泥球。

　　繁殖期間，雌蜂會尋找泥土、水源，用唾液混合，搓成一小個潮溼的泥球後，再以口器、前足於山壁、牆腳、樹幹、水管等多處地方築成各式泥巢。牠們會在築好的泥巢上預先留下一個小開口，接著將腹部尾端插入巢中產下一卵，然後就忙著出去捕蟲了。

打造堅固「土樓」，為了照顧幼蟲

　　泥壺蜂的成蟲主要以花蜜為食，但幼蟲則為肉食性，所以雌蜂會四處去捕獵子代發育時所需的食物，通常是鱗翅目、綠色沒有毛的幼蟲，例如尺蠖蛾。雌蜂會將獵物以螫針麻醉後儲存在巢裡，只讓蟲體昏迷而非死亡，毛蟲便得以保鮮

↑ ↗ 黃胸泥壺蜂的各式泥巢，留下一小開口，準備產卵。　　↑ 黃胸泥壺蜂的雌蜂產卵中。

NOTE BOOK

127

而不腐爛，這是非常高明的做法。牠會來回捕
捉，每一巢室約儲備幼蟲四至五隻，抓了足夠
的蟲之後，最後出去尋找泥土，再用泥土封住
巢口。就這樣忙著築巢、產卵、抓蟲，並來回
巡視，有時修修補補。數天之後土樓落成，雌
蜂還是會在附近穿梭，察看自己所築的巢是否
安然無恙。

　　這些土樓外表看似簡陋，但當它凝固硬化
後，卻是異常堅固，不怕雨水沖刷、就像人造
的「土角厝」，真是讓人佩服的環保泥水匠。

↑ 黃胸泥壺蜂雌蜂已產下一卵。每一個
細小陶壺只育養一隻幼蜂。

土樓有時也會出問題

　　按理説，這麼穩固的土樓，必定能讓幼蟲順利孵化為成蟲，之後破土而出，
重新展開新的生命旅程。然而，不是每座土樓都蓋得很順利，陶藝大師的精湛手
藝有時也會敗在各種難以預料的因素之下。

　　有時抓回來當備糧的青蟲腐爛，泥壺蜂成長的過程中無法得到充分的養分，
便會死亡。

　　有時土樓是被寄生蜂寄生了。最常「鳩占鵲巢」的懶惰蟲是青蜂，牠會在
泥壺蜂巢內產卵，這時，被寄生蜂寄生的泥壺蜂幼蟲便無法順利長大。寄生蜂羽
化時會由窩的側邊飛出，而洞口仍維持封閉狀態。

　　除了室外的牆邊、角落，牠們也很喜歡室內空間，像櫃子、抽屜、牆角也
都可能發現牠們的土樓。所以，如果不喜歡牠進屋造房築巢，那就要關好門窗，
不要等牠們蓋好了家園再將之摧毀，這樣就不是正確的生態行為了。這麼有趣
的生物，其實就與我們一起生活在同一個
環境中，可以增添不少自然觀察的樂趣。
假如完全不認識這種生物的習性，許多人
可能會將牠們的土樓看成是角落累積的塵
土，於是剷除，這樣就會傷害許多無辜的
小生命。

← 黃胸泥壺蜂的泥巢中有數隻蜂媽媽抓回來的幼蟲。

↑ 黃胸泥壺蜂完工的泥巢，這一戶共十二層樓，十二個巢室。但也不是都如此幸運，觀察中發現許多被破壞的作品。

↓ 這就是被剷除的「土樓」，無辜的小生命被不認識牠的人給毀了。

古人早對牠的特殊行為感到好奇

正因為泥壺蜂會捕抓毛蟲，所以又名**狩獵蜂**，農田裡因為有牠們幫忙捕捉毛蟲，農夫就能省下一些為了除蟲所耗費的精力，不必過度用藥，就能減少毛蟲的數量，這就是「有機」的概念。若以此觀點來看待泥壺蜂，牠們名正言順是「益蟲」。

早在幾千年前，古人就已經觀察到這種蜂會捕捉青蟲，但自己不吃，而是將牠們關進泥巢裡的特殊行為。這現象一度讓人以為這種蜂專門捉別人的孩子回來養，但養出來之後的產品是「自己的孩子」。這就是詩經中的：「螟蛉有子，蜾蠃負之。」被捉的青蟲，古人稱之為「螟蛉之子」，「蜾蠃」指的正是泥壺蜂。這真是誤會大了，其實蜾蠃只是抓了螟、蛉或其他鱗翅目（如蝶、蛾）的孩子來餵養自己的孩子。以自然科學的語言來說，這只是食物鏈的一環而已。

也因這個誤會，「螟蛉子」變成了養子的代名詞。在日治時期戶籍的登記上，若為養子，就會登記為「螟蛉子」。

是不是很有趣呢？

↑ 幼蟲已化為蛹，但泥巢被破壞，就很難順利成蟲了。

↑ 寄生於泥壺蜂的青蜂也不一定得以存活，生物能否存活受許多因素影響。

① 泥壺蜂築巢的材質為何？

（A）樹皮的纖維質。（B）草本植物的葉子。（C）大自然中的泥土。
（D）利用天然小石洞為巢。

② 泥壺蜂的幼蟲階段以何種方式得到食物？

（A）像蝴蝶的幼蟲一樣，自行覓食。（B）像虎頭蜂一樣，由工蜂負責尋
找食物。（C）像蜜蜂一樣，由工蜂採花蜜回來餵食。（D）蜂媽媽在築巢
產卵後便已備好幼蟲發育階段所需的食物了。

③ 關於泥壺蜂的行為，下列敘述何者錯誤？

（A）族群經營社會生活，分工合作。（B）築巢由雌蜂負責。（C）子代
發育所需的食物由雌蜂負責。（D）喜歡在住家附近的牆角邊築巢。

【解答】

① （C）大自然中的泥土。

說明：記得喔！泥壺蜂可是手藝精湛的陶藝大師呢！

② （D）蜂媽媽在築巢產卵後，便已備好幼蟲發育階段所需的食物了。

說明：蜂媽媽會捕來毛蟲，加以麻醉後，儲存在巢中當作幼蟲的備糧。

③ （A）族群經營社會生活，分工合作。

說明：泥壺蜂是「獨行俠」，獨來獨往的，不經營社會生活喔！你答對
了嗎？

第2堂課
擅長偽裝的高手草蛉

傳說，佛經記載一種三千年才開一次的仙界奇花「優曇婆羅花」，又名「優曇華」，是一種分布在印度、象徵「祥瑞之兆」的花。然而媒體流傳的許多優曇華照片，其實是草蛉卵，而不是花……

特殊的產卵方式

為什麼草蛉的卵看起來那麼像花？

蟲卵與花理論上差很多，但人是有想像力的，當大腦想像出的花朵圖像與真實世界中的某一實物看起來很像時，誤會就產生了。儘管許多佛門信徒堅稱圖片為聖花，但專家鐵口直斷，就是草蛉的卵，以生物學的立場只能說，造物主實在太神奇，也太愛開玩笑了。

草蛉特殊的產卵方式，使這種非常美麗的卵遭人誤會為花。在王效岳所著《有趣的昆蟲世界》一書中對於草蛉產卵有著詳細的描寫：「產卵前，先從腹末分泌一滴膠液在草葉表面上，然後將腹部舉

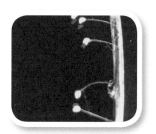

↑ 春天只要多瀏覽窗邊，無論是在花園或校園中，都很容易發現牠。牠特殊的卵形就像花朵一樣美麗。

↓ 草蛉的幼蟲，稱為蚜獅。蟲體很小，約○．二公分長，不但好動又身背一堆垃圾。

起，拉出一根根細如髮絲的膠絲，每根膠絲接觸空氣後很快地硬化成型，頂端都附著一顆卵。」從卵孵化出來的幼蟲，稱為蚜獅，蟲體雖小，卻已長著一對鉗狀的口器，並就地取材，隨手將枯枝葉片取來往身上堆，當作偽裝物。

由於蚜獅是凶猛的肉食性昆蟲，先孵化出來的幼蟲可能會吃掉其他的卵粒，雌蛉的這種產卵方式，能夠隔離所有的幼蟲，偽裝也能降低牠們被吃掉的機率，進一步避免手足的自相殘殺，雌蛉的聰明真令人佩服！

自小就有一口「利牙」的草蛉

草蛉是脈翅目草蛉科的昆蟲，牠是**完全變態**的昆蟲，生活史包括卵、幼蟲、蛹、成蟲四階段。

草蛉的幼蟲期食量大，專門獵食小型昆蟲，常以蚜蟲為食，因此才有聽起來如此凶猛的「蚜獅」之名。蚜獅具有一對尖銳中空的**刺吸式顎部**，彎彎的，就像一把鉗刀，這雙「彎刀」刺入獵物體內之後，就像注射針筒般，可以從中空的「針筒彎刀」注入消化液，溶解蚜蟲蟲體組織，然後再經由「針筒彎刀」將溶解成液態的蟲體吸回體內。聽起來是不是比「吸血鬼」還可怕呀？

蚜獅吸乾了一隻蚜蟲之後，不丟棄獵物軀殼，而是繼續利用牠喔！蚜獅會用顎部將蚜蟲軀殼抬上自己的背部，利用背上的硬棘毛鉤住牠，以避免掉落，然後背在背上任其乾燥萎縮。

除此之外，牠們還會將行走時碰到的植物小碎物持續黏附在自己的背上，看起來就好像在「撿垃圾」。這些看似好笑的行為，究竟是為什麼？其實牠們是為了**偽裝自己**。偽裝的目的是什麼呢？就是防止天敵看見牠，這種行為在昆蟲世界少見而獨特的。因為這善於偽裝的習性，加上蟲體本身微小，所以幼蟲的外表看起來就像一小團垃圾。如果牠靜止不動，未處在移動狀態，人類的肉眼會很難察覺那是一隻蟲，更別想看清牠們的完整面貌！

↑ 李老師將牠放在手上近拍時，手也成了牠的食物之一。牠的「雙鉗」深入皮下，感覺很刺痛，也流血了。

鉗狀口器

我很會除蟲！

蚜獅除能捕食蚜蟲類外，也能捕食介殼蟲類、粉蝨類、葉蟎類、木蝨類，以及鱗翅目、鞘翅目、同翅目的初齡幼蟲、卵及多種小型昆蟲。只要個體比蚜獅小、身體軟的，牠都能吃，食性廣泛，可說是種「胃口很好」的昆蟲！自古以來人們利用牠的特性，協助整治作

↑ 這就是草蛉的蛹。化蛹前，幼蟲常在植物葉片反面、皺縮葉片上、枝椏間、樹皮下、樹根縫隙尋找合適的化蛹場所。

↑ 草蛉成蟲優雅美麗的外觀。是不是和蚜獅的模樣相差十萬八千里？真可說是脫胎換骨呀！

↑ 在天花板容易找趨光性的成蟲草蛉，這張照片拍完後，壁虎現身，一口咬住草蛉，秒殺。牠就這樣成了壁虎的小點心。

物蟲害。在中國、歐美、日本、俄國等地，人們早已成功地將牠應用於各種作物的害蟲防治上。近年來，台灣也在以人工養殖推廣中，用來抑制木瓜、草莓、蔬菜、柑橘、番茄、玉米等作物上的害蟲，部分種類的蚜獅甚至已商品化。看起來，牠的一口「利牙」可是對人類幫助很大呢！

長大以後脫胎換骨成美麗的草蛉

儘管蚜獅是生物防治的益蟲之一，但那吸軟不吃硬的習性總是給人一種凶殘猙獰的印象。令人吃驚的是，等牠化蛹，數天後，羽化為草蛉成蟲，居然又變為另一種完全不同的模樣！柔軟、嬌弱、輕盈、纖細，親眼看到牠，會讓你佩服造物者的鬼斧神工。俗話說「女大十八變」，蚜獅長大後，居然也是脫胎換骨呀！

草蛉的成蟲外觀常呈綠色，頭部小，觸角細長，體長約一‧八至二公分長。具有細長的腹部，以及兩對翅。牠的翅膀透明無斑，翅脈呈現草綠色，體背綠色中央具淡黃色的縱紋。

哪裡可以看見草蛉呢？在台灣平地或山區、農地、住宅、校園，都可以找得到不同種類的草蛉在這些場所生活著。一年四季中，以春季及夏季最容易發現牠們在草叢或樹林間活動。

成蟲具有正趨光性，喜歡朝光亮的地方集中，成蟲壽命約二至三個月。

↑ 草蛉成蟲的透明羽翼是如此美麗！

草蛉的成蟲食性不一，台灣許多種類成蟲為**植食性**，就像蜜蜂、蝴蝶一樣，飛舞在花叢之中，吸取植物的花粉和蜜露。但有資料顯示另有一些種類的草蛉則維持幼蟲時期的肉食習性，仍以柔軟小蟲為食。

雖然像花一樣燦爛的蟲卵是個美麗的誤會，但藉著這機會，可以觀察到這種擅長偽裝、外觀特殊的昆蟲，從中體會到樂趣！

① 下列哪一種幼蟲與成蟲的組合是正確的？
（A）蟻獅－草蛉。（B）狼蚜－蛟蛉。（C）蚜獅－草蛉。（D）蟻獅－褐蛉。

② 關於蚜獅的敘述，下列何者正確？
（A）能捕食介殼蟲、蚜蟲、木蝨、粉蝨，以及蛾類的卵等，對作物的栽培有益。（B）僅以花粉或花蜜為食。（C）牠們專門吸食植物汁液，所以會危害作物。（D）牠們是長在獅子身上的蚜蟲。

③ 關於草蛉的敘述，下列何者正確？
（A）成蟲所產的卵就是優曇婆羅花。（B）為膜翅目的昆蟲。（C）是蜻蜓的一種。（D）為脈翅目草蛉科的昆蟲，完全變態。

④ 所謂生物防治法，簡單來說就是利用天敵來抑制有害生物的防治方法。關於生物防治的敘述，下列敘述何者錯誤？
（A）就是「一物剋一物」的現象。（B）意義和施用化學農藥的化學防治相同。（C）利用害蟲的天敵來殺死害蟲的生物農法。（D）利用草蛉幼蟲捕食蚜蟲等蟲害就是一種生物防治法。

【解答】

① （C）蚜獅－草蛉。
說明：仔細上過本堂課，一定會選出正確答案來的喔！蟻獅為蛟蛉科（如蟻蛉）的幼蟲。狼蚜為褐蛉的幼蟲。

② （A）能捕食介殼蟲、蚜蟲、木蝨、粉蝨，以及蛾類的卵等，對作物的栽培有益。
說明：其他選項都不對，蚜獅並不吃花蜜，同時，因為牠捕食昆蟲，所以對農作物除蟲有益，而牠雖然叫做「蚜獅」，實際上跟獅子可是沒關係喔！

③ （D）為脈翅目草蛉科的昆蟲，完全變態。
說明：草蛉不是蜻蜓，也不是花喔！

④ （B）意義和施用化學農藥的化學防治相同。
說明：化學防治使用化學農藥，可能會殘留在農作物上，對吃下農作物的人類造成不良影響。

↑ 白天休息中的蝙蝠。牠們會倒吊著休息。

第3堂課
滑翔高手飛鼠

現代人的休閒活動已經開始延伸到戶外，許多人也愛上了生態旅遊，特別是夜間的生態觀察。其中，你是否也希望有機會，沿著森林小徑，聆聽飛鼠聲音，尋找牠有如晶瑩寶玉般的一雙雙大眼睛，以及牠宛如滑翔高手般的身影？

哺乳類雖然是「最高等」，可是不能飛？

脊椎動物演化過程中，哺乳類是最晚出現的，人們甚至會形容牠們是「最高等」的動物，可惜，「最高等」的哺乳類卻不是樣樣都強。最明顯的就是飛行能力了，在這一點上，哺乳類輸鳥類實在太多！

不過，哺乳動物中唯一可以飛行的是蝙蝠類。

鳥類的飛行是靠翅膀上的羽毛鼓動空氣而讓自己飛起，蝙蝠沒有羽毛，靠的是前後肢之間的**翼膜**。翼膜雖然很薄，但具彈性及防水透氣的性質，

飛鼠裝

如果人類有一天想飛，最簡單的方式不是搭飛機，而是穿上根據飛鼠身體構造所設計的飛鼠裝，就可以稍微體驗在空中滑翔的快感！

↑ 日落後，睡飽醒來打了哈欠，準備出門覓食的蝙蝠。

↑ 低海拔森林裡，夜間樹梢中有時會看見發亮的眼睛，注意！有可能是飛鼠喔！這是大赤鼯鼠。

↑ 這就是大赤鼯鼠！是不是很可愛呢！

並由前肢的骨骼和掌指骨為支架撐起，下方連到後肢踝關節上。大部分蝙蝠還有後肢與尾部連結成的**股間膜**，除此之外，強壯的胸肌與背肌是牠們飛行的主力來源。

會「滑翔」的飛鼠

還有另一種哺乳類動物比蝙蝠遜色，不能飛，但也可以在樹林間高來高去，這種動物就是**鼯鼠**，俗稱**飛鼠**。雖然叫做「飛鼠」，但牠並不是真的會飛，而是能夠「滑翔」。

為什麼飛鼠可以「滑翔」呢？飛鼠的前肢有**翼手骨**，身體兩側前後肢間有皮膜相連，稱為**飛膜**，或**翼膜**。翼膜為皮膚的衍生物，能夠藉著上升氣流來讓身體滑翔，當翼膜被翼手骨撐開時，就像一片小型降落傘，這就是牠們滑翔最主要的配備。除此之外，還有一條毛絨絨的長尾巴，可以靠尾巴平衡身體和控制方向。有了這些「滑翔配備」，飛鼠就可以在樹與樹之間滑翔，不必再到地面上，既可以節省時間，也可以充分利用樹林空間。

夜間活動的飛鼠們

飛鼠是為松鼠科鼯鼠屬的動物，牠們白天在樹洞休息，晚上才會出來活動和覓食，屬於**夜行性**動物。台灣的山中林有三種飛鼠，分別是**大赤鼯鼠**、**白面鼯鼠**和台灣小鼯鼠。

其中，以大赤鼯鼠分布最廣也最為常見，從海拔一百公尺高的小山坡到兩千六百公尺高的森林都能看見牠的蹤跡。白面鼯鼠生活在中海拔山區森林，小鼯鼠生活的海拔高度從四百到兩千公尺之間，在三種之中，小鼯鼠是最難被看到的。

最常出沒的大赤鼯鼠

　　大赤鼯鼠的頭顱大而圓，臉部呈圓形，吻端短而鈍，眼睛有著夜行動物的特徵，又圓又黑，在夜間明亮無比。牠體背上的毛為暗褐色，交雜一些黑色毛，腹部淡紅褐色，尾部毛為黑褐色。體長四十五至五十公分，尾長四十六至四十九公分，成體的體重平均約一・二至一・四公斤。

　　飛鼠的食物多偏素食，以植物的嫩芽、樹葉、花蕾、果實、種子和樹皮為食。大赤鼯鼠愛吃的樹種繁多，像是小葉桑的果實和葉片，殼斗科植物的堅果和嫩芽，黃杞的種子、五葉松的嫩芽……等，植物隨著季節不同，發芽或開花時間不一，飛鼠們的菜單也就因季節而有著變化。

飛鼠的小窩長什麼樣？

　　三種飛鼠的巢有別於鳥巢，大都是利用**樹洞**為巢，這一點和習慣在樹上築巢的松鼠不太一樣。牠們會在樹幹折斷處，或利用自然縱裂的裂縫，將之挖深擴大，直到約為十至二十五公分寬左右，可以讓牠們容身。

　　大赤鼯鼠在樹洞中的巢，離地高度約十多公尺，牠們大都會選擇樹葉繁茂處，但有時也會發現離地僅兩、三公尺的低巢。巢洞內會墊著樹枝、樹葉、樹皮。牠們除了會利用樹洞之外，大赤鼯鼠還會善用附生在樹幹上的山蘇蕨、崖薑蕨等，將其基部中央咬空後，改建為巢穴。不過最簡單的棲身之所，還是利用樹枝茂密的針葉葉叢，不須特別裝修，可以直接進去就睡。

　　隨著都市開發的漸進，森林自然隨之減少，這對於幾乎一生都在樹上生活的飛鼠是很不利的。不過，牠們棲身於都市邊緣的森林中，自然也隨之演化出適應環境變化的行為。例如，台北市郊區的民宅曾經發現冷氣機下面的凹洞中，有大赤鼯鼠前來休息睡覺並育幼。

↑ 低海拔森林的山蘇蕨，常被大赤鼯鼠利用來改建成自己的小窩。

↘ 松鼠習慣用牙齒咬斷樹枝，在樹上構築巢穴，有時還會鋪上樹葉。

大赤鼯鼠一年可以繁殖兩次，高峰期約在初春與初秋。每胎通常只有一隻子代，由大赤鼯鼠媽媽單獨育幼。育幼期間需要頻繁的覓食，可能因為春天植物嫩芽多，秋天果實、種子多，所以選擇在此時節繁殖。

可愛的滑翔高手是「害獸」？

由於飛鼠屬於**內溫動物**，在台灣的活動是不分季節的，一年四季都有機會看到牠們覓食嬉戲。牠們是夜行性動物，自黃昏到夜間九點是飛鼠族群第一個活動巔峰。半夜三點到日出天漸亮時，飛鼠們大都已填飽肚子準備回巢休息，這時段是牠們第二個活動高峰。如果想觀察飛鼠，黃昏天色漸暗到晚上九點之間是最好的時間。這時可以用手電筒在樹上搜尋，注意枝椏間有沒有一對對反光的雙眼，也可以留意枝幹之間有沒有一張桌布般飛動的影子，如果有，那大約就是飛鼠了。接下來，就可以安安靜靜地好好欣賞牠。

由於鼯鼠與松鼠一樣，多為植食性，牠們所吃的食物中也包括樹皮，就因為牠們會剝食樹皮，一度被視為危害森林的害獸。但真的是這樣嗎？

植食性野生動物以植物為食，偶爾食一些林木，以生態觀點而言這是正常現象。當人類覺得「樹是我的，飛鼠來吃是不對」時，這個想法通常已經和生態觀點有所衝突了。這個現象突顯的是一個環境問題，但消滅掉所有的飛鼠或松鼠，只會產生新問題，使得以飛鼠和松鼠為食的較高級消費者沒有東西吃，例如蛇、貓頭鷹、老鷹（尤其是鳳頭蒼鷹），族群自然也無法維持平衡。

解決之道，就是人類需要更努力地維護自然體系的平衡。

↑ 為了適應環境變化，民宅中有時也會發現大赤鼯鼠，牠們找到適合自己的小窩，自由來去。

↓ 飛鼠到民宅窗邊自己打造的小窩。

① 下列哪一種動物是會飛的哺乳類？

（A）飛鼠。（B）飛蜥。（C）長喙天蛾。（D）蝙蝠。

② 下列關於台灣飛鼠的敘述，何者正確？

（A）飛鼠和鳥類一樣，具有翅膀。（B）繁殖行為和一般齧齒類一樣，一胎多子。（C）大部分以植物的樹葉、嫩芽、果實、種子為主要食物。（D）台灣的飛鼠為外來種。

③ 關於台灣飛鼠的活動情形，下列敘述何者正確？

（A）飛鼠為夜行性動物。（B）生活環境以草原為主。（C）活動時間和松鼠相同。（D）為日行性動物。

④ 台灣飛鼠在自然環境中所扮演的角色為何？

（A）危害森林嚴重，所以為必須消滅的害獸。（B）主要扮演初級消費者的角色，是食物鏈中重要的一環。（C）主要扮演次級消費者的角色。（D）在台灣是沒有天敵的最高級消費者。

[解答]

① （D）蝙蝠。

說明：飛鼠只是滑翔，不會飛。飛蜥屬於爬蟲類。長喙天蛾屬於昆蟲類。蝙蝠是唯一會飛的哺乳類喔！

② （C）大部分以植物的樹葉、嫩芽、果實、種子為主要食物。

說明：飛鼠沒有翅膀。並非一胎多子，而是多為一胎一子。另外，台灣飛鼠是原生種喔！

③ （A）飛鼠為夜行性動物。

說明：生活環境以森林為主。活動時間和松鼠相反。你答對了嗎？

④ （B）主要扮演初級消費者的角色，是食物鏈中重要的一環。

說明：在台灣是有天敵的，高級消費者以牠為食物。食物鏈中的每一個角色都要到達平衡，生態系才會穩定。

↑ 香蕉真正的地下莖其實是長這樣！只有真正的莖才能長出新的營養體，著生於地下莖的芽體稱為吸芽。

第4堂課
世界第一名的水果們

台灣地處亞熱帶與熱帶地區，氣候溫和，雨量充沛，這些地理環境上的優勢，非常適合各類水果栽培，是名副其實的水果王國。其實，連在校園中也常種有果樹，可以就近觀察，你注意到了嗎？

台灣較早期的中小學裡，常種有許多果樹當作校園植物，在過去吃不飽的年代，原因不外就是考量：既然要種樹，如果順便可以吃到水果更好。然而隨時代變化，不論是本土種還是外來種水果，在台灣農民與相關單位的改良下，都變成了高甜度的水果。校園的果樹無論果實多寡，都乏人問津，當然也不必預防偷摘情況發生，最後，掉了滿地發酸的水果常使得果樹淪為被砍的命運。

其實，這些果樹都是非常好的植物觀察素材，留下老果樹不僅是校園回憶的一部分，同時也能吸引動物前來攝食，更可以讓同學完整觀察果樹從開花到結果的所有過程。一起來認識幾種果樹吧！

單子葉植物是什麼？

被子植物以種子裡的子葉為一或二枚分為單子葉及雙子葉植物。單子葉植物的葉脈為平行脈，稻、玉米、椰子、竹子等都是單子葉植物。

栽種量第一的香蕉

香蕉是世界第四大宗作物，若單論水果，它的栽種量排名第一，在台灣早期是主要的外銷水果。所以，我們首先來認識它吧。

香蕉看起來還算高大，有人叫它「香蕉樹」，但其實**香蕉不是樹**，而是大型的**單子葉植物**，屬於芭蕉科，可以長到六公尺高。平常我們看到直立在地面上的綠色枝幹，並不是香蕉真正的莖，而是由葉鞘層層包捲形成的「假莖」。香蕉真正的莖埋在地底下，為地下莖，是貯藏養分和繁殖的器官。

觀察香蕉開花結果是非常有趣的過程喔！每逢開花時節，接近植株頂端處會長出一根粗壯的花梗，梗的末端懸著一顆巨大、豬心形狀的紫色花苞。花序頂生，花梗最後會因重量而下垂，花序基部為雌性花，但花朵中仍具有退化的雄蕊，中段為中性花，尾端為雄性花。只有雌花能結成果實，中性花、雄花均不能結果。

一般果農在香蕉收割以後，就會把假莖砍掉，再利用香蕉的老根旁所長出的**吸芽**來繁殖新的香蕉植株。所謂的吸芽，是指新長出來的塊莖，還帶著幾片嫩葉的那個部分。

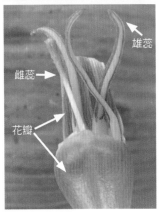

↑ 香蕉花有三種類型，基部是雌花，中部是中性花（子房占花長度的二分之一，雄蕊不發達），先端是雄花（子房占花長度的三分之一，雄蕊發達，但花粉多退化）。圖中長得很像莖的部分其實是假莖。

↓ 一朵香蕉花朵，基本構造都有，但有的功能已退化。

開花結果都好看的蓮霧

↑ 香蕉結果之前，花的樣子很特殊、可愛。

蓮霧也是校園常見的果樹，它是一種和芭樂同屬於桃金孃科的水果，十七世紀時，由荷蘭人引進台灣，當時大都只當成庭園的遮蔭樹，後來經過園藝技術改良品種，現在已搖身一變，成為高級水果，目前以屏東縣為最大的產區。開花多在春夏季，花為兩性花，雄蕊多數，花托筒與子房連生，淡黃白色，雌蕊花柱細長，花與果整體搭配起來細緻好看，非常有觀賞樂趣。不過，現在很少人會想採蓮霧果子

↑ 蓮霧花朵為兩性花，雄蕊數多。開花時常有蜜蜂在花間飛舞！

↓ 蓮霧開花結果時，畫面非常好看！

來吃，經常只有松鼠前來品嘗，想吃香甜多汁的蓮霧，多半還是去市場購買的。

芒果為什麼叫做「土」芒果？

芒果也是很有代表性的台灣水果。原產於亞洲印度、馬來西亞，和蓮霧一樣由荷蘭人引進栽種。台灣有一些水果，經改良後有別於引進時的樣貌，後來便在原名前加個「土」字，表示已經「在地化」，如土芒果、土芭樂、土鳳梨。但其實台灣都不是它們的原生地，它們只是較早引進而已。台灣雖然有著水果王國的美名，但令人意外的是，台灣的原生種水果並不多見，楊梅算是其中少數大家熟知的原生種果樹。

芒果屬於漆樹科，漆樹科有一項特徵，就是枝葉折斷後會產生白色乳汁，這乳汁中有些物質容易引起過敏反應。這種引起過敏的物質稱為「間苯二酚類」，主要分布在果皮油胞組織內。

有些人的體質會對芒果產生過敏，接觸到沾有樹汁的果皮部位，就可能出現蕁麻疹、丘疹、紅疹、小水泡等症狀，甚至過敏性休克。除了避免削芒果皮、接觸殘留樹汁之外，削皮時還可以多削去一些表層的果肉，這樣就可以減少過敏的發生。

芒果樹為多年生常綠大喬木植物，若植為行道樹，路面會形成綠色隧道，非常美麗。芒果花於一至四月開放，著生於頂端，小而多，仔細觀察，一朵朵淡黃色小花，每一朵並不一定長得一樣，大約可以猜到是單性花與兩性共存的雜性花。

各位小朋友應該都已經很熟悉芒果的果實了，不過因品系繁多，因此每一種果實外在形態和果皮顏色都會有些差異。

宛如雙胞胎的荔枝樹和龍眼樹

荔枝和龍眼同屬無患子科的熱帶果樹，都為羽狀複葉，花小而多，都具有肉質假種皮構成的果實。

假種皮是什麼？

假種皮是由珠柄（胚珠著生的柄）或胎座發育而來，果實成熟過程中，逐漸將種子包圍，形成類似種皮的構造，稱為假種皮。如龍眼或荔枝，我們所食用的部分就是假種皮。

↑ 芒果小花又小又密，仔細看，每朵都長得不太一樣喔！

↑ 芒果花授粉後，子房開始膨大，準備發育為果實。

這兩種水果沒有人不會分，但若談到荔枝樹和龍眼樹，可就有點難度了。至於花朵，辨識難度更高。

這些植物即使有時會出現在校園或住家附近，但它們的花朵較小，以多取勝，因為「小」，讓我們視而不見，如果有機會用心觀察，其實要辨識出兩種果樹，並不難喔！

這兩種植物，無論是莖、葉或花都有相似之處，而植物辨識的樂趣就是在觀察中釐清這些微小差異，細細體會大自然的巧思與創意，當然也享受物種多樣性的美好。

荔枝樹、龍眼樹該怎麼分？

	荔枝	龍眼
莖	樹皮無條裂、不剝落。	樹皮有細條裂狀剝落。
葉	小葉葉片數四至八片。	小葉葉片數八至十二片。
	顏色墨綠色，葉背蒼白。	黃綠色。
	前端呈尾狀。	前端鈍或尖銳，但不為尾狀。
花	三月開花，六、七月果熟。	四、五月開花，八、九月果熟。
	花被合生成盤狀。 荔枝的花被合生成盤狀，雄花花蕊較長，雌蕊柱頭二分叉。　柱頭二分叉的雌花。	花被分開，不合成盤狀。 龍眼的花被分開，雄花花蕊較長。　龍眼的雌花。

① 下列哪種水果原產於台灣，為台灣原生種植物？

（A）楊梅。（B）香蕉。（C）芒果。（D）蓮霧。

② 下列哪種水果為單子葉草本植物？

（A）草莓。（B）香蕉。（C）荔枝。（D）龍眼。

③ 下列哪種水果我們所食用部分並非由其子房壁發育而來的果皮（肉）？

（A）香蕉。（B）蓮霧。（C）芒果。（D）荔枝。

④ 下列關於香蕉的敘述，何者正確？

（A）香蕉樹為台灣原生，多年生木本植物。（B）香蕉直立地面的部分是由葉鞘包裹的假莖，真正的莖長在地下。（C）香蕉一生只開一朵花，很大一朵，紫紅色花瓣。（D）香蕉會由植株頂端長出一具大花序，整個花序皆開兩性花，都可以授粉結果。

【解答】

① （A）楊梅。

說明：台灣雖然適於栽種水果，水果卻多為外來引進栽培，香蕉、芒果、蓮霧都是。另外一提，桃園市的地名「楊梅」區，即是因古時眾多楊梅樹而得名喔。

② （B）香蕉。

說明：草莓為雙子葉草本植物，荔枝龍眼為雙子葉木本植物。香蕉的葉脈平行脈，可判斷其為單子葉植物。

③ （D）荔枝。

說明：荔枝與龍眼，我們所食用的肉質部分都是它們的假種皮。

④ （B）香蕉直立地面的部分是由葉鞘包裹的假莖，真正的莖長在地下。

說明：香蕉非台灣原生，是由植株長出一個巨大花序，而非只開一朵花，花序並非整體皆開兩性花，而是基部為雌性花，中段為中性花，尾端為雄性花。

生物先修班 6
動物的再生能力

在五月份認識壁虎的課程中，曾經提到壁虎的「斷尾求生」能力，這種神奇的能力原理是什麼？人類有沒有呢？

「分化」是什麼意思？

胚胎的發育包含了細胞的分裂與分化。其中「分裂」是讓細胞數目變多，「分化」是讓細胞具有特殊能力，執行特殊的任務。

「再生」的定義

蜥蜴尾巴斷掉又可以重新長出，這種「斷尾求生」的神奇能力，就是**再生能力**，是**生命體部分受損、脫落或被截除後，再重新生長出來的過程。**

人類也有再生能力嗎？有的。我們在每天的生活過程中，身上都會有一些細胞隨時悄悄凋零，同時又有一些細胞接續而生，只是我們無法察覺。例如皮膚上的表皮細胞、血球細胞都會因衰老、脫落、死亡而替換補充，這都屬於再生能力。部分組織受傷後痊癒的情況也屬於再生，例如小朋友和同學打籃球時不小心跌倒，膝蓋擦傷流血，過一陣子，傷口開始癒合、結痂，幾天後皮膚慢慢恢復原狀，這也是再生。

再進一步定義，個體的再生能力通常意為：表現於已分化的組織內，可使其重新長出細胞的能力。

各種動物的再生能力

一般說來，低等動物組織的再生能力比高等動物強，分化低的組織則比分化高的組織強，容易遭受損傷的組織以及在生理條件下經常更新的組織，再生能力也較強，例如結締組織、上皮組織。

某些動物的構造比人類簡單許多，但卻有著我們所沒有的再生能力，引起科學界的興趣。目前研究對於再生能力仍有許多不了解，但已經找到**幹細胞**為研究方向，試圖從中找到再生的奧祕。

為什麼要研究幹細胞呢？

因為它身負重責大任，是產生多種組織的「前驅細胞」，舉例來說，人體的血球是由造血幹細胞製造的，而不是血球細胞自行進行細胞分裂產生的，因此，幹細胞對於再生能力是非常重要的。

許多動物都擁有再生能力。例如渦蟲、水螅、海星、蚯蚓；蜥蜴，牠們都是談及再生能力時，常被討論到的明星動物。

脊椎動物中，個體可以利用再生作用來修補其體內的組織、器官，例如人類的肝臟細胞、兩生類的肢體再生。在無脊椎動物中，再生能力有時是牠們的其中一種生殖方式，因此，對牠們而言，再生是牠們生存的重要機制。渦蟲是眾所皆知具有高度再生能力的生物。曾有研究紀錄渦蟲被切成高達二百多段仍能發展成獨立個體。不過，我們進行實驗時，仍以僅切成兩段的渦蟲成功再生的機會最高。

海星屬於棘皮動物，這一門動物包括海參、陽隧足等，通常具有很強的再生能力。對於海星而言，斷一、兩隻腕足並無大礙，牠很快就會長出新的腕足。海星常以貝類為食，造成養殖貝類的損失，以前不知情的漁民會將海星切斷再丟回海裡，結果，因為海星的再生能力而長出更多的個體，反而造成更嚴重的損失。

蚯蚓是另一種容易觀察到的再生動物。當蚯蚓的體節斷裂時，能夠再生，長出身體另一端的體節。不同種類的蚯蚓有不同的再生能力，許多文獻只提供蚯蚓的再生紀錄，但對於其再生之生理或機制的研究卻很少。

五月份課程曾經提過的蜥蜴是最容易觀察的一種再生動物。「蜥蜴」只是一個籠統的稱呼，正確來說，是其中的部分種類，如石龍子科、壁虎科等，具有較強的再生能力。

除了海星、蜥蜴之外，還有許多動物都能藉程度不等的再生作用，長出失去的**附肢**，也就是頭部軀幹以外的肢體，例如蠑螈、螃蟹、章魚等。但這種再生沒有生成新個體，並非再生生殖。

什麼是**再生生殖**呢？像是渦蟲、蚯蚓、水螅，以再生的方式產生新的個體，便可稱為再生生殖。

然而，渦蟲、水螅除了可利用再生能力行無性生殖外，也可進行有性生殖，牠們大多為雌雄同體，異體受精。為什麼同一種生物繁殖後代會需要兩種方式？

雖然有性生殖和無性生殖的目的看似都是要產生子代，但目的還是有些微不同。無性生殖的目的是：**在短時間內迅速增加族群的數量**。有性生殖的目的則是：**增加基因組合形式**，也就是**遺傳多樣性**。這樣一來，才得以增加牠在未來環境變動中的生存機會。

關於幹細胞

受精卵形成後會一邊分裂一邊分化，以產生形態功能各異的細胞，最後才得以發育成一個新個體。但是在受精卵最早期的幾次細胞分裂比較特殊，所產生的細胞尚未分化，每一個細胞都具有能衍生成體內各種細胞的能力，這些細胞就稱為「胚胎幹細胞」。

7月 戶外探險去!

↖ 有著細長尾巴的斯文豪氏攀木蜥蜴，尾巴好長呀！全長的三分之二以上都是尾部。

↗ 張口的斯文豪氏攀蜥，口內白色。

第 1 堂課
喜歡做伏地挺身的攀木蜥蜴

台灣的爬蟲類中沒有恐怖的鱷魚，卻有不少像縮小版鱷魚造型的蜥蜴，其中又以攀木蜥蜴最常見到，也較不怕人。雄蜥具有強烈的領域性，會對入侵的其他動物展現如伏地挺身般的威嚇動作，非常有趣喔！

五種攀木蜥蜴

攀木蜥蜴，簡稱**攀蜥**，分類上屬於爬蟲綱、有鱗目、飛蜥科、攀蜥屬。

飛蜥科蜥蜴的頭背部不具對稱的大型鱗片，但常有鬣（ㄌㄧㄝ丶）鱗和棘刺狀鱗。

台灣有五種攀蜥屬的蜥蜴，分別是**斯文豪氏攀蜥**、**黃口攀蜥**、**短肢攀蜥**、**呂氏攀蜥**和**牧氏攀蜥**。除了黃口攀蜥為台灣特有亞種，其他四種都是台灣特有種。四種特有種之中，除了斯文豪氏攀蜥，其他三種都是保育類。又因為地理分布不一，即使只有五種，要全部都看過也不容易喔！尤其是呂氏攀蜥，牠在一九九八年才被定名，分布於台灣東部

一千一百至一千八百公尺的中海拔山區，目前
只在宜蘭南澳、三星以及花蓮等地有發現紀
錄。牧氏攀蜥分布於九百至一千八百公尺海
拔，只有零星少數的紀錄，曾出現在溪頭、杉
林溪、藤枝等地。

　　這五種攀蜥有一個共同的特點，就是尾部
不會自割，這一點有別於其他種類的蜥蜴。

↑ 雄性的斯文豪氏攀蜥，有明顯的鬣鱗，
喉垂明顯，體側有著明顯的黃綠色縱帶。

↓ 斯文豪氏攀蜥很認真在做伏地挺身、
擴張喉部、喉部白斑也變得明顯，此時附
近的小動物紛紛走避了！

會用伏地挺身嚇人的斯文豪氏攀蜥

　　要觀察攀蜥，當然就屬分布最廣，遍及全
島低海拔地區的斯文豪氏攀蜥最容易了。

　　斯文豪氏攀蜥體長約八公分，全長最大
可達三十一公分，是台灣攀木蜥蜴中體型最大
的種類。喉部有白斑，喉垂大，口腔周圍為白
色，這一點與黃口攀蜥最為不同。

　　牠的體背主要為黃褐色，背部兩側有黃綠
色縱帶。但體色也會隨著環境差異，而有小幅
度的變色，以增加隱蔽效果。

　　斯文豪氏攀蜥具有**雌雄二型性**，「雌雄二型性」指的是同一物種的成熟個
體，不同性別之間會具有差異。雄性身體顏色較鮮明，具有較明顯的鬣鱗，喉垂
較明顯，體側黃綠色縱帶也比雌體明顯。

　　斯文豪氏攀蜥為樹棲性蜥蜴，公園、校園或郊山森林裡的大樹樹幹上都不
難發現牠的身影。牠的領域行為明顯，當雄性個體發現有動物接近時，便擴張喉
部，喉部的白斑會因喉部顏色變暗而更加明顯，還會以伏地挺身般的威嚇動作來
宣示領域。

　　斯文豪氏攀蜥為日行性的爬蟲類，主要以昆蟲或是其他小型無脊椎動物為
食。雖然全身都是硬邦邦鱗片，卻也是有天敵的，鳥類就是牠最大的天敵。

張口就認得出牠是誰的黃口攀蜥

　　黃口攀蜥是台灣五種攀木蜥蜴中個子最小的。全長不超過二十三公分，尾
長約占全長三分之二，體長約七公分，外觀近似斯文豪氏攀蜥。

　　最大的特徵就是嘴巴內側和舌頭呈黃色，因而名為黃口攀蜥。下頜底色為

↑ 一張開口，露出黃色嘴巴，這時立刻就可以認出牠是黃口攀蜥！

↑↑ 雄性黃口攀蜥下頜的白斑與喉部有橘紅的斑塊。

灰色且常帶有白斑，但雌性較不明顯。具明顯之「雌雄二型性」，雄性具較明顯之鬣鱗，喉垂也較明顯，喉部具明顯銹紅色斑塊，體側黃色或綠色縱帶較雌體明顯。雌體體色較均一，喉部不具斑塊或具微黃色斑塊。

　　黃口攀蜥在南投以北較常見，體色會隨環境改變，隱密性高，白天出現，夜晚休息，肉食性，以小昆蟲為食。

會變色的短肢攀蜥

　　短肢攀蜥體長約十公分，全長二十至二十五公分。為什麼叫做「短肢」？因為這種攀蜥後肢和身體的比例相較台灣其他攀蜥為短。

　　台灣有三種分布於中海拔山區的攀蜥，短肢攀蜥是數量較多，最容易見到的種類，在中南部的中海拔山區較為常見，如奧萬大森林遊樂區中就有不小的族群。牠們和其他攀蜥一樣喜歡攀爬樹木，喜歡在空曠的樹上和灌叢上活動。體色很容易隨環境改變，有時會變成全綠或全黑，當變成全綠時，幾乎不會錯認，那絕對就是短肢攀蜥！

　　有時牠體色與黃口攀蜥相似，這時，只要等牠大開尊口，就容易區別了，短肢攀蜥口內呈乳白色，而黃口攀蜥則是鮮黃色。

　　除了生活於不同區域的族群在外表上有著極大的差異外，短肢攀蜥體色亦會隨著環境不同而做小幅度變色，以增

↑ 黃口攀蜥是台灣五種攀木蜥蜴中個子最小的。

加隱蔽效果。

短肢攀蜥屬於雌雄二型性顯著的物種，雌雄外表明顯不同，雄性個體體背為黑褐色，有著較明顯的鬣鱗，背部並有黃綠色斑點或線條的分布，背部兩側有菱斑連貫，形成黃綠色的縱帶；雌性個體雖然體色主要以綠色為主，但有些個體從頭部經背脊中央延伸到尾巴均為暗褐色，形成一條寬縱帶。

短肢攀蜥也有明顯的領域行為，當外物接近時，雄性個體的喉部擴張，持續做出「伏地挺身」般的威嚇動作。牠和其他攀蜥一樣為日行性，食性也同樣以昆蟲或是其他小型無脊椎動物為主。

↑ 雌性短肢攀蜥，全身幾乎都為綠色。

攀蜥	斯文豪氏攀蜥	黃口攀蜥	短肢攀蜥
體型	體型最大。	體型最小。	體型介於兩者之間。
上唇鱗片	上唇鱗片茶色。	上唇鱗片白色。	上唇鱗片白色。
喉垂	喉垂最大。	喉垂有黃紅斑塊。	喉垂無黃紅斑塊。
口腔	口腔白色。	口腔黃色。	口腔白色。

↑ 雌性短肢攀蜥頭部經背脊中央延伸到尾巴均為暗褐色，形成一條寬縱帶。

① 下列哪一種蜥蜴不會斷尾求生？

（A）麗紋石龍子。（B）蝎虎。（C）斯文豪氏攀蜥。（D）台灣草蜥。

② 攀木蜥蜴常在樹幹上做伏地挺身般的動作，其主要目的是？

（A）求偶，以吸引異性。（B）產生活動所需的熱量。（C）暖身運動，因為牠們是變溫動物，活動前需要暖身。（D）因雄蜥具有強烈的領域性，伏地挺身般的動作是作為威嚇之用。

③ 下列哪一種攀木蜥蜴不屬於保育類？

（A）斯文豪氏攀蜥。（B）短肢攀蜥。（C）呂氏攀蜥。（D）牧氏攀蜥。

④ 關於攀木蜥蜴的敘述，下列何者正確？

（A）台灣共有五種攀木蜥蜴，皆廣泛分布，容易看見。（B）台灣的攀木蜥蜴，和其他蜥蜴類一樣，都會斷尾求生。（C）頭背部不具對稱的大型鱗片，但常有鬣鱗。（D）生殖方式為卵生或胎生。

【解答】

①（C）斯文豪氏攀蜥。

說明：斯文豪氏攀蜥等其他飛蜥科成員都不會自割。並不是每種蜥蜴都會「斷尾求生」喔！

②（D）因雄蜥具有強烈的領域性，伏地挺身般的動作是作為威嚇之用。

說明：除了做「伏地挺身」，牠們還會擴張喉部，加強威嚇效果喔！

③（A）斯文豪氏攀蜥。

說明：除了斯文豪氏攀蜥，其他三種都屬於保育類。因此，課堂上我們才會說，在台灣要將這五種攀木蜥蜴都看過，還真不是那麼容易呢！

④（C）頭背部不具對稱的大型鱗片，但常有鬣鱗。

說明：其他選項都不對喔！台灣五種攀木蜥蜴中，有的很少能見到，攀木蜥蜴則不會斷尾求生，而生殖方式只有「卵生」這種方式。你答對了嗎？

↑ 被菟絲子的「黃絲帶」纏身的苦主，莖覆蓋整棵樹，最後會造成整棵植物無法行光合作用。

第 **2** 堂課
不能進行光合作用的植物

植物不都是綠色的嗎？植物不都會行光合作用製造養分嗎？大部分人印象都是如此，對吧？不過，大自然總是有例外的……

什麼是腐生？

腐生是指生物分解有機物或已死的生物體，來取得養分以維持生命。

↑ 寄人籬下的菟絲子也會開花結果，果實為球形，未成熟時果實為綠色。以種子繁殖。

寄人籬下的植物

你聽過寄人籬下的植物嗎？

這些植物本身無法進行光合作用，必須依賴其他植物或真菌生存。聽了是不是教人大吃一驚呢？

台灣的寄生植物主要有三科：即**蛇菰科**、**桑寄生科**、**列當科**。旋花科的部分成員也屬於寄生植物，而某些鹿蹄草科植物（如水晶蘭）及蘭科植物（如腐生蘭），有些學者認為是**腐生**，有些學者則認為是**間接寄生**。

吸血鬼菟絲子

全世界寄生植物在被子植物中僅僅占大約百分之一的比例，看似不少卻仍令人有罕見的感覺。其

中最常見的就是菟絲子。古詩詞中有一句「菟絲附女蘿」，總讓人聯想菟絲子的嬌弱順從、楚楚可憐，然而在植物世界裡，菟絲子可是不折不扣的吸血鬼！

「菟絲子屬」是旋花科植物，它沒有根的構造，無法從土壤裡吸取水分，也沒有葉，所以不能行光合作用製造養分，因而利用爬藤狀的莖攀附在其他植物上，並從接觸植物的部位長出吸器，伸入植物體內，吸取寄主的養分維生。菟絲子喜歡陽光充足的開闊環境，外表呈黃色絲狀，看似柔弱，但對其他植物的傷害性非常強大。

尤其以一九九〇年發現的外來種**日本菟絲子**傷害最大。它附著老榕樹等植物上，因為沒有天敵，所以不斷生長，持續吸收樹木體內養分，容易造成樹木死亡，嚴重影響生態，目前已成了難解的環境問題。

藥用植物野菰

第二種較為常見的寄生植物是野菰。

野菰屬於列當科，為寄生性肉質草本植物，沒有葉子可行光合作用，生存方式就是以地下的根依附於如芒草、甘蔗等禾本科植物的根部吸取所需養分。

在台灣因為低海拔山坡地不斷開發，野菰生長區連帶受到嚴重破壞，想要看到它也是日漸困難。雖然寄生植物聽起來惡名昭彰，但野菰也是一種有名的藥用植物，對人體很有幫助喔！它全株藥用，具有清熱解毒、消腫的功效。

↑ 校園中有時可發現一片肉質草本植物野菰，花期為八至十一月。　↑ 野菰的花朵特寫，十分美麗。

外貌奇異的蛇菰

　　蛇菰也是一種寄生植物。它在校園或住家附近都不容易見到，在登山健行中較有機會遇見，雖然不是什麼稀有保育類，但那一身奇特的長相定會吸引住你的目光。看了它的長相，聽了它的名字，你可能會猜想它是真菌類。它是蛇菰科植物，菰字音同菇，但此「菰」非彼「菇」，它不是真菌類喔！

　　蛇菰科的植物都是不會行光合作用的全寄生草本植物，一年或多年生，肉質，外形類似真菌，沒有葉綠素和氣孔，一般寄生在樹木的根上，塊狀地下莖與寄主的根連接，具直立地上莖，葉互生，但已退化成鱗片狀。它們是如何吸收樹根養分的呢？蛇菰會以地下根莖包住寄主植物的根，再吸收寄主的水分及養分。

↑ 這是穗花蛇菰，右為雄株，左為雌株。它的樣子是不是令人驚豔呢？

　　蛇菰最特別的地方在於它的繁殖器官「花」，它的花構造非常簡單，其中蛇菰屬是最典型代表。

　　蛇菰屬的花小，單性，雌雄異株或同株，密集成花序，雄花無花被，或有花被三至六裂，雌花無花被，只剩下一個子房。

↑ 這是筆頭蛇菰，上面為雄株，下面為雌株。

　　如上圖的穗花蛇菰，常看到的十至二十公分高的紅色筆狀構造，其實是一整個雌花序，其上密生數百或上千朵小花。

水晶蘭不是蘭花

　　還有一種不行光合作用的植物，不容易在校園或住家附近見到，若在登山途中巧遇它那一身潔白無瑕、晶瑩剔透的身影，肯定會讓你停下腳步。根據它的外貌，你可能會猜它是蘭花。它的名字「水晶蘭」就是這樣來的，但事實上，它不是蘭花喔！

　　水晶蘭屬於鹿蹄草科植物，每年三月至八月雨量豐沛時，水晶蘭會破土而出，此時植株通常已含苞待放，一般見到的水晶蘭幾乎都是

開花植株，高約五至二十公分，花單一生長，花萼五片，花瓣五片，雄蕊十枚左右，葉片為白色透明鱗片狀。

　　台灣的水晶蘭屬植物只有兩種，都分布於海拔約七百至三千公尺的森林內，其族群數量在杉林溪、大雪山森林遊樂區、合歡、奇萊山區，又以合歡山西、北峰間的玉山箭竹林最多，同時也會和同科的錫杖花屬混生。

　　水晶蘭這樣的植物沒有葉綠素可行光合作用，但也沒有寄主，而是生活在腐植土中，靠著真菌分解腐植質所產生的養分存活，屬於**腐生植物**。事實上這些植物無法自行將腐爛的生物遺骸化為無機養分，也就是說「分解」的工作是由真菌來擔當，它們再吸收真菌分解後產生的養分。

　　以人的角度來看，沒有葉綠素可以進行光合作用是它最大的缺陷，因為自身無法自製養分，只能委身於森林底層，向大地討取賴以為生的營養。但對它們而言，這只是一種生存方式，和真菌保持一種獨特的依存關係，在植物世界裡也獨樹一格，散發獨特的美麗。

↑ 水晶蘭為白色略帶淡粉紅色，其花瓣內側，花絲皆密生長毛，柱頭紫色。

↑ 阿里山水晶蘭，植株為純白色，全株光滑，柱頭白色。

① 下列何者是不能行光合作用的植物？

（A）狗尾草。（B）菟絲子。（C）爬牆虎。（D）九頭獅子草。

② 下列何者是所有植物界的生物共同具有的特質？

（A）以種子繁殖。（B）都有葉綠體。（C）為多細胞生物。（D）都有根、莖、葉。

③ 關於寄生植物的敘述，下列何者正確？

（A）寄生植物多是較低等的蘚苔或蕨類。（B）寄生植物都是外來種。（C）寄生植物會使寄主染病死亡，必須消除。（D）寄生植物雖然不具葉綠體，但原生種類多能在生態系中和諧地存在著。

④ 下列哪一種不是寄生植物？

（A）野菇。（B）蛇菰。（C）野菰。（D）水晶蘭。

【解答】

① （B）菟絲子

說明：菟絲子沒有可行光合作用的器官，只能吸取樹木體內養分維生。

② （C）為多細胞生物。

說明：其他選項都不對，看過本課就會知道，例如（B）大錯特錯，有些植物是行寄生、半寄生或腐生的，沒有葉綠體。

③ （D）寄生植物雖然不具葉綠體，但原生種類多能在生態系中和諧地存在著。

說明：寄生植物不是蘚苔或蕨類，也不一定是外來種，更不一定會使得寄主害病死亡，有時只是一種依存關係，也可看作是種特殊的生存方式。

④ （A）野菇。

說明：野菇是真菌，不是植物喔！

第 3 堂課

環保包裝紙姑婆芋

↑ 這是姑婆芋莖的橫切面，「維管束散生」清楚可見。

↑ 天南星科植物代表海芋，我們觀賞的正是它們的佛焰苞。

在普遍以塑膠袋、保麗龍、保鮮膜、尼龍繩包裝物品的現代，你可曾想像過，沒有塑膠製品的數十年前，在台灣市場買魚、肉或豆腐等食物，是如何包裹的？

以前人沒有塑膠袋，購物時都是用什麼東西裝袋收納的呢？在過去，塑膠製品還不普及的年代，當然是向大自然取材，凡是葉子夠大片，容易取得的，都可以用來包裝，除了芭蕉、月桃之外，姑婆芋的葉子是最常被使用的。

讓我們一起來認識這種「環保包裝」的植物吧！

姑婆芋是單子葉中，天南星科、姑婆芋屬的植物。一般我們認知的單子葉植物葉片幾乎都是**平行脈**，像竹子、玉米、芒草。然而天南星科的葉片很像雙子葉的網狀脈，所以葉脈並不是單、雙子葉唯一的分類依據。如果從葉片不容易辨認，可以觀察它們的「鬚根」或者「橫切莖」，看它們的**維管束**

散生，這些也都是單子葉植物的特徵。

姑婆芋為台灣原生種，多年生的常綠草本植物，莖粗大直立，可高達一·七公尺以上。單葉，叢生於莖的頂端，葉片大，可長至數十公分。

除了葉脈為網狀之外，天南星科植物的花也不像一般單子葉植物，如百合、鴨跖草等很容易觀察到它三或六的花被數。它們的花非常特別，但是卻看不到三或六的花被數，為什麼呢？需要先從它們的花序談起。

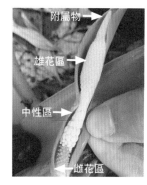

↑ 姑婆芋的花序可分為四部分。由基部往上依序為：雌花區、不孕雄蕊區（中性區）、孕性雄花區、附屬物。

天南星科植物的「佛焰花序」

天南星科植物的花序具有一個特殊的名稱「佛焰花序」。

整個花序外披大形的苞片，稱為「佛焰苞」，有的植物可觀賞的部分就是那鮮豔美麗的佛焰苞，例如海芋、火鶴、白鶴芋等。而有「世界上最大的花」之稱的泰坦魔芋，本身也是一個巨大的佛焰花序，它們都是以這一片特化的苞片來扮演花「吸引目光」的角色。

姑婆芋的佛焰花序

姑婆芋的花期以夏天為主，佛焰花序為綠色的圓柱形，花軸常二至三枝聚集在一起。佛焰苞長約十至二十公分，上部稍彎曲，下部呈捲筒狀。

花為雌雄同株，不具花被的單性花。在花序上可分四部分，由下方的基部往上依序分別為：1. 雌花區、2. 不孕性的退化雄蕊區（中性區）、3. 孕性的雄花區、4. 附屬物。

其特色分別敘述如下：

1. 雌花區：長約三公分，雌花數目繁多，無花被，柱頭白色，子房綠色，內有胚珠一至二枚。

2. 不孕性的退化雄蕊雄花區（中性區）：長約六公分，顏色米白。

3. 雄花區：長約六公分，雄花淡黃色，無花被，每朵雄花有雄蕊四枚，為聚藥雄蕊。

4. 附屬物：在花序的頂端。佛焰花序的附屬物及雄花部分相對溫度較高，可能具有產熱以吸引傳粉昆蟲的功能，但真正作用究竟是什麼呢？目前現有的研究結果尚不明確。

姑婆芋的花

　　觀察姑婆芋從開花到結果的過程是非常有趣的，特別是雌花與雄花雖然同長於一個佛焰花序，但成熟時間與佛焰苞開放時間皆不同，便可以巧妙避開自花授粉的情況發生。而且與之共生的姑婆芋果蠅，就像十一月份課程將介紹的「榕樹不開花就結果？」中，榕果小蜂與榕樹的關係，在校園裡是非常好的觀察素材。

一起認識姑婆芋開花期！

① 佛焰花苞鬆開		首先尋找已經抽出花軸的植株，可以觀察到佛焰花苞外衣從「腰身」部分漸漸鬆開。
② 吸引姑婆芋果蠅	腰部大約就是退化雄蕊區	腰部以上慢慢開展，腰部以下的雌花區只是微微開啟，釋放特殊氣味吸引姑婆芋果蠅來授粉，並漸漸成熟。
③ 授粉完畢		胚珠授粉完畢，雌花閉合下半部外衣。
④ 果蠅繼續扮演媒人角色		離開雌花的果蠅會在有花粉的雄花與附屬物之間覓食、交配、產卵，全身沾滿花粉。沾滿花粉的果蠅會到另外一棵雌花區完成傳粉任務，世代交替，周而復始。
⑤ 進入結果期		雄花凋萎後，雌花子房膨大進入結果期。
⑥ 果實成熟		果實成熟，花苞腰部以下外衣會裂開向外捲，果實為紅色球形的漿果，是鳥類喜歡的食物之一。
⑦ 種子		種子為卵圓形，黃白色。

↑ 水滴落在姑婆芋的葉面上會散落滴下。

↑ 山芋葉子的表面有細毛，所以水珠滴落在山芋葉面上仍然呈現圓珠狀。

姑婆芋與我們的生活

　　姑婆芋有時給人「有毒」的印象，由於植株長得很像芋頭，因此偶有被誤食的機會，吃了以後會造成不適。事實上，它的地下莖與全株汁液含有一種有毒的生物鹼，但並非劇毒，經過加熱煎煮後可行分解。平時只要不誤食，不以汁液碰觸眼睛、黏膜及傷口，是不用擔心其毒性的。每當山區下雨時總有人忘了帶雨具，就地取材姑婆芋葉片來擋雨，只要小心不要碰到它的乳汁，就是很方便安全的工具。

　　在戶外活動時，除了姑婆芋，也很容易碰到山芋，其實兩者之間雖然同科，但並不同屬，所以差異還是很大。例如，姑婆芋葉片外緣微波浪，在葉基的部分會裂得比較深，山芋葉片外緣為平滑、缺口較淺。觀察葉面也可以發現，姑婆芋葉片較大顏色較濃綠，富有光澤，山芋則呈粉綠色。此外，最常被提到的一點是，姑婆芋葉子光滑，水灑在葉片上會擴散，水珠容易從葉片上滾落下來，而山芋的葉面有細毛，水灑在葉片上，會呈圓珠形不擴散。

　　這麼常見的野外植物，過去曾是免費的環保包裝紙，現在也是免錢的生態觀察好素材喔！

① 下列哪一種植物的花不具有佛焰苞？

（A）姑婆芋。（B）蘋婆。（C）海芋。（D）山芋。

② 關於姑婆芋的敘述，下列何者錯誤？

（A）因為是有毒植物，所以不能拿它來包裹食物，否則會中毒。

（B）它是森林中常見的原生種植物。（C）果實為紅色漿果，小鳥很喜歡吃。（D）若是橫切莖，可以看見它們的維管束散生。

③ 關於姑婆芋的花序，下列敘述何者正確？

（A）雌雄異株，只有雌株可以結果。（B）具佛焰花序，雌花在上，雄花在下。（C）具佛焰花序，雌花在下，雄花在上。（D）雌雄同株，自花授粉。

④ 關於姑婆芋的分類，下列敘述何者正確？

（A）葉脈為網狀脈，故為雙子葉植物。（B）在分類上是單子葉植物。（C）有如芋頭的軸根系，故分類上為雙子葉植物。（D）和海芋同樣都具有一片大型花瓣。

【解答】

① （B）蘋婆。

說明：其餘皆為天南星科，天南星科開花均具有佛焰苞。

② （A）因為是有毒植物，所以不能拿它來包裹食物，否則會中毒。

說明：其實只要不碰到姑婆芋的乳汁，就不會有中毒的危險。而且其毒性也非劇毒，其實並沒有那麼可怕喔！另外，維管束散生是單子葉植物的特徵之一。

③ （C）具佛焰花序，雌花在下，雄花在上。

說明：回憶一下本堂課看到的圖片吧！姑婆芋的花構造特殊，很值得觀察喔！至於它是否為自花授粉？由於它的授粉由果蠅幫忙，所以不是自花授粉喔！

④ （B）在分類上是單子葉植物。

說明：我們所食用的芋頭是莖，不是軸根。它和海芋一樣都擁有佛焰花序，那並不是花瓣喔！

第 4 堂課

沒有維管束的蘚與苔

← 平鋪在地的蘚。

↗ 可直立生長的苔。

綠色植物除了高大的樹木與花花草草之外，還有一種不起眼的，幾乎總是趴著生長的綠色植物，分布於校園、住宅，或其他植物上。看似毛茸茸的，它們是什麼呢？

蘚苔看似不起眼，但它們也是植物，它們身上的綠色，表示它們可以行光合作用。植物界的成員由海洋中的藻類演化而來，約於四億多年前登陸，陸地上這一群**最原始的植物就是蘚苔植物**。它們和其他植物有什麼不一樣嗎？

生物不是只有動物和植物！

在認識蘚苔之前，讓我們先來認識生物的分類。大部分人總以為生物只分動物和植物兩類，其實若想真正認識物種，就必須知道生物界的分類其實更細。

生物分類階層由上而下，分為界、門、綱、目、科、屬、種七個階層。因為生物種類繁多，高

維管束

維管束是較高等植物體內的運輸組織，包含靠外側運輸養分（如葡萄糖）的韌皮部，與靠內側運輸水分（及礦物質）的木質部。本章介紹的蘚苔植物沒有維管束，該如何運輸養分和水分呢？

達一、兩百萬種的已命名生物必須藉著簡單的分類階層，才能比較容易釐清彼此的親疏遠近。這就像是住戶與住址，用幾個範圍由大到小的標示名字，例如國家、縣市、區、里、路、號……等，郵差就可以沿著這些資訊，一路縮小範圍，最後將信件準確送達目的地。

其中「界」分為五種，前文提到植物界的成員由藻類演化而來，藻類就是屬於「原生生物界」喔！

認識生物五大界

生物五大界\比較項目	原核生物界	原生生物界	真菌界	植物界	動物界
細胞核膜	無	有	有	有	有
細胞壁	有	藻類有	有	有	無
細胞組成	單細胞	單細胞、多細胞	除酵母菌外，皆多細胞。	多細胞	多細胞
攝取營養方式	① 細菌為異營。② 藍綠菌（藻）為自營。	① 藻類為自營。② 原生菌類為異營、腐生。③ 原生動物為異營攝食、寄生。	異營寄生、腐生。	自營為主，少數為寄生或腐生。	異營攝食、寄生。
種類	細菌、藍綠菌。	藻類、原生菌類、原生動物。	酵母菌、黴菌、蕈類、靈芝、木耳……等。	蘚苔植物、蕨類植物、裸子植物、被子植物。	刺絲胞動物、軟體動物、環節動物、節肢動物、棘皮動物、脊椎動物。

其中，只要是可以行光合作用、自行製造養分的生物，都稱為**自營生物**。包括原核生物界中的藍綠菌，原生生物界中的藻類，以及植物界中的綠色植物，都屬於「自營生物」。不能行光合作用的生物，就稱為**異營生物**，例如腐生的木耳。

蘚與苔的小祕密

蘚苔類和其他植物有什麼不一樣呢？答案在**維管束**。

它可以行光合作用，因此屬於自營生物，但它體內因為缺乏運輸水分和養

↑ 這就是地錢的假根。地錢靠它們來吸收土壤中的水分！

↑ 這是大葉苔薄如蟬翼的葉狀構造，很美麗吧！

分的「維管束」組織，所以只能靠擴散和滲透作用來獲得所需水分和養分。沒有維管束會怎麼樣嗎？由於這樣的運輸速度效率不佳，因此造成蘚苔類的個體通常都很小，最高也就是長到十多公分而已。有些蘚苔種類是連一公分高度都談不上的。

　　想不到吧？個頭嬌小，有如地毯般的蘚苔，原來是因為缺乏維管束，才會長成現在這個模樣。

　　蘚苔植物有時會被寫成苔蘚植物，其實這兩個字的順序先後不妨礙其意義。因為這兩個字指的其實是兩種類型的植物，一種是**平鋪在地的，稱為蘚**，另一種是**可直立生長，稱為苔**。在中國則是相反，平鋪在地的稱為苔，可直立生長才稱為蘚。

　　蘚苔植物除了欠缺大部分植物都有的維管束之外，也沒有真正的根、莖和葉等器官，常見的蘚類植物如地錢，它們的生長方式是綠色的植物體平鋪於地面上，以腹部的「假根」固著在土壤內，用以吸收水分。

　　常見的苔類植物如土馬騌，具有直立的假莖，其上著生假葉，並有假根固著在土壤內。你是否也注意到了？「假莖」、「假葉」、「假根」這幾個名詞裡都有一個「假」字，那是因為它們都不具維管束，也不符合器官名稱的定義，不算真正的莖、葉、根。

蘚苔不是只靠孢子繁殖嗎？

　　既然蘚苔植物「登陸成功」，不就表示它們具有角質層的構造，不需要整天待在水裡就可以「保溼」？既然已經有適應陸地生活的條件，那麼，為什麼它還是需要生活在陰暗潮濕的地方呢？

我們的確在潮溼的地面、牆壁或樹幹上，較常發現這一群綠色矮小的植物，那是因為蘚苔植物的**受精作用**需要外界潮濕環境中的水分，以便讓精細胞游動，順利找到卵細胞。因為這些較低等的植物尚未演化出花粉管，受精作用仍然需要有「水」的協助，精細胞才得以藉著水，找到卵細胞。

大家讀到這裡可能都愣住了，「受精作用」？課本和老師不都說蘚苔類是以**孢子**行無性繁殖嗎？

沒有錯，但可能有些人誤以為：孢子行無性繁殖的意思是「蘚苔植物體產生孢子，孢子就像種子一樣落地，然後直接長出新的植株」。其實這樣的理解並不完整。

正確來說，孢子行無性繁殖只是它們生活史的一部分而已喔！稱為**無性世代，也就是孢子體世代**。它們也有受精作用，也具有有性生殖，這一部分的生活稱為**有性世代，也就是配子體世代**。它們的生命就是這兩個世代交替輪流以完成生活史，稱為**世代交替**。

有關「世代交替」，在十一月份的課程「怎麼分辨蕨類呢？」中將會有更深入的討論。在本課中，大家只需要先初步了解，這些較低等的植物和一般開花結果的高等植物生活史並不一樣。

個頭小卻很有價值！

蘚苔植物個頭嬌小，加上經濟價值較低，人們容易忽視它。但現在大家觀念漸漸有了轉變，人們開始強調物種多樣性、歧異度，而不再只是局限於「能不能吃」或「可不可以賣錢」。因此，近年觀察研究蘚苔植物的人也就隨之增加了。

其實蘚苔植物對於人類並非全然沒有意義喔！

正因為它們如此特殊的型態構造與生物學特性，所以蘚苔對於二氧化硫、氟化氫、一氧化氮等空氣汙染物的反應都很敏感，因此，可將它們視為空氣汙

孢子體是什麼？
....
孢子體主要由「孢蒴」及「蒴柄」構成，由「蒴柄」與配子體連接。

↑ 苔的孢子體。

↑ 蘚的孢子體。

配子體是什麼？
....
可以產生配子（即精、卵細胞）的個體。配子體由假莖、葉狀構造及假根組成，莖上產生「藏卵器」及「藏精器」。

染的指標植物。只要看到它們的存在，就能知道此處自然環境還不錯喔！此外，苔蘚植物生長繁密，能抓緊泥土，植株有特強吸水力，所以**有助保持水土**，防止水土流失。它們還能分泌酸性物質溶解岩石表面，**有助於讓岩石形成土壤**。小小的蘚苔植物是不是很厲害呢？例如，有一種「泥炭苔」就可以用作肥料，以及增加沙土的吸水力，還可以晒乾作為燃料喔！

最後，不要忘記它是綠色的，所以，它是生態系中的**生產者**，當然會提供養分給以蘚苔為食物的雀鳥及哺乳動物。

下次看見蘚苔植物，可別再小看它了！

↑ 太平山泥炭苔，這是太平山的泥炭苔。看到它就知道這裡的自然環境品質仍然很優良，應該開心！

↓ 這是蘚的配子體，前端有生長點，可不斷分裂發生二叉的分支。

↑ 苔類的植物體一般雖然很小，但因往往多數聚生一處，被覆面積很大，故較蘚類易於發現。這也是大葉苔的一種，是在台中大雪山森林遊樂區找到的。

① 關於蘚苔植物的敘述，下列何者正確？

（A）它們由海洋剛登陸，沒有防止水分散失的角質層，所以需要生活在潮濕的地方。（B）蘚苔植物是最先出現在陸地的植物。（C）它們沒有維管束，但有根莖葉等器官。（D）它們不會開花，所以也沒有精、卵細胞，沒有受精作用。

② 下列何者符合「苔」類植物的特徵敘述？

（A）不會直立生長，是平鋪在地，如地錢。（B）不會直立生長，是平鋪在地，雨天常常讓我們滑倒的青苔就是苔。（C）是可直立生長的無維管束植物。（D）是一群不會行光合作用的低等生物。

③ 下列何者是不具維管束的植物？

（A）被子植物。（B）裸子植物。（C）蕨類植物。（D）蘚苔植物。

④ 蘚苔植物與生物的關係，下列敘述何者錯誤？

（A）既不能吃，也沒有什麼益處。（B）可提供食物給部分一級消費者。（C）為空氣汙染的指標植物。（D）可用作肥料及燃料。

【解答】

① （B）蘚苔植物是最先出現在陸地的植物。

說明：它們有可以「保濕」的角質層，但沒有根莖葉等器官，但是，它們可行受精作用喔！

② （C）是可直立生長的無維管束植物。

說明：雨天常常讓我們滑倒的青苔不是苔蘚，通常是原核生物中的藍綠菌，以及部分藻類。另外，「青苔」也不是植物名稱，只是一種俗稱喔！

③ （D）蘚苔植物。

說明：仔細上過本堂課，這一題就不會答錯，你說是嗎？

④ （A）既不能吃，也沒有什麼益處。

說明：現在愈來愈多人注意到蘚苔，就是因為發現到它的各種用處，可以被當作空氣汙染指標物，也有助水土保持，請不要小看它喔！

生物防治法對環保的好處

　　「快又有效」是廣告詞中常聽見的一句話，人類凡事都追求又快又有效率，但這種習慣在環境上似乎造成了不太好的影響……

「化學防治法」與環境汙染

　　人類為了殺蟲除草，常大量使用化學農藥，這種方法好聽一點的名稱是「化學防治法」。而使用農藥確實也能有效率地整治蟲害問題，提升經濟效益，農作物的栽種較不受季節限制，也可以在短時間內換取較高收益。例如一百平方公尺原預定出產一百株高麗菜，遭到蟲害的話，可能在三個月內只能收成二十株，如果用了農藥快速殺蟲，就能收成一百株。

　　你說，這麼好的事情何樂而不為呢？可是，天下沒有白吃的午餐，人類到頭來還是要為一時之「快」，付出「漫長」的代價。

　　長期不間斷、過量的使用農藥之後，最直接的影響就是在農產品上殘留的農藥，危害到了食用者的飲食和健康。土壤也因為長期承受農藥的使用，受到嚴重的汙染、酸化、鹽鹼化，等於是在「預支」土地的使用年限，預先用掉這片土地未來的養分，也讓土地加速衰萎，甚至有一天可能長不出作物。除此之外，經過雨水沖刷，農田中的藥劑還會流入河川，經由水循環，農藥傳播範圍遍及整個台灣，可能持續影響生態。

「生物防治法」的關鍵在借用現有的食物鏈

　　如果不用農藥，該怎麼除蟲？放心，我們還可以應用生物防治法來除蟲。「生物防治法」就是「有目的地利用自然天敵來抑制、預防疫病蟲害」。關鍵在於利用「一物剋一物」的概念，借用生物界裡現有的食物鏈。

　　例如，中國古書中曾經提到：「柑桔樹為蟲所食，取蟻窩於其上，則蟲自去。」這說明了在沒有農藥的時代，古人已經會引導螞蟻，利用牠們來捕食柑橘害蟲，這就是生物防治技術。十九世紀的時候，人類已正式利用科學觀念來進行生物防治。一八六八年，一種「吹綿介殼蟲」入侵美國加州，嚴重危害柑橘產

業，當時一位昆蟲學家觀察到全球僅有澳洲未遭吹綿介殼蟲的危害，研究之下，發現原來當地的粗腳寄生蠅、澳洲瓢蟲等昆蟲是吹綿介殼蟲的天敵，於是這位昆蟲學家便從澳洲將這些昆蟲引進美國。其中，澳洲瓢蟲果然發揮了功效，後來有效地抑制住吹綿介殼蟲，及時保住了加州的柑橘產業。台灣也在一九〇九年引進澳洲瓢蟲，效果極為顯著。

　　這就是生物防治法的最佳例子。蜻蜓、螳螂、椿象、草蛉、食蟲虻、食蚜蠅、蟻類、胡蜂等都曾被用在蟲害問題上。當然了，引進外來物種有些風險，若是能善用當地自然原生物種則是最高境界。

比較看看化學防治法和生物防治法

　　試著比較看看化學防治法和生物防治法吧！六月份課程中的草蛉，近年來成了名氣漸增的捕食性昆蟲。二〇一一年，大湖草莓發生大規模蟎害，產量歉收，當時使用了大量農藥除蟎。二〇一二年，改以在草莓田中釋放草蛉，還算成功有效。

　　其實早在九〇年代，大湖早就使用過草蛉了，為什麼後來又放棄，改用農藥呢？這是因為過去農民要的是收效快速，草蛉除蟲的速度終究比不上農藥。然而後來葉蟎已產生抗藥性，農藥已經不再有效，草莓歉收的逼迫下，農民終於丟棄過去的成見，重新借用草蛉來確保收成。由於每一公頃需要二十萬隻草蛉，所以需要讓草蛉在農田慢慢養成幾年，才能更有效的發揮生物防治功能，雖無法立竿見影，但長久來看這才是能永續經營的方法，也可以讓人更放心地吃草莓。

　　所以，哪種方法比較好呢？相信看到這裡，答案已經很明確了。草莓固然好吃，也要吃得安心安全，並且不汙染環境啊！

寄生性昆蟲也可以用在生物防治！

　　除了捕蟲性昆蟲之外，寄生蜂、寄生蠅等寄生性昆蟲也可以用在生物防治上喔！例如以寄生蜂防治東方果實蠅，效果雖然較緩慢，但對人體健康與環境衝擊都最少。

　　任何農業害蟲防治法都有其優缺點，生物防治法雖然不盡完美，但農業生產應該以不破壞生態環境，能夠永續經營、維護生態環境與物種多樣性為目標，所以，研究發展安全低毒的生物防治法是必然趨勢。認識了這種整治蟲害的生物防治法之後，就會知道選購無農藥的蔬果不僅對自己健康，也對環境多了一層保護。原來，環保在生活各個層面都能實踐呢！

8月 戶外探險去！

第1堂課

一棵樹可以養活多少生物？

你喜歡獨角仙嗎？你知道在哪種樹上可以找到獨角仙嗎？
猜猜看這種樹上除了獨角仙，還有哪些昆蟲好朋友呢？

第2堂課

樹幹有刺、種子有毛？木棉樹好奇怪！

仔細一想，校園常見的木棉樹的長相還真特別，是不是？
一起來認識這種又特殊又受歡迎的樹吧！

第3堂課

能砍的樹才有價值嗎？

樹砍下來可以造紙，做成筆記本，還可以切成木板，做成桌子，真的很有用！
但是，只有能砍的樹才有價值嗎？

第4堂課

好吃的菇菇其實是大自然的清道夫？

你愛吃香菇嗎？你愛吃洋菇嗎？
你可能想像不到，它們有分解垃圾的功能，可是非常重要的喔！

生物先修班 8　認識物質循環

學習重點：
認識物質循環、水循環、碳循環、氮循環。

↑ 獨角仙交配中。

第 1 堂課
一棵樹可以養活多少生物？

↑ 獨角仙的幼蟲身體左右兩側都排列著氣孔。氣孔的功用是昆蟲進行氣體交換的呼吸器官。昆蟲體內具有氣管系，可藉其氣孔與外界相通，以進行氣體交換。

↑ 屁股呈「一」字型的獨角仙幼蟲。

許多小朋友喜歡養獨角仙，如果去寵物店買一隻進口的鍬形蟲，雖然外型美麗，但價格多半不便宜。國產的昆蟲中，最大、最吸引人的就是獨角仙了，除了寵物店之外，還可以在樹上找到牠。猜猜看，一棵樹可以養活多少生物呢？

認識獨角仙

一起來尋找獨角仙吧！尋找獨角仙的目的不只是為了省下購買的花費，或者抓蟲販賣賺錢，更重要的是，我們可以藉此順道認識牠平時生活的棲息地，這樣可以更加認識獨角仙的習性，也可以更熟悉物種與環境的關係。

獨角仙是**鞘翅目昆蟲**，生活史包括卵、幼蟲、蛹、成蟲，屬於完全變態，完成一個世代約需一年時間。

獨角仙的卵和鍬形蟲類似，是白色的。牠們會產卵於腐質土裡，卵孵化後的幼蟲也和鍬形蟲類

↑ 獨角仙的雌蟲。

↓ 獨角仙的雄蟲，頭部有一隻巨大的角，故稱為獨角仙。

似。要怎麼分辨鍬形蟲和獨角仙的幼蟲呢？只能從屁股及體毛上來區分。獨角仙幼蟲有體毛，且屁股呈現國字的「一」字型。鍬形蟲幼蟲毛較少，屁股呈現阿拉伯數字的「1」字型。

獨角仙幼蟲生活在腐植土中，以腐植土為食，成蟲的獨角仙全身覆滿了堅硬，且泛著金屬光澤的胄甲，體格雄壯，力大無比，是個能拉動自己體重十倍的威猛大力士，卻是個素食主義者。牠生活在林間樹叢環境，晚上較常出來活動，並且具有趨光性。獨角仙能夠取食多種樹液，其中，光臘樹卻是牠的最愛，牠會用堅硬的大顎刮裂樹皮以舔食樹液。也喜歡酸味少、高甜分、水分含量少的水果，如蘋果、香蕉等，因此飼養時，除了可以餵食果凍之外，也可以選擇適當水果填飽牠的肚子。

該怎麼飼養獨角仙？

怎麼照顧獨角仙呢？獨角仙交配後產卵，產下約三十至五十顆，卵期約十至三十天，孵化後稱為**一齡幼蟲**。

因為幼蟲以腐植土為食，所以「一齡幼蟲」這階段必須適時更換新土，也應定時用噴霧器為腐植土補充水分，以防止乾燥，飼養箱為了防止乾燥也應放在陰涼處。

一齡幼蟲過了三至四週後會蛻皮成**二齡幼蟲**。二齡幼蟲約需一至二個月再蛻一次皮成為**三齡幼蟲**，三齡時間則長達七至八個月，糞便需定時清除，並加入新土。但必須注意，要避免一次將新土全部換掉喔！因為幼蟲與舊土已產生共生益菌，為了維持共生益菌的數量，所以每次更換部分土壤較佳。三齡末期的幼蟲身體會漸漸變黃，最後會停止進食而進入**前蛹**，前蛹期約十至二十天，幼蟲會利用自己的糞便，打造蛹室，蛹期約二十天，二十天後便羽化為成蟲。

獨角仙最愛的光臘樹

深入認識獨角仙之後，就比較知道要去哪裡尋找牠的蹤跡了。因為牠多為晚上活動，又有趨光性，除了可以在夏日的水銀燈下碰碰運氣之外，也可以循著

光蠟樹的蹤跡找尋。光蠟樹是什麼呢？

　　台灣光蠟樹原產地在台灣，為台灣特有種，半落葉性喬木，樹高可達二十至三十公尺，在植物分類上屬**木犀科**。在台灣有另一種俗稱「雞油」的樹，是指「台灣櫸」，為榆科落葉喬木，它的木材刨光後像是塗過雞油一般，有油蠟感，故稱為「雞油」。而台灣光蠟樹也有油蠟感，加上木材顏色較白，故又稱為「白雞油」。

↑ 光蠟樹的羽狀複葉與花苞。

　　光蠟樹的樹皮很薄，樹幹皮呈灰白色或灰綠色，長成後會呈小薄片狀剝落。它的葉子為奇數羽狀複葉，對生，小葉二至五對，全緣，到了秋天，顏色會漸漸變黃。

　　光蠟樹的花季在春天，花密生，花朵顏色是白色或灰白色，果為翅果，長線形，夏季時節光蠟樹的果實會成束掛在枝頭，遠遠觀看十分賞心悅目。

　　說了這麼多，其實光蠟樹最容易辨識的還是它的樹幹，除了有雲狀剝落痕跡之外，還會有獨角仙的咬痕。當你想要確認一棵樹是否為光蠟樹，如果上述特徵都符合，再加上樹幹上看得到咬痕，就可以更確定了。

　　哪裡可以看見光蠟樹呢？它常出現在校園、農場等遊憩地點，做為庭園造景、復育獨角仙或教學使用，很適合作為都會中的行道樹。

↑ 光蠟樹上開滿了細密的花朵。
↓ 光蠟樹的翅果。

一棵光蠟樹就是一個生態小樂園

　　校園裡只要有一棵光蠟樹，就可以供許多人觀察，欣賞一個小小的生態風景了。一棵樹究竟可以養活多少生物？光蠟樹簡直是一個生態小樂園！

　　每年四月底至五月初，獨角仙開始羽化為成蟲，很快進入繁殖階段，五至八月份可以在校園裡的光蠟樹旁，等待獨角仙出現。仔細觀察牠們啃食樹皮的方式，非常特別喔！牠們習慣先啃出一條直線，再專注地享受縫中甜美的汁液。獨角仙啃樹皮的方式不像松鼠，松鼠水平式地啃食，會在樹幹上留下彷彿繫上一條腰帶般的痕跡，形同在樹幹上「環狀剝皮」，對樹木會造成阻斷維管

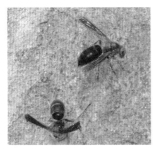
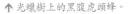
↑ 光蠟樹上的黑腹虎頭蜂。

↑ 光蠟樹上的長腳蜂。

↑ 光蠟樹上的豹紋蝶。

束運輸物質的不好影響。以人類的觀點，獨角仙的直線啃食法不會破壞樹的生長，正符合了永續利用的生態保育觀念啊！

　　除了獨角仙之外，光蠟樹上還可以見到前來共襄盛舉、分一杯羹的諸多蟲友。最常遇見的就是虎頭蜂。令人聞「蜂」色變、在一月份課程中介紹過的虎頭蜂很聰明喔！牠總是善用獨角仙辛苦剝好的樹皮，直接撲上去吸食，簡直就是坐享其成。長腳蜂、豹紋蝶也是常客，馬陸、蚰蜒也會來取食，其他還有各式各樣毛毛蟲、清晨時分上樹來羽化的蟬、以肉為食的昆蟲或蜥蜴也都會出現在同一棵樹上。這個光蠟樹「生態小樂園」可真是熱鬧得不得了！

　　身為原生種的光蠟樹已經適應台灣環境，許多初級消費者都能從它身上得到好處，不容易造成額外的負擔，使樹生病，餵養了這麼多初級消費者後，又能直接間接養活其他更高階的消費者，可見一棵小小的光蠟樹可以養活多少生物！在生態上又是有多麼重要的意義！這就是原生種植物的好處，管理照顧都很容易，它也不易產生病蟲害，對環境造成影響。

　　光蠟樹也被引進日本，深受日本人喜愛，栽植的數量比台灣更為普遍。它的材質堅韌，穩固度是可以用來製成建築物及家具的，雖然如今種植它再也不是為了木材。有機會觀察這棵樹和樹中的生態小樂園，想必會有無比的樂趣喔！

↑ 光蠟樹上的蚰蜒。

↑ 光蠟樹上的馬陸。

① 獨角仙成蟲可以吃什麼呢？
　（A）木屑。（B）種子。（C）花蜜。（D）樹汁。
② 獨角仙幼蟲可以吃什麼呢？
　（A）木屑。（B）腐植土。（C）樹葉。（D）水果。
③ 昆蟲有時會很偏食，獨愛某一類食物，下列配對何者正確？
　（A）獨角仙－光蠟樹。（B）獨角仙－青剛櫟。（C）鍬形蟲－榕樹。
　（D）寬尾鳳蝶－冇骨消。
④ 關於光蠟樹的敘述，下列何者錯誤？
　（A）其汁液是獨角仙最喜歡的食物。（B）花朵又密又多，可以提供蜜蜂
　蝴蝶等昆蟲採食。（C）木材的材質堅韌，可用作建築物及家具。（D）為
　外來種植物，不適合當作行道樹。

【解答】

① （D）樹汁。
　說明：上完本堂課，這一題可是不能答錯的喔！
② （B）腐植土。
　說明：因為牠吃腐植土，所以飼養幼蟲時，要換土並保持土壤水分。
③ （A）獨角仙－光蠟樹。
　說明：上過本堂課一定會知道獨角仙特別喜愛光蠟樹！
④ （D）為外來種植物，不適合當作行道樹。
　說明：光蠟樹是原生種植物，而且很適合當作行道樹喔！

↑ 木棉花的火把三月間從南台灣出發，向北燃燒春天。

樹幹有刺、種子有毛？木棉樹好奇怪！

你看過滿路木棉花的「木棉道」嗎？紅色花朵盛開的木棉道曾是浪漫的代表。想一想，這種樹也真奇怪，樹幹上怎會有刺？種子上又怎會有毛呢？一起來認識木棉樹吧！

人見人愛木棉花

↑ 木棉開盛花時還沒長出葉子，橘紅大朵花，明豔美麗。

台灣不是木棉的原鄉，它原產於爪哇、印度等地，但十七世紀前就被引進台灣。它又名「英雄樹」，為木棉科的喬木，樹幹通直，高可達三十公尺，樹皮上常具有瘤刺，可以保護自己免於被動物啃咬。葉互生，多叢集於枝條先端，為掌狀複葉。花單生，大型，花朵顏色常是橙黃色或橘紅色，極具觀賞價值。

木棉樹姿優美，每到春日花季時，木棉先花後葉、花朵明豔的特徵總是吸引眾多愛花人。因此常栽植於庭園、校園，及道路兩旁以供遮蔭及觀賞。木棉開花時會有大量花粉，也有不少蜜露，可供蜜

↑ 果實成熟後裂開，木棉種子裡的棉絮露出。北部雨　↑ 雄蕊的花粉量大，可供蜜蜂及鳥類採食用。
天多，因此比較少有棉絮的困擾。

蜂及小鳥採蜜食用。花落果熟之後，種子上的棉毛質地輕柔，以前人們常用來製成枕頭、枕墊的填充物材料。木棉種子的棉絮和蒲公英種子的毛絮不太一樣，木棉的棉絮是由種子上長出來的，是「種皮」的附屬物。蒲公英的毛是冠毛，長在果實（瘦果）先端，由花萼變成的。但兩者有一個共通點，就是它們的目的都是為了傳播種子，讓風帶著種子到更遠的地方。

高雄市、台中縣、中國的廣州市及四川省攀枝花市都以木棉花為市花（「攀枝花」就是木棉花的別稱），如此可見人們對它有多喜愛了吧！

由愛生厭？棉絮衍生種樹迷思

木棉樹既然有這麼多的優點，也在台灣這麼久了，理論上大家應該相安無事才對呀？怎麼可能有人不喜歡它？

對於會開花的樹，大家總是投以浪漫的情懷，下一步，就是一窩蜂地到處種。猜猜看各地有多愛種木棉樹？高雄約有一萬棵，台中大約四千棵。十年樹木可以有美麗的成果，也可以有意想不到的苦果。

每逢花季，在高雄行車經過木棉道時，在享受美景之際，還得捏把冷汗，因為一路上木棉花大朵大朵的掉落，車輪輾過落花，輪胎打滑，浪漫頓時消失殆盡。掃街的清潔人員，想必也無心欣賞這一路浪漫吧！等到繁花謝盡，平靜些許時日，接著又是另一番惱人景象。這時果實開始陸續成熟裂開，種子的棉絮漫天飛舞，木棉道旁的民宅商家怨聲四起，過敏體質的路人也需要戴上眼鏡、口罩以防不適，諸多抱怨幾乎逼得相關單位砍樹。然而也有許多人認為「樹木無辜，大家何忍定它死罪，應該學習與大自然相處」。

最後，高雄市的公園路燈管理處為了擺平市民和木棉樹之間的「糾紛」，只好在木棉花季結束時沿街搶收木棉幼果，以安撫民怨。

形成浪漫風景的「英雄」木棉樹下場如此，令人不勝唏噓。

然而真正的問題在哪裡？事實上，這是早在多年之前規畫植樹以前，相關單位未能請教專業、審慎評估、預測十年樹木的結果。反觀也是木棉花城的廣州，木棉僅占行道樹比例的百分之〇‧七，相較之下人樹之間相安無事。美麗的街樹也不必遭人冠上惡名。

常見木棉科家族成員

　　在台灣，同為木棉科的家族成員還有**馬拉巴栗**（又稱「大果木棉」、「發財樹」）、**美人樹**。鼎鼎大名的水果之王**榴槤**也是木棉家族的成員！木棉科家族的共同特徵是，都為落葉喬木，許多種類的樹幹會膨大成酒瓶狀，以貯存更多水分度過冬季乾旱。它們的樹皮上會生出尖銳的瘤刺，像木棉、大果木棉、美人樹都有這樣的銳刺。

↑ 馬拉巴栗的植株，掌狀複葉。種在地面的大植株年年都會開花。

↓ 馬拉巴栗的花朵，雄蕊數眾多，花瓣似乎成了配角。

綽號是「美國花生」的馬拉巴栗

　　「馬拉巴栗」這名字是從英文名 Malabar chestnut 的第一個字音譯，加上第二個字意譯而來。原產於低緯度的中南美洲，台灣於一九三〇年代引進。由於栽培容易，耐強光、耐陰涼，又耐乾旱，這些特性使它成為台灣盆栽植物的寵兒。台灣人也善用了馬拉巴栗枝幹軟韌、易於整塑的特點，加上編織的創意，將三或五株編綁在一起，再繫上一些紅絲帶或金元寶，取個別名「發財樹」就將它行銷出國去賺外匯了。

↑ 上圖為馬拉巴栗，樹皮多平滑、綠褐色或綠色。下圖為美人樹，樹幹直立，綠色，基部略膨大，並著生尖銳瘤狀刺。

　　盆栽中的馬拉巴栗因為養分、空間均受限，植株太小，幾乎不會開花，僅作為觀葉植物之用，若種到地上就可以長成喬木，並開花結果。

　　每逢夏天是馬拉巴栗最常開花的時節，它的花苞很特別，約十幾公分長，像一枝枝筆長在樹梢，綠色花瓣包著一叢細絲狀雄蕊。花開時間多在夜間，五片花瓣向外翻捲，眾多淡黃色雄蕊圍著一個柱頭五裂的雌蕊開展，淡吐芬芳，非常清

香高雅。只開一個晚上，清晨便告凋落，獨留枝頭的子房繼續發育，長成綠色木質的果實。馬拉巴栗的果實外觀很像番石榴，成熟後會開裂，裡面有十多顆白色或淡褐色種子，可以生食或炒熟來吃，味道像花生，因此也被稱為「美國花生」。

↑ 馬拉巴栗成熟後開裂的果實與裡面的種子，毛絮少了許多。種子是赤腹松鼠的最愛。

有「英雄樹」就該有「美人樹」

自古英雄配美人，英雄樹在台灣孤單了三百年，一九六七年美人樹才引進台灣，引進後也快速地成了普遍栽種的校園植物或行道樹。

美人樹原產於巴西、阿根廷，喜歡日照強、溫暖多雨，很能適應台灣的氣候。

但台灣人對於木棉還是較熟悉，美人樹的外型與木棉相似，不開花時，很容易誤認為木棉。一旦開花，兩者就容易區別了。英雄、美人冬季都會落葉，但英雄樹在春季開花，美人樹則在秋天樹葉未凋落前的八至十月開花。

美人開起花來可不遜色於英雄喔！它的花瓣五瓣，顏色是美麗的粉紅色，花心白中帶黃，雄蕊五合生在一起成筒狀，將裡面的雌蕊包起來，非常特別有趣。

在開花期的繁花錦簇過後，地面上落英繽紛，美不勝收。如果有機會路過美人落花旁，可以拾起一朵，仔細端詳秋季的美人姿色。美人樹花謝之後，就和木棉一樣，成熟果實爆裂開來就像一球球白熾燈泡高掛樹上。如果碰到大風飛揚，棉絮也是很擾人的。但也許是美人樹的族群少於木棉，所以，平時比較少聽到關於美人樹棉絮的抱怨，或者也可能因為果期遇上雨季，棉絮吸了水分後比較不易隨風飄送。

無論如何，一窩蜂的搶種都是不好的，難以預料年歲一久，樹木族群擴大後，會造成什麼問題。英雄也好美人也罷，一旦太多就是狗熊的命運。

↑ 仔細觀察！美人樹的花瓣五枚，花瓣中間的五根雄蕊合生在一起，將裡面的雌蕊包起來。

↓ 美人樹的果實呈橢圓形，種子具棉毛。圖中右下為果實，左上為果皮已掉落，剩下種子及一大團棉絮。

① 下列哪一種植物果實裡的種子不帶毛絮？
　　（A）英雄樹。（B）美人樹。（C）馬拉巴栗。（D）松樹。
② 下列哪一種行道樹是較不受爭議的種類？
　　（A）英雄樹。（B）美人樹。（C）樟樹。（D）掌葉蘋婆。
③ 下列哪一種植物果實裡的種子可以食用，又稱「美國花生」？
　　（A）英雄樹。（B）美人樹。（C）馬拉巴栗。（D）松樹。

[解答]

① （D）松樹。
　　說明：松樹的種子有翅而不是毛絮。小心不要搞錯了喔！
② （C）樟樹。
　　說明：有關掌葉蘋婆，還記得四月份的課程中曾經介紹過嗎？除了樟樹之
　　外，其他樹都常招來民眾的抱怨。
③ （C）馬拉巴栗。
　　說明：馬拉巴栗的種子，可以生吃，也可以炒熟來吃，因為吃起來像花生，
　　所以才會被稱為「美國花生」。

↑ 樹木擁有自己獨特的外型長相是一種美，不當的砍樹，對生態環境造成不良影響，道路也不具美感。

第 3 堂課
能砍的樹才有價值嗎？

每每颱風過境，總造成行道樹嚴重傾倒，除了天災因素之外，是否存在人為因素？我們應該種些什麼樹？可以砍樹嗎？怎麼決定如何砍樹？哪一種樹才是有價值的？

全世界正流行種樹？

在認識樹木的價值之前，先來認識世界各地種樹的故事。

來自肯亞、二〇〇四年諾貝爾和平獎得主馬薩伊（Wangari Maathai），是肯亞及東非地區的第一位女性博士。馬薩伊曾說：「當我們種樹時，同時也種下和平與希望的種子。」

一九七七年，馬薩伊成立「綠帶運動」（Green Belt Movement），蒐集肯亞原生樹種，培育樹苗並廣為種植，這個運動不僅防止土壤流失，還替當地婦女創造了許多就業機會，因為她們參與植樹可以得到一些報酬。當年，綠帶運動在非洲種植超過三千萬棵樹，幫助了九十萬個婦女，也鼓舞了其他

「棲地零碎化」
是什麼？

當生物生存的自然棲地，因為外在因素，分布呈現不連續的情形，形成島狀嵌塊，這就是「棲地零碎化」。成因可能是造山運動、風化等自然因素，使環境產生變化，人類的農業活動或交通建設也可能導致棲地零碎化。

國家發起類似的運動。

二〇〇七年，聯合國環境署為了減緩地球暖化，有效吸收二氧化碳氣體，計畫在全球種植十億棵樹，藉由樹木固碳功能，降低環境中二氧化碳濃度。

為什麼大家「流行」種樹？種樹的好處除了以上的例子，還可以供給動物氧氣、改善空氣品質、幫助水土保持、維持生態平衡，還有木材可提供的經濟效益。我們可曾好好地從各個層面去認識一棵樹，以及樹的價值？

「價值」不只是數字而已

所謂「價值」，不只是經濟學上的數字而已。有些人對物種的認識，是從它數字化的價值，也就是「價格」著眼。例如一棵千年檜木有著數千萬元行情，一隻台灣大鍬也是萬元起跳，這些「價格」只讓人想要擁有，而非真正認識它。一棵樹除了「價格」以外，還可以從許多角度去衡定它的價值，除了「擁有」它之外，你還可以興起保育之心，與它共享金錢難以購買到的美好自然環境。

↑ 一株生長繁茂的大樹身旁，還有依附在樹上與相伴的生物，所以它是多麼有價值！

↓ 這樣欺負大樹，會影響到它的健康，也連帶影響到需要這棵大樹的各種生物喔！

樹木有「生物多樣性」價值

「生物多樣性」跟我有什麼關係嗎？我們先認識一棵樹上的生態系吧。一棵大樹常就是一個「生物島嶼」。

「生物島嶼」的概念就是將一株獨立的大樹視為一個小型的生物島嶼，因

為大樹是獨立的，和其他環境沒有直接相連，所以可以將一棵大樹視為彷彿獨立於海洋上的島嶼。在環境工業化、都市化後，這樣的「生物島嶼」就成了庇護野生生物的棲地，在土地過度開發而造成棲

← 有些人認為樹葉繁多影響建築物採光，便為樹木修枝，事實上，這樣的修剪法只考慮到人類的觀點，將樹木花了許多年歲辛苦生長的枝極綠葉都剪去了，也連帶影響到需要在林葉間生活的各種生物。

地零碎化之中，老樹扮演著分外重要的角色，它可以連結殘餘而分散的一個個自然棲地，成為野生動物移動、活動的廊道。

一棵樹形同一座小島，可以承載豐富多樣的生物相，依附在上面或與樹相伴的所有生物都是這個生態系的一份子。

「生物多樣性」價值在高度開發的環境中非常重要且顯著。例如，校園中一棵大榕樹提供蝴蝶、蜻蜓、野蜂、蜘蛛、攀木蜥蜴、鳥類、松鼠等多種動物生活，有了這棵大榕樹形成的

↑ 將木材製成木製品就等於將碳留在木頭當中，減少空氣中的二氧化碳。

棲息環境，牠們才能在此停棲覓食、尋偶繁殖、孵卵育雛，也才能生生不息。

如今，生物多樣性正在迅速萎縮，根據研究指出，若不對於此趨勢加以改善，到了二〇五〇年時可能將有四分之一以上的生物種類會從地球上消失。

可能有人覺得生物多樣性的縮減只是少了幾種動物可以觀賞，事實上，在生態系中，牽一髮動全身是既定的真理，少了幾種動物，也會影響到人類的生活，使得生態、經濟等各個環節失衡，甚至崩壞！

日後在接觸大自然的時候，你就會懂得以生態平衡概念珍惜所有物種，並重視棲息地的維護與生物資源的永續利用。

這樣一來，一棵能容納許多物種的大樹生態系，它的價值是不是非常明顯了呢？

樹木也提供了很大的「環境價值」

高大的樹木本身就是最天然、好用、節能的空氣清淨機及冷氣機。這對容易蓄積熱能的都會環境，其實是很重要的！

樹木藉著寬廣的樹冠與綠色枝葉層，利用二氧化碳進行光合作用，並產生氧氣淨化空氣。你也許不知道，一棵二十年生的樹木，依據樹種不同，一年約可吸收十一至二十公斤的二氧化碳，並生產八至十四公斤的氧氣。

大樹茂密的枝葉更可以遮蔽烈日、吸收太陽幅射、調節氣溫，一棵大樹的濃蔭相當於一台四十噸

「自然林」、「保安林」是什麼？

「自然林」或稱「天然林」、「自生林」，是未經人為干擾，保持天然特徵的森林。「保安林」則是以特定公益功能為目的而設置的，例如藉森林植物截留雨水、保護土地等作用。

的冷氣。樹木在遮陽的同時，也進行光合作用、呼吸作用、蒸散作用而消耗熱能，因此樹下的溫度比之周遭明顯較低。

樹木的「美學價值」

樹木的「美學價值」更是數字難以計量的。生命有限，但一株樹木隨著四季運轉而抽枝長葉、花落果熟，週而復始的展現的生命之美，以及撫慰人心的力量是無窮的。

校園裡如果少了陪伴學童們長大的樹，既炎熱又少了樹木的美感。綠色的籃球場取代不了植物特有的色彩，任遮雨棚再新，PU 跑道再方便，也無法比擬樹木四季不同的生命律動。許多人對自己校園生活的記憶，甚至就在一棵老樹上。

一棵大樹也常成為一個景觀點或地標，例如司馬庫斯的「大老爺」神木就是帶動當地觀光的焦點。新中橫公路的夫妻樹，即使已經死亡，形體的美感依然吸引眾人觀賞，在山林裡那份自然的美感絕非人工雕塑品可以比擬。

難道不能砍樹嗎？

可能有人想問，既然樹木那麼有價值，那麼我們只能種樹，不該砍樹囉？不，**自然林**、**保安林**應該保育，**經濟林**則可以善用。因為目前砍得太多、種得太少，所以才需要呼籲保育。

砍下「經濟林」的林木後，我們可以製成木製家具，等於將碳留在木頭當中，減少空氣中的二氧化碳。砍後的林地再種下新的樹苗，樹苗會成長，將碳留在木頭當中的效果比老樹好，如此持續循環，可以持續「固碳」並永續利用。

因此並非不能砍樹，善加利用可以取得人類需要的木材，又可以減少空氣中的二氧化碳，好處很多。當然，如果做成太多紙製品，用完焚燒又會釋出更多二氧化碳。

相對的，如果完全不砍伐木材，人類勢必會使用更多的水泥、塑膠等更有害環境的材料，這樣是無益於生態平衡的。

↑ 這是原始林的珍貴物種紅檜，攝於新竹尖石鄉鎮西堡，它屬於天然林，所以不能砍。

↓ 這是經濟林，可以砍伐、再栽種。但當然需要審慎評估，考慮到平地與山地、溫帶與熱帶及地質上的差別。

① 下列何者不符合生物多樣性保育的概念？

（A）多多引進外來物種，讓台灣生物更多樣。（B）珍惜所有的物種。
（C）保護形同是一個生態系的大樹。（D）重視棲息地的維護。

② 樹木有什麼價值？

（A）生物多樣性價值。（B）美學價值。（C）環境價值。（D）以上皆
為樹木的價值。

【解答】

①（A）多多引進外來物種，讓台灣生物更多樣。

說明：隨意引進外來物種，很容易造成現有環境生態不平衡，物種並不是
多就是好喔！維護既有的平衡是非常重要的！

②（D）以上皆為樹木的價值。

說明：仔細上過這堂課就會知道，並不是能砍的樹才有價值，樹的價值可
是非常多元的喔！

美麗的菇菇。

人類的世界中，有人負責清掃垃圾，有人負責焚燒、掩埋垃圾。地球生生不息，生命不斷循環，如果有生物死掉了，是誰負責擔任「清道夫」的角色呢？你更難想像的是，這些「清道夫」有的是可以吃的喔！

菇類就是大型真菌？

在生態系中，除了可行光合作用的「生產者」、攝食為生的「消費者」之外，還有一群分解各種生物碎屑遺骸來獲得養分的「分解者」，細菌、黴菌、真菌都是分解者。

真菌界生物通稱為**真菌**，它們的細胞具有細胞壁，但沒有葉綠體。大部分都是多細胞生物，個體由菌絲所構成，能形成孢子。孢子隨風飄散，若遇到潮濕溫暖的環境便能萌發產生新的菌絲，例如黴菌、木耳、靈芝，及各種蕈類。有些真菌屬於無菌絲的單細胞生物，會分解糖類來獲得能量，例如酵母菌。

↑ 在顯微鏡底下可以清楚看見，這些纖維就是大型真菌的菌絲，也就是所有菇類的基本構造。

↑ 在顯微鏡下才能看清楚大型真菌的孢子。

↑ 這個過程就是「出菇」囉！從土裡慢慢探出頭來了，繼續長高。

　　這些分解者之中，有的是容易觀察的，又被稱為**大型真菌**，或簡單通稱為「菇」。是的！餐桌上的香菇、草菇、洋菇、金針菇⋯⋯這些好吃的菇菇都是大型真菌。

　　大部分的「大型真菌」像香菇一樣，長得像一把小傘，若想仔細觀察由許多菌絲構成的整個菇體，需要借助顯微鏡。顯微鏡下的菇類就像以放大鏡看身上的毛衣，有著許多交錯盤繞的纖維，這些纖維就是所有菇類的基本構造「菌絲」。只要養分、水分等條件合適，這些菌絲便能不斷生長。

　　而我們看到的那一朵香菇，其實就像開花植物的一朵花，屬於特化的生殖構造，主要的功能和花朵一樣，都是為了繁殖後代。兩者不同的是，花朵會結出果實種子，而菇體則是產生孢子。種子比較大，容易觀察，孢子很小，得在顯微鏡下才能觀察。

　　這樣的一個菇體，真菌學上稱為**子實體**，它並不如我們的想像，不像一棵植物或一隻動物，我們見到的形體多半就是一個完整的生命個體，「子實體」只占真菌整個生命歷程中一小段時期而已。就像植物的花，只是植物體的一小部分，只會出現在繁殖階段。相較於植物，無論是花、莖、葉都很容易觀察、便於理解，但是菇類大部分時間都是以無數的菌絲聚合形成的菌絲體埋藏在地面下或腐木裡，只有環境條件適合時，才會冒出頭來。這時稱為**發菇**或**出菇**。

菌蓋
菌褶
菌柄

↑ 「褶菌類」的菇體包含「菌蓋」、「菌褶」、「菌柄」三大部分。

認識五大菇菇！

褶菌類

像洋菇這樣的菇體多呈傘型，質地柔軟多汁，且易於腐爛，屬於**褶菌類**，整個菇體包含**菌蓋、菌褶及菌柄**三大部分。與繁殖有關的孢子就是躲藏在菌褶裡。

「褶菌類」的菇生長發育較快，菇體的生長期也較短，有些種類一日之後便行枯萎，較長的頂多十天。常見的香菇、洋菇，都屬於褶菌類成員。

一般人看到菇體枯萎就以為它的一生結束了，其實，菇體枯萎就像花朵凋謝，但已經完成了傳宗接代的任務了。地面下的菌絲仍然不斷的分泌消化酶到體外，分解寄主的基質或腐植質再吸收做為自己維生的養分，也就是這個特性才能夠將大自然裡的垃圾清理乾淨。

↑ 長成之後，漸漸凋謝中，但在地面下，其實它依然生生不息喔！

非褶菌類

除了褶菌類之外，也有許多菇體的子實層不呈褶狀，它們是**非褶菌類**。

非褶菌類菇體常呈扇形，多半無柄或短柄，質地較硬，一般稱為「硬菇」。相較於香菇、洋菇等子實體質軟的「軟菇」，它們的生長速度比較緩慢、生長期較長。從數日、數年，甚或數十年都有可能。哪些是非褶菌類的成員呢？強身保健的靈芝、牛樟芝、茯苓等都是喔！

非褶菌類的子實層常常密生著針孔般的菌孔，也有菌孔較大的，長得像蜂窩，或是密生一根根齒針，外貌非常多樣化。觀察起來很有趣味！

↑ 非褶菌類的子實層菌孔中躲藏著孢子。

↓ 靈芝是有名的「硬菇」。

腹菌類

腹菌類的特色是把孢子包在「腹部」，孢子成熟後，菇體便會破裂釋出孢

↑ 這是地星，很可愛吧！和我們一般所知道的菇不太一樣，對嗎？

↑ 子實體呈球狀的馬勃菌。

子。腹菌類的造型多變，有的是星裂狀、筆狀，有的呈球狀、鳥巢狀，比一般的野菇外貌更令人讚嘆！

膠質菌類

平常我們所食用的木耳、銀耳（白木耳），這些果凍狀的真菌就是**膠質菌類**。「膠質菌類」主要的特徵為菇體柔軟富彈性，在潮濕時成膠質狀，因此也有人稱它們為「果凍菌類」。天乾物燥時，整個菇體會緊縮變小，但只要濕度回復，菇體也會再度復原為柔軟膠質狀。

↑ 餐桌上的黑木耳是膠質菌類的一種，校園或郊區也常常看得見喔！

子囊菌類

子囊菌類的形體大小不一，從眼睛看不見的酵母菌到數公分大的都有。一般較為大家熟知的成員有碳角菌、盤菌、冬蟲夏草等。

冬蟲夏草名字取得很神，但它不是蟲也不是草，它是一種蟲草屬的子囊菌類真菌。夏秋季節時，此類真菌開始入住昆蟲寄主，吸取營養，無論寄主是幼蟲或成蟲，

↑ 冬蟲夏草，在中藥界中極富盛名。它的外形像是一隻蟲，內部其實充滿了真菌的菌絲。

只要感染這類真菌後就會慢慢僵化而死，雖然外部總還保留有完整的蟲體形態，但體內早已充滿了菌絲，並以此方式度過冬天。等春天到來，天氣轉暖時，醒

來的並不是這一隻蟲，而是自蟲體長出的像小草的菇體，準備進入繁殖階段，這就是「冬蟲夏草」。

既能分解垃圾又有食用價值

真菌除了幫助地球清除垃圾之外，有些真菌更具有很高的食用、藥用價值，絕對不容小覷喔！不過，有的真菌界成員是具有毒性的，而且無法從外觀簡單判斷，若想食用野菇便需要多做功課。有些人誤以為顏色鮮豔的有毒，暗淡不起眼的就無毒，這絕不是正確的判別方式。所以在野外切勿任意採食，想吃菇類食物，就是乖乖地到去市場購買，或者買一個菇類太空包在家裡養，順便觀察菇類生長過程，也是不錯的選擇呢！

↑ 這是毒蠅傘，又稱「毒蠅鵝膏菌」，是有毒的，辨識特徵是有大型的白色菌褶與斑點，革傘顏色通常是深紅色。小心，千萬不要吃喔！

↑ 自己養來吃，就安全多了。

① 下列哪一種生物在生態系中並非扮演分解者的角色？

　　（A）真菌。（B）藍綠菌。（C）細菌。（D）黴菌。

② 下列哪一種生物在它的生活史中無法產生孢子？

　　（A）昆蟲。（B）真菌。（C）蕨類。（D）蘚苔。

③ 關於大型真菌的敘述，下列何者正確？

　　（A）它們的一生很短暫，約一天至數天。（B）它們都有細胞壁，沒有葉綠體。（C）它們的個體由絲狀蛋白所組成。（D）有小部分綠色發光的小菇可以行光合作用。

④ 野菇可以吃嗎？

　　（A）可以，只要顏色暗淡的沒有毒。（B）可以，地面上的都無毒，地下的菌絲才有毒。（C）不可以任意食用，除非是辨識專家。（D）鮮豔的不可以，顏色灰暗的無毒可食。

【解答】

① （B）藍綠菌。

　　說明：藍綠菌，又名藍綠藻，具有葉綠素，可以行光合作用，為生產者。不是分解者喔！

② （A）昆蟲。

　　說明：其他三個選項中，真菌、蕨類、蘚苔全都可以產生孢子喔！

③ （B）它們都有細胞壁，沒有葉綠體。

　　說明：發光小菇在夜晚全株會發出美麗的綠色螢光，尤其是菌褶處光量最強，但不具葉綠體，不能行光合作用。

④ （C）不可以任意食用，除非是辨識專家。

　　說明：菇類除了擔任分解者，可以清理地球垃圾，也可以食用，但許多菇類是有毒的，如果無法辨識，千萬不可隨意食用喔！

認識 物質循環

我們每個人每天都必須吃進食物、呼吸空氣、飲水，吸收許多東西進入我們身體，以產生能量，維持生命，同時也排出不必要的東西。如此進進出出，形成循環，這一堂課，讓我們來認識「物質循環」吧！

我們飲食、呼吸以「物質」的角度來看，每天都有新成分進入我們身體，同時又有老舊產物不斷脫離我們身體。我們體內的各類分子（或說是原子），有一半在八十天內會經由新陳代謝汰舊換新。因此，大約只要一年時間，我們整個人身上組成各種組織、器官的細胞，其中組成的原子，幾乎全都更替過，已經和一年前的原子完全不一樣了。這麼細微的變化每天在我們體內發生，因此，我們可以說，今天的你不等於昨天的你，今年的你也不同於去年的你。

那麼，我們每天、每年都是「全新」的嗎？倒也未必，因為進入我們身體的原子其實並不「新」，它們大都是地球誕生的四十六億年前就已經存在，只是不斷的循環而已。不只在人體內是如此，各種物質在其他生物體內中的進出、汰換，也都是一樣持續新與舊的循環。

想想看錢包裡的錢吧！你在錢包裡放入兩百元，買了書之後，還剩下一些硬幣，接著媽媽又給了你買午餐的一百元，錢包因為始終有錢進進出出，所以內容物持續汰舊換新，但是這些錢並不「新」，它們都是流通很久，從各個地方進入你錢包中，再從你錢包前往其他人手裡。這和物質循環是很相似的。

在生態系中，所有生物體內的物質都會像這樣，經歷循環的過程，以有限的物質維持地球生物的生存。以下是最簡單也最重要的三種物質循環。

認識水循環

藉由蒸發、凝結和降水，水在海洋、大氣和陸地間不斷循環轉換，例如由水面蒸發成氣態的水蒸氣，升入大氣層後，遇冷凝結成液態的雨滴，再落入陸地，如此反覆不輟，這過程就是水循環。

水還會進入生物體內，然後離開。生物體內的水可經由植物的蒸散作用，動物的呼吸作用與排泄作用離開生物體回到自然界。也可以藉由植物根部吸收，及動物的攝食、飲水而進入生物體中。然而整體而言，在水循環中，生物所占的比例極低，最大部分還是地球上江河、湖泊、海洋等不同水體之間的互換和循環。

認識碳循環

碳循環是指是碳元素在地球上的生物與環境間的循環過程。碳元素是組成生物體內許多重要物質的重要元素，在大氣中多以二氧化碳的形式存在。

生產者在行光合作用時會吸收二氧化碳，主產物為葡萄糖，經過轉變最終讓植物長大，形同將二氧化碳保存在植物體內。當動物攝取了植物，植物中的碳元素就會進入到動物體內，動物行呼吸作用時，又會將二氧化碳釋回大氣裡。動植物死亡後，軀體腐爛過程中，碳元素也可能將和氧氣結合形成二氧化碳回到空氣中。

在自然的狀態下，空氣中二氧化碳的比例並不會劇烈變化。

那麼，大氣中的二氧化碳濃度為何會愈來愈高呢？癥結就在於碳的保存跟排放的速率是否相當。例如我們若是將一棵樹做成家具，樹木中的碳會長時間保存在家具裡，而不會排放到空氣裡。但假設我們將樹木做成紙，那隨著紙張丟棄燃燒，紙張中所保存的二氧化碳很快就會排放到空氣裡了。前者是碳的保存，後者是碳的排放，後者速率若高於前者，很可能就導致大氣中的二氧化碳濃度愈來愈高。

當我們了解全球暖化的關鍵在此，最重要的就是要減少碳的排放，增加「碳固定」的速率與數量。樹木是一種相對能長期保存碳的生物，因此增加森林面積，減少不必要的開發，護樹種樹，多採用能長期使用的木製品，都是減碳的方式。

認識氮循環

在生物體中，氮元素是組織蛋白質與核酸的重要元素之一，環境中的氮元素多以氮氣形式存在於大氣中，占空氣組成的百分之七十八，但大部分生物幾乎都無法直接利用空氣中的氮，只有少數微生物能夠直接利用氮氣，並轉換成植物可以利用的形式，例如某些豆科植物，其根部內有根瘤菌，可以與之共生。

動物借由攝食，直接或間接得到植物體內的含氮物質，再變成動物所需的蛋白質，氮元素因而進入動物體內。

最後氮元素可由生物遺體分解後釋出，回到非生命世界的環境中。這個步驟得靠「分解者」的幫忙，才能使動物排泄物、生物遺骸中含氮的有機分子轉變，氮元素就會再回到環境中。如此循環不已的過程就是氮循環。

9月 戶外探險去！

第 1 堂課

跟松鼠玩一二三木頭人

可愛的松鼠應該是我們最常見到的野生動物之一了吧！
你有跟牠玩過一二三木頭人嗎？

第 2 堂課

已不再稀有的黑冠麻鷺

沒聽過「黑冠麻鷺」的名號？
沒關係，你一定聽過牠的叫聲，甚至看過牠的身影！

第 3 堂課

預告秋天的台灣欒樹

要如何預知秋意呢？除了感受微涼的氣溫，還有一個好方法，
就是觀察路旁常見的台灣欒樹，是不是悄悄變了色……

第 4 堂課

我家在樹上！認識樹蛙家族

喜歡爬樹、夢想住在樹屋上的小朋友，
你們知道「樹蛙」這種動物，就是常在樹上棲息嗎？

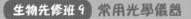

生物先修班 9 常用光學儀器

學習重點：
認識顯微鏡功能構造、其他方便光學儀器。

第 1 堂課
跟松鼠玩一二三木頭人

↑ 林相的為害起因還是在人類的草率，不要再說松鼠是罪魁禍首了！

大家應該常在公園或山林間看見松鼠可愛的身影吧！紅色的腹部、矯健的身手，討喜的外型，吃東西的模樣又是如此逗趣。可說是距離我們最近的野生動物之一呢！

台灣最常見的
三種松鼠

除了赤腹松鼠之外，就是
條紋松鼠、長吻松鼠。

這麼可愛的松鼠居然會破壞環境？

野生的哺乳動物中，最常見的應該就是**赤腹松鼠**了。牠有條蓬鬆的大尾巴，穿梭於草地或林野間時很是醒目。可愛的牠，居然長期以來飽受危害森林禍首汙名的壓力呢！這麼可愛的松鼠真的是「害獸」嗎？

飽受為害的主要是柳杉林，柳杉是早在日治時期便已引進的樹種，當初為的是作為經濟用途。日本人離開台灣之後，一九五〇年至一九七〇年間，林務單位仍然持續大面積種植柳杉人工林，在台灣北部山區估計至少有三千萬株柳杉造林。

當時並未仔細評估，尚未確認柳杉造林是否為恰當的經濟樹種，就種植了過多單一樹種，這是很

容易引爆生態問題的，最大的困擾就是引發松鼠危害森林的事件。

松鼠危害森林源於濫砍

　　台灣赤腹松鼠危害森林的紀錄最早始於一九五一年。那段時期為了柳杉造林，經常砍伐低海拔闊葉林木。事實上，這些看似無用的雜木林、中低海拔的原始森林，正是台灣珍貴的生態本錢，當時的濫砍與今日土地脆弱、土石橫流有很大的相關性。

　　話回當年，闊葉林被砍伐之後，松鼠的食物不見了。青剛櫟等殼斗科植物的堅果是松鼠的最愛之一，在食物短缺的情況下，松鼠只好被迫適應新的林相環境，改變食性，啃食樹皮，自然就導致松鼠危害柳杉林的情事。

↑ 松鼠可愛的外型。
↓ 松鼠樹上活動。

↑ 松鼠攝食中。牠正在吃麵包樹的果實
↓ 若不是親眼看見松鼠吃肥皂，很難想像失蹤的肥皂原來是在牠手中！

　　林木遭受松鼠為害與木材的樹皮內糖分含量有關，受害最嚴重的柳杉與杉木，樹皮中糖分含量較受害輕微的台灣杉多。柳杉和杉木為外來種，受害最嚴重，原生種台灣杉卻可以免受松鼠剝食，這是非常有趣的事情。林務單位曾組成研究小組，試圖找出解決方式。更曾召開「松鼠生態與防治研討會」，卻仍未能成功控制。

　　最後的方式只剩一個：放棄柳杉林。放棄以後，慢慢使其恢復為台灣原始林相。怎麼放棄呢？是否砍伐，善用其經濟價值？是否為了水土保持而維持不動？後續的處理仍是難題。一個歷史的錯誤竟然影響如此深遠，可見對生態的認識是多麼重要了！

　　總之，我們該還赤腹松鼠一個公道，森林的為害不應該全都歸罪於牠，而一昧撲殺。

怪癖是愛吃肥皂？認識赤腹松鼠的生活

　　為了幫松鼠洗清「罪名」，一起來好好認識牠吧！「赤腹松鼠」是台灣最常見的三種松鼠之一，從平地到海拔兩千五百公尺的森林都看得到。牠們的棲息地種類也很廣泛喔！連遭人類破壞的環境，無論是果園、竹林、次生林、闊葉林、針葉林，牠們都可以適應得很好。

　　赤腹松鼠為小型的哺乳動物，**屬齧齒目、松鼠科**。赤腹松鼠除繁殖期外大都是單獨活動，育幼期間也只有松鼠媽媽負責照顧幼鼠，不見松鼠爸爸。

　　平時雌、雄松鼠各自有巢，自行生活。每年十二月至次年八月為生殖季節，在十二月及五月各有一次生殖高峰，一胎約一至三隻，幼鼠於六個月左右即可單獨覓食。

　　赤腹松鼠的體長約二十公分，重量將近五百公克，全身在頭、胸、腹部及四肢為短毛，尾巴的毛極膨大，故俗稱**膨鼠**。牠的體毛只有腹面為紅色毛，其餘部位都是橄欖褐色。

　　松鼠會冬眠嗎？赤腹松鼠並不像歐美的土撥鼠會冬眠，秋天也不會貯藏食物喔！牠是雜食性動物，食物以植物性為主，果實、種子、花芽類都不拘。食物種類隨季節而有差異，如牛乳榕、小葉桑、西番蓮、水麻、板栗，以及其他殼斗科、樟科等種子都名列牠的菜單。冬天到了，沒有貯藏食物的松鼠該吃什麼？這時，牠們轉以樹皮為營養及能量來源。

　　都市裡的松鼠有一個怪現象，就是會吃肥皂。許多小朋友發現學校洗手台上的肥皂常常不見，若非親眼目睹，通常很難想像偷兒就是可愛的松鼠。

牠也會玩一二三木頭人

　　松鼠是在白天活動的動物，每天天亮牠們便出外覓食，中午時暫停活動，午後再陸續外出，黃昏時活動頻繁，是最佳觀察時機。牠的生活幾乎都在樹上，偶爾下到地面，但稍有動靜就又迅速逃回樹上。但牠並

↑ 松鼠吃葵瓜子，還懂得吐掉果皮，只吃種子，技術非常高超。

↓ 松鼠雖屬雜食性，但食物以植物為主。

↑ 幼小的松鼠很難養，很難找
到牠能接受的乳汁。大家還是
不要輕易嘗試。

↑ 要知道如何飼養才可以飼養。
一段時間之後，要放牠回原來
的棲息地。

↑ 吃了老鼠毒餌的松鼠，最後就是
吐血死亡。

不會一溜煙就不見蹤影，而是習慣一陣急跑之後忽然緊急煞車，就像在和你玩一二三木頭人的遊戲。

　　牠可愛的模樣不勝細數！有時會從樹上倒吊往下瞧。到了樹上，牠的活動本事可大了，跳躍飛奔、急轉倒立、走細小樹枝都難不倒牠。

　　最可愛的應該就是牠吃東西的時候了，牠會用雙手捧住種子或果實，有時還會優雅地坐下來，嘴巴咬動速度極快，吃完一顆緊接著又啃下一顆。

我可以帶松鼠回家嗎？

　　松鼠的模樣如此可愛，難怪許多人忍不住去餵食，甚至試著抓一隻回家養。

　　其實，赤腹松鼠是野生動物，本來就知道如何在大自然中覓食，然而有人竟擅自餵食自己吃剩的食物，其中不乏高油高鹽的垃圾食物，這樣恐怕會造成赤腹松鼠腎臟負擔太大。甚至讓牠們繁殖太快，進而破壞生態平衡。

　　至於可否抓一隻回家養呢？建議讓野生動物留在原來的環境，維持自由生活的習性，所以「盡量不要」。若是為了觀察研究，那也要先做足功課，知道如何飼養才可以。而且，養牠一段時間之後，還是要再將牠放回原來的棲息地。

　　有時松鼠也會誤食老鼠毒餌死亡，已經中毒而未死的松鼠若被老鷹捕食，老鷹吃了也會跟著中毒，透過食物鏈以毒傳毒是很可怕的生態危害，所以希望大家不要再濫用老鼠藥了。赤腹松鼠雖然不是保育類動物，但我們還是要愛護牠，有機會看到牠，就和牠玩玩一二三木頭人吧！

① 關於赤腹松鼠的敘述，下列何者正確？

（A）是台灣三種松鼠中，最罕見的一種。（B）松鼠為雜食性，食物和人類差不多。（C）和飛鼠一樣，為夜行性動物。（D）體毛在腹面為紅色，故名赤腹松鼠。

② 赤腹松鼠危害森林的原因為下列何者？

（A）赤腹松鼠沒有天敵，導致族群太大。（B）赤腹松鼠本就以樹皮、樹汁為主要食物。（C）闊葉林被砍伐之後，松鼠的食物不見了。（D）赤腹松鼠一年可生四至六窩，每窩六到十隻，繁殖力像老鼠一樣強，導致族群太大。

③ 野外看見可愛的松鼠，可以餵食嗎？

（A）不可以，因為松鼠不會接受人類的食物。（B）不可以，松鼠若過於接近人類，等人類餵食，可能干擾人類生活，甚至繁殖太快，進而破壞生態平衡。（C）可以的，因為松鼠溫和，沒有攻擊性。（D）可以的，因為食物短缺，若不餵食，松鼠會餓死。

④ 關於赤腹松鼠的行為，下列敘述何者正確？

（A）牠的活動範圍絕大多數時間都在樹上。（B）小松鼠是由牠的爸媽一起照顧長大的。（C）在秋天松鼠便開始收藏食物，以冬眠方式度過酷寒。（D）牠們只吃果實和種子。

〔解答〕

① （D）體毛在腹面為紅色，故名赤腹松鼠。

說明：赤腹松鼠是台灣三種常見松鼠中最常見的一種，雜食性，但食物以植物為主。另外，牠和飛鼠不一樣，是種白天出沒的動物喔！

② （C）闊葉林被砍伐之後，松鼠的食物不見了。

說明：在闊葉林過度砍伐之前，青剛櫟等殼斗科植物是松鼠喜歡吃的食物，少了這些食物，牠只好另外覓食，人類才會覺得松鼠忽然「為害」山林囉！

③ （B）不可以，松鼠若過於接近人類，等人類餵食，可能干擾人類生活，甚至繁殖太快，進而破壞生態平衡。

說明：松鼠雖然可愛，但不用餵食就可以跟牠做朋友喔！

④ （A）牠的活動範圍絕大多數時間都在樹上。

說明：小松鼠只由松鼠媽媽照顧，秋天的時候，松鼠並不會貯藏食物準備過冬，而且牠們也不是只吃果實和種子，牠們是雜食性喔！

第2堂課
已不再稀有的 黑冠麻鷺

↑ 仔細看黑冠麻鷺的成鳥羽色，有機會見到牠就能認出牠來喔！

「留鳥」與「候鳥」

留鳥是指在某個地區，一年四季都可以看見的鳥類。

候鳥是隨著季節變化飛來台灣的鳥類。

↑ 蒼鷺就是台灣常見的冬候鳥。

每到春天，黃昏或晚上時分，常聽得到「咕一咕一咕一」的叫聲，有些人說有時半夜也聽得到。你知道這個叫聲的主人是誰嗎？

無論是在家附近的公園，或是校園裡，你是否也聽過「咕一咕一咕一」的鳥叫聲呢？這聲音應該就是黑冠麻鷺的求偶聲。

還記得一月份介紹過的領角鴞嗎？有些人以為這是領角鴞的叫聲，但是領角鴞發出的單聲通常間隔約有十秒，音色與共振的效應也大不相同。

如此常見的黑冠麻鷺，曾經被列為稀有鳥類喔！所以當牠出現在台北的植物園和台大校園時，還常躍上報紙版面。那個時候，牠的求偶聲連許多台北鳥會會員都沒有聽過，圖鑑上也沒有有關牠叫聲的描述。現在不一樣了，從南到北，鄉村到都會，都有牠的蹤影，牠已經不再稀有。

↑ 這是黑冠麻鷺的亞成鳥，羽毛顏色明顯與成鳥不同，是不是很容易辨識呢？

穩定「定居」的黑冠麻鷺

為什麼牠不再稀有呢？大部分人認為該歸因於「近年的生態素養漸漸提升」，所以不太怕人的黑冠麻鷺在都會區得到發展的機會，現在成了台灣普遍留鳥。換句話說，黑冠麻鷺開始穩定在台灣「定居」了！

黑冠麻鷺主要分布於亞洲南部、東部和東南部，在印度、中國和菲律賓等一帶繁殖。台灣在低海拔闊葉林、竹林以及農墾地都可以找到牠的蹤跡。近年來，都市、公園、學校都有機會看到，也有許多繁殖紀錄，族群的擴張在這十多年間非常明顯。

黑冠麻鷺的成鳥背部羽毛紅褐色，帶有黑色橫紋，頭頂冠羽為紫到黑色，名字因此得來，臉部粟褐色，後頸深粟色。喙基、眼先及眼環都是淡藍色。在鷺科家族的長喙特徵中，牠算是稍特殊的短厚型嘴喙。想區分亞成鳥和成鳥，可以觀察羽色，亞成鳥羽毛偏灰褐色，身上、頭上都有白斑，有的已具繁殖能力。

友善不怕人的黑冠麻鷺

光看照片，很難想像黑冠麻鷺其實不怕人，非常「和藹可親」喔！牠主要出現在山麓地帶、公園、校園的樹林中，以黃昏、清晨較為活耀，因此也有人稱牠為「暗光鳥」。通常單獨活動，習性隱密，常在樹林下層陰暗處安靜覓食，少有機會觀察到牠長距離飛行，通常牠只從地面飛到樹上或從棲所飛到地面。

如果見到牠，可以慢慢靠近，不要驚擾牠，這樣就有機會於半公尺內近距離觀察，在野生鳥類

↑ 黑冠麻鷺吃完蚯蚓後總是滿嘴的泥巴。嗯，看起來似乎很滿足？

中，牠算是最可親「近」的。人類應該在都會中多保留一些泥土地，牠才有蚯蚓可食用，否則能與人近距離相處的鳥可能就只剩下野鴿子了。

黑冠麻鷺主要攝食蚯蚓，也會攝取昆蟲、蛙類、蜥蜴及魚類等，是肉食性動物，最近還有人拍到過牠吃麻雀的樣子呢！

牠的繁殖期在三至九月都有記錄，但以三至五月較常見，這期間常可聽見牠的求偶鳴叫聲。

 不要懷疑，這條魚牠整條吞下肚了。牠們也會跑去養殖場大快朵頤喔！

黑冠麻鷺的雌雄鳥共同築巢，牠們在低海拔森林及竹林的樹上，將巢築於分岔的樹枝間。雖然對樹種無特定偏好，每年築巢地點經常是固定的，交配後產卵，一窩以三、四枚最常見。雌雄親鳥會共同分擔築巢、孵卵及育雛的工作，這一特徵和其他鷺科成員，如夜鷺、小白鷺等很像。

鷺科家族的其他成員也一起亮相吧！

首先是**夜鷺**，從牠的名字大概就可以推敲出牠也是喜歡夜間活動的「暗光鳥」。不過，白天還是可以見到夜鷺的活動，是很容易觀察的水鳥。牠主要以溪流中的魚蝦為食，獵食時相當專注，仔細觀察牠在水邊獵食的模樣，會讓你有意想不到的收穫。

夜鷺成鳥雌雄羽色相同，與亞成鳥羽色差異很大，在成群的夜鷺裡，我們可以大約可以從羽毛、顏色樣式分辨出牠們的長幼。牠們是一種體色造型都很美的鳥類。

還有一位為人熟知的鷺科成員，是俗稱「白鴒鷥」的**黃頭鷺**。牠也是台灣普遍留鳥。

春夏時分，黃頭鷺的頭、頸、喉及上胸飾羽為橙黃色，嘴為黃色，腳黑色，其他部分為白色。冬天時，牠全身羽毛均呈白色，嘴喙還是黃色。因為經常立於牛隻背上啄食蟲子，所以又稱「牛背鷺」，但並非單以啄食牛背上的蟲子為食。

「亞成鳥」是什麼？

鳥類從蛋孵出之後，大致可分為「雛鳥」、「幼鳥」、「亞成鳥」、「成鳥」。各階段時間長短因鳥種類不同會有差異，也有部分鳥種無明顯分界。亞成鳥階段介於成鳥與幼鳥之間，一如人類的青少年。

農民整地耙田時，聰明的黃頭鷺還會跟在「鐵牛」（耕耘機）後方，地下的蚯蚓被鐵牛翻起，牠們便輕鬆飽餐一頓。都市中沒有鐵牛，只好靠自己覓食，但黃頭鷺如果在工地看見怪手，還是會聰明地跟著怪手。

和冬季的黃頭鷺很像的是**小白鷺**，牠身體是白色，嘴和腳均為黑色，腳趾為黃色。和黃頭鷺比較起來，小白鷺的頭形、嘴形都較為細長，而黃頭鷺則明顯較為粗短，喙又是黃色，容易區分。小白鷺也常可在溪邊見到。

台灣溪邊還常能看到兩種冬候鳥：中白鷺、大白鷺。

中白鷺的體型只比小白鷺稍大，體長約差十公分。但牠們的嘴喙黃色，腳與趾皆為黑色，和嘴喙為黑色的小白鷺很容易區分。

大家倒是容易將**大白鷺**與中白鷺混淆。大白鷺全身白色，頸、腳甚長，身

↑ 黃頭鷺在春天繁殖時期頭部及上胸飾羽為橙黃色，雌雄親鳥會共同育雛喔！

↓ 白鷺屬小白鷺。是台灣普遍留鳥及過境鳥、不普遍冬候鳥。

↑ 中白鷺，嘴喙黃色，尖端帶有黑色。

↓ 白鷺屬大白鷺。中白鷺冬天的時候黃色嘴尖有一段是黑色的，而大白鷺嘴尖則沒有黑色，這是分辨大白鷺和中白鷺方式之一。要記住喔！

↑ 由於和人類生活非常近，因此黑冠麻鷺被「路殺」的機率也很高。開車行路務必注意喔！

長約九十公分，腳、趾皆為黑色。牠來台度冬時並非繁殖期，此時嘴喙黃色，背及前頸無飾羽，常出現於海邊、河口、沼澤、沙洲、湖泊等水域地帶覓食。有群棲習性，常混於中、小白鷺群中，伸著 S 形的長脖子慢步於水中。

在城市中記得仔細觀察黑冠麻鷺，也不要忘記找機會尋覓其他鷺科成員的蹤跡喔！

↑ 台灣地區的夜鷺、黃頭鷺、小白鷺會在同一片樹林築巢，如相思樹、竹叢、野桐、白匏子、木麻黃等，這樣聚集而生的景象俗稱「鷺鷥林」。

① 下列哪一種鷺科鳥類，目前在台灣多為普遍留鳥？

（A）蒼鷺。（B）黑冠麻鷺。（C）中白鷺。（D）大白鷺。

② 關於黑冠麻鷺的敘述，下列何者正確？

（A）為近年引進的外來種。（B）是稀有的鳥類，與黑面琵鷺同被列為保育類。（C）都市、公園、學校常有機會看到，在台灣已有很多繁殖紀錄。（D）和夜鷺一樣夜間活動，以溪中魚蝦為主食。

③ 關於亞成鳥的敘述，下列何者錯誤？

（A）亞成鳥皆可從羽色與成鳥區別出來。（B）亞成鳥階段介於成鳥與幼鳥之間。（C）亞成鳥就像人類的青少年時期。（D）夜鷺、黑冠麻鷺的亞成鳥羽色明顯與成鳥不同。

④ 目前在台灣的鷺鷥林，沒有下列哪一種鷺科鳥類成員？

（A）夜鷺。（B）小白鷺。（C）黃頭鷺。（D）黑冠麻鷺。

【解答】

① （B）黑冠麻鷺。

　　說明：蒼鷺、中白鷺、大白鷺都是冬候鳥喔！

② （C）都市、公園、學校常有機會看到，在台灣已有很多繁殖紀錄。

　　說明：黑冠麻鷺不是外來種，現在也不是保育動物了，而且牠主要攝食蚯蚓，並非溪中魚蝦喔！

③ （A）亞成鳥皆可從羽色與成鳥區別出來。

　　說明：有些鳥類的亞成鳥羽色很難與成鳥有所區隔。

④ （D）黑冠麻鷺。

　　說明：鷺鷥林中只有夜鷺、黃頭鷺、小白鷺喔！

第 3 堂課
預告秋天的台灣欒樹

↑台灣欒樹，樹冠圓傘形的落葉喬木，需要充足日照，喜歡生長於向陽山坡地。

每年夏末秋初，公園、人行道、高速公路旁，都可以看到調和著綠、黃、紅三種色彩的樹木，正預告著氣溫即將轉涼，秋日就要到來。那就是台灣欒樹，一排排台灣欒樹的美，真的很獨特……

外國人也肯定台灣欒樹的美

你可知道？台灣欒樹據說最早是由一位英國人發現的。十九世紀末有一位來台灣的植物收藏家奧古斯汀·亨利（Augustine Henry）在恆春採集到的，因此台灣欒樹又叫**亨利氏欒樹**。

還有一位美國學者 M.E. 馬蒂亞斯（M.E. Mathias），是加州景觀樹種的撰稿人，也比台灣大眾更早認識欒樹的獨特與美麗，早在一九七六年的著作中，就將台灣欒樹列為「全球亞熱帶名花木」之中。

看來台灣欒樹和外國人似乎很有緣啊！

↑圓錐花序。

為什麼植物名中
有個「舅」字？

意思是指和另一種植物外
觀很相似，但在分類上不
一定有較近的關係。
大都只是植物界中的「明
星臉」而已。如鼠麴舅、
欖仁舅等。舅取意於「外
甥多似舅」。

↑ 台灣欒樹的根與莖因為人行道設置的限制，無法自由伸展。我們常常如此粗心地對待行道樹，其實在種植行道樹時應該要多留一些空間給樹木，它們健康我們也才安全。

台灣常見的美麗行道樹

　　九〇年代前後，我們開始注意到台灣欒樹的四季之美。一九九七年，台北市天母忠誠路的誠品書店在週年慶時推出「天母欒樹節」，以「欒樹」為主題舉辦活動，大受歡迎，士林區公所又辦了「欒樹嘉年華」，經過媒體報導的加持，台灣欒樹的名號慢慢響亮起來。台灣欒樹還是宜蘭與嘉義的「縣樹」喔！

　　台灣欒樹為台灣特有種，其故鄉原本在中南部低海拔山區，現在已經遍及全台了。

　　台灣的夏日豔陽高照，以前大家認為行道樹最主要的功能就是提供避暑的綠蔭。後來，人們又慢慢體會到行道樹還可以美化都市、淨化空氣，馬路若只剩來往的車輛，就會給人單調、醜陋印象。隨著生活品質層次的提升，除了「實用」大家開始追求賞心悅目的美感，於是植樹從「綠化」概念提升為「綠美化」概念，許多新市鎮、新道路都會種上當時最熱門的樹，台灣欒樹也是這十多年來的當紅炸子雞之一。然而，雖然台灣欒樹有「原生種」做為護身符，一昧跟風種植，真的就不會引發任何問題嗎？

　　十年樹木，大約種樹十年之後，答案漸漸浮出檯面。

象徵浪漫秋意的台灣欒樹

　　在繼續深究之前，先來認識台灣欒樹。就從秋季時的滿樹金黃開始吧。

　　它的鮮黃色花朵其實很小，花徑大約〇‧五公分，與荔枝、龍眼同為**無患**

子科的成員，它們共同的特徵是，細小繁多的花朵集合成頂生於枝端的大型**圓錐花序**，因此開起花來便蓋滿樹冠頂層。花朵色彩較荔枝、龍眼明豔許多，整排台灣欒樹一旦一起開花，非常醒目。秋風輕輕吹起，朵朵黃色小花便如雨點般飄落，人行道、安全島如同鋪上一張金黃色地毯，所以台灣欒樹又被稱作「金雨樹」。

台灣欒樹的黃花紅果

　　這「金雨樹」翩翩落下的不是花瓣，而是花朵，台灣欒樹的花朵是**兩性花**與**單性花**共存，開花後，五個花瓣常會向後仰，花蕊更明顯地張伸，基部一抹紅暈，吸睛效果十足。雄蕊的花絲上長滿了絨毛，兩性花中的雄蕊已經退化，僅剩下雌蕊仍具功能。

↑台灣欒樹開花的樣子。花蕊向外明顯伸長。
↓台灣欒樹雄花，雄蕊七至八枚。

　　黃金雨下過之後，很快就長成串串紅果，顏色由淺粉、嫩紅，到豔紅，慢慢地轉變。仔細觀察還可以發現每個果實都鼓脹著，像個三角形的氣囊，猶如眾多小紅燈籠高掛樹梢，因此又被稱為「燈籠樹」。

　　這滿樹的黃花紅果常常同時出現在樹梢，若未能仔細觀察，有不少人還以為台灣欒樹能夠開出兩色花朵。

　　果實是膨大的**膜質蒴果**，由粉紅色的三瓣片合成，淡紫紅色會轉成紅褐色再轉成咖啡色，每瓣內能有一、兩個圓形黑色的種子，種子能靠著瓣片隨風飄散。

　　正當果實漸漸由鮮紅色轉變成棕褐色時，葉子也悄悄地由綠轉黃，秋風再起，一樹金黃隨風搖擺，飄落滿地秋色，只留下枝條陪伴樹幹，默默度過寒冬，等待來年春天。

↑台灣欒樹兩性花。雄蕊已經退化。
↓台灣欒樹慢慢成熟的果實。

春天一到，台灣欒樹會從光禿禿的枝條上長出鮮嫩的綠葉。葉為二回偶數或奇數羽狀複葉。葉子很像苦楝，故有「苦楝舅」之稱，稍可區別的地方是苦楝葉子較小，小葉與小葉之間的空間較大，為二至三回羽狀複葉，不開花也未結果時，光靠葉片的確容易混淆。但若逢花季，就可明顯區分了。

苦楝的花為淡紫色，果實橢圓形核果。台灣欒樹約於九至十月開花，花黃色，圓錐花叢頂生。

這麼美麗的樹也引來爭議？

說回台灣欒樹的爭議。近幾年台灣欒樹引爆了紅姬緣椿象的問題，許多地方都有大量蟲體產生的困擾，免不了又是一番移樹與否的建議。

↑ 豔紅色的果實。
↓ 成熟的種子。

最早約始於一九九九年十二月中旬在台中市，爾後全台各地陸續發生。

紅姬緣椿象經常於每年三至四月開始繁殖，雌性個體產卵地點常集中在台灣欒樹落下的蒴果、落葉和台灣欒樹的樹皮上。卵長成若蟲，到成蟲約需四、五十天，成蟲的壽命約二個月。

這期間紅姬緣椿象的幼蟲大軍常常聚集於台灣欒樹上及其周邊環境，數量眾多，難免引人恐慌。但事實上紅姬緣椿象只會吸食樹液，對人體無害，對樹木

↑ 這是台灣欒樹的葉，為二回偶數或奇數羽狀複葉。光看葉片很難辨識它是苦楝還是台灣欒樹。

↑↗ 苦楝的花為淡紫色，花絲連成筒狀。果實呈橢圓形核果，成熟時為黃褐色，是鳥雀喜歡的食物，尤其是白頭翁。

↑ 紅姬緣椿象若蟲。

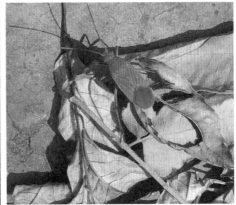
↑ 紅姬緣椿象成蟲。

影響也不大，只不過是生態系中的一環。尊重牠，不需因為害怕而想屏除牠，因為牠可以當白頭翁、綠繡眼、小雨燕、赤腰燕、家燕及麻雀等鳥類的食物，對整體環境是正向的。如果噴藥撲殺，反而破壞生態、汙染環境。

在食物鏈中，紅姬緣椿象正是生態系中的初級消費者，提供次級消費者食物。而且牠的生命周期並不長，大量聚集現象不會持續太久。

紅姬緣椿象大量發生可能是因為台灣欒樹植株變多，使牠們有充足的食物，族群自然會增加。要靠次級消費者攝食初級消費者，數量才能再次取得平衡，而達到平衡需要時間，無論是過多或是過少，我們要有耐心，尊重自然，給大自然時間。

若蟲是什麼？

若蟲是指漸進變態類（不完全變態）昆蟲的幼蟲期。若蟲除了沒有翅膀及生殖器官外，其他形態與成蟲都很接近。

① 下列行道樹中,何者為台灣特有種?
  (A)木棉樹。(B)洋紅風鈴木。(C)台灣欒樹。(D)樟樹。
② 下列行道樹中,哪一種在不開花時,葉形和台灣欒樹最相似?
  (A)山櫻花。(B)茄冬。(C)樟樹。(D)苦楝。
③ 關於台灣欒樹的特徵,下列敘述何者正確?
  (A)花季主要在秋天。(B)能開出黃色及紅色兩色花朵。(C)雌雄異
  株,單性花。(D)和荔枝、龍眼同為無患子科,果皮多肉。
④ 哪一種昆蟲主要以台灣欒樹的汁液為食?
  (A)草蟬。(B)瓢蟲。(C)紅姬緣椿象。(D)獨角仙。

〔解答〕

① (C)台灣欒樹。
  說明:木棉樹、洋紅風鈴木都是引進外來種。樟樹為原生種,但非特有種
  喔!
② (D)苦楝。
  說明:專心上過這堂課就會知道,苦楝葉子的照片看起來真的很像台灣欒
  樹呢!到了花季就容易區分了!
③ (A)花季主要在秋天。
  說明:台灣欒樹是黃花紅果,並不是有兩種顏色的花朵喔!另外,它有兩
  性花和單性花,而且,雖然它和荔枝、龍眼同為無患子科,但它們都沒有
  多肉的果皮喔!
④ (C)紅姬緣椿象。
  說明:正因為台灣欒樹變多,所以以台灣欒樹汁液為食的紅姬緣椿象族群
  也開始增加,造成民眾恐懼。其實這只是自然的一環,不用擔心喔!

第4堂課
我家在樹上！
認識樹蛙家族

「抱接」是什麼？

這是兩棲類的一種特殊行為，是指雄蛙抱在雌蛙背上。很多國中課本會寫成「假交配」，主要目的是避免同學誤會兩棲類是體內受精。

「哪裡有青蛙呢？」一提到這個問題，大家第一個想法就是有水的地方應該就有蛙，所以要找青蛙，就應該要到池塘、溪流、水溝、濕地、稻田。那麼樹上呢？樹上會有青蛙嗎？

樹上有青蛙嗎？

樹上的確有機會找到蛙類蹤影喔！但樹上的蛙大都在休息或睡覺中，所以安靜無聲，加上保護色，要觀察到並不容易。

這類蛙類是怎麼上樹的？牠們利用膨大成吸盤狀的趾端，吸附在樹幹上，或藉此在枝葉間活動，牠們是誰？就是常以樹林為家的**樹蛙**。樹蛙這個名詞是從英文 Treefrog 直接翻譯而來。台灣共有十二種樹蛙，包含屬於樹蛙科的十一種，及樹蟾科中的中國樹蟾一種。其中七種樹蛙可是僅分布於台灣的特有種，非常珍貴喔！

大家印象中的樹蛙幾乎都是綠色的，但事實

↑ 白天貼在樹幹上休息的面天樹蛙。吸盤超強，一點都不需要擔心會滑下來。

↑ 仔細觀察褐樹蛙的吸盤吧！

上，十二種樹蛙之中只有六種是綠色的，所以不能光憑綠色來判斷是否為樹蛙，要觀察吸盤才行。

在樹上睡飽了，晚上才起床覓食

全世界約有一百九十種樹蛙科成員，主要分布在亞洲、非洲，歐洲、美洲及澳洲都沒有樹蛙族群。

↑ 褐樹蛙抱接，下面是雌蛙，上面是雄蛙，雌雄個體差很大。

↓ 莫氏樹蛙抱接，雌雄體型差不多大，雌蛙產卵時得辛苦地踢出「泡沫型卵塊」。

牠們是夜行性動物，在白天多半是身體平貼著樹幹、葉片或地面，瞇著眼睛，躲著睡覺，晚上就醒來活動。樹蛙只看得見會動的東西，因此飛過或爬過牠們眼前、長得比牠們小的昆蟲、蚯蚓、毛蟲等，都是牠們的食物。但死掉的蟲體，由於不會動，牠們也就不會去吃了。換句話說，如果想養牠，就得幫牠準備活生生的食物才行。

平時牠們的生活是安靜低調的，繁殖季節到來時，牠們便會朝附近水域移動，無論是池塘、水田、溪流、山溝，甚至是菜園裡的儲水桶附近。春天的晚上最容易聽到雄蛙吸引雌蛙的鳴叫聲，各類樹蛙的叫聲各有特色，如果有興趣學習辨識蛙鳴，會是很有成就感的一件事喔！

繁殖這件事花了牠很多心思

樹蛙的繁殖是體外受精、卵生。所以「抱接」的結果並非將精細胞送到雌體內，在雌體內產生受精作用。抱接的目的是**傳遞產卵的訊息**，以確保雄蛙和雌蛙在同一時間產生卵子與排出精子，增加受精機率。

部分樹蛙類會直接將卵產於水中，多半聚成一團黏在石頭上。這樣可以免於水分散失，而且蝌蚪孵出來後就直接在水中生活，例如褐樹蛙便是將卵產於溪流緩水域中。

台灣有五種綠色樹蛙及白頷樹蛙是用**泡沫型卵塊**的方式產卵，雌蛙產卵時，會用後腳將黏液、精液，混著空氣攪拌成團，這一團就是「泡沫型卵塊」，就像一個小型棉花糖。

↑ 莫氏樹蛙媽媽辛苦的成果，白色棉花糖一般的「泡沫型卵塊」。

↓ 高掛樹上的樹蛙泡沫型卵塊，位置約有三公尺高。

把卵藏在樹洞裡的艾氏樹蛙

樹蛙除了在水邊陸地或植物體上產卵，有的也會將卵一粒粒黏在樹洞或竹筒壁上的，如艾氏樹蛙。有機會路過竹林時，聽到「逼……逼……」聲不妨找找艾氏樹蛙的身影。

在樹洞棲息的艾氏樹蛙卵及蝌蚪生活範圍很小，不易躲避天敵，加上無卵殼，水分不足就容易枯乾，另外還得考量孵化為蝌蚪之後的食物。為了讓蝌蚪有食物可吃，他們解決的方式是雌蛙回到樹洞產卵，當作蝌蚪的食物。這種吃卵長大的獨特性質，和一般以素食為主的蝌蚪不相同。在台灣，只有艾氏樹蛙有這種特殊的生殖行為。

↑ 艾氏樹蛙將卵黏在洞壁上，水中的天敵就吃不到了。

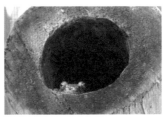

↑ 繁殖季節時，竹管中常常看得見這樣的風景。但人一靠近，蛙兒就再度躲到水裡了。

↑ 全身都露出來了，相對於左圖躲在竹筒內只露出半張臉。出了洞才有機會看到全身。

大部分的蝌蚪生活在水中，主要以藻類為食，雖然如果有死蝌蚪或小動物掉到水裡死了，牠們也會主動啃食，不過仍多以素食性為主。

樹蛙的生活史

樹蛙的生活史中具有變態過程。所謂「變態」是指由幼體到成體突然的轉變，這是界定所有兩生類的一種特徵，在所有的脊椎動物中只有牠們有變態過程。

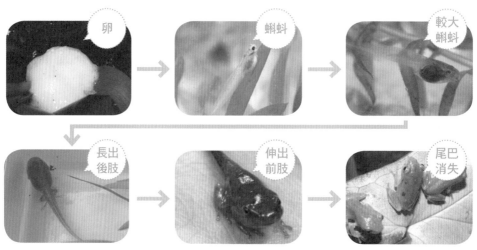

↑ 以台北樹蛙為例，觀察蛙的變態過程。

你可曾好好觀察過蝌蚪的發育及變態過程？

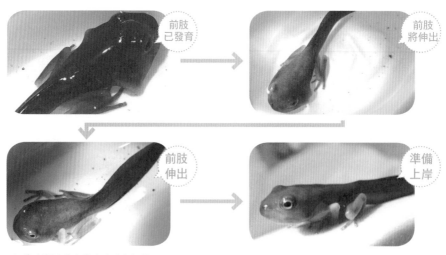

↑ 莫氏樹蛙伸出前肢的過程記錄。

蝌蚪在發育中期會先伸出一雙很細的後腿，我們可以觀察到後腿慢慢長大變粗的過程，前肢則不然，前肢是一直藏在胸前的透明袋中發育，蝌蚪末期才會成型，等到接近變態的時候才會伸出來，一伸出來，就是已經完全發好的前肢了。牠們會利用伸出來的前肢擋住用鰓呼吸時的出水孔，使剛變態的小蛙自然而然地放棄使用鰓，完全改用肺及皮膚呼吸。

↑ 這是莫氏樹蛙。蛙的後肢是在體腔外發育長大的。

蝌蚪期的長短隨環境溫度、食物而異。在溫度適中、食物充足的情況下，大約一個半月就可以變態成小樹蛙。

小樹蛙為肉食性，吃的東西比較小型，例如蚊子、果蠅、小蟋蟀，隨著牠們漸漸成長，能吃的東西愈來愈多，也愈來愈大隻。

認識了樹蛙的特徵之後，若想進一步親近樹蛙，可選擇在牠們的繁殖季節時跟著蛙鳴尋找看看，如果幸運的找到了綠色樹蛙，相信你一定會喜歡上這麼可愛的小生物。進而會想到愛護牠們的棲地與環境，這樣就達到了生態保育的目的了。

↑ 變態的小蛙還帶有尾巴，然後逐漸萎縮消失。從尾巴分解出來的養分，正好供給剛變態而全身細胞都需要養分的小蛙利用

↑ 漸漸長大的小翡翠樹蛙。
↓ 已經長大的台北樹蛙。

① 下列哪一種樹蛙不是綠色的？
   （A）白頷樹蛙。（B）翡翠樹蛙。（C）莫氏樹蛙。（D）台北樹蛙。
② 樹蛙的共同特徵為何？（A）泡沫型卵塊。（B）有吸盤。（C）綠色。
   （D）以上皆是。
③ 關於樹蛙的敘述，下列何者正確？
   （A）為體內受精、卵生。（B）蝌蚪與蛙食性皆以肉食為主。（C）樹蛙
   的一生都在樹上活動。（D）蝌蚪以鰓，成蛙以肺和皮膚為主要的呼吸器
   官。
④ A～E為蝌蚪到蛙的變態過程，下列何者為其正確順序？
   A：長出一對小小的後腳。B：長出一對小小的前腳。C：長出一對已發育
   完成的後腳。D：一對已發育完成的後腳，後長出一對小小的前腳。E：一
   對已發育完成的後腳，之後伸出兩隻已發育完成的前腳。F：尾巴慢慢消
   失。
   （A）A→D→F（B）B→A→F（C）A→E→F（D）C→B→F

【解答】

① （A）白頷樹蛙。
   說明：仔細上過這堂課，就會找到白頷樹蛙的照片，請觀察牠的顏色，不
   是綠色喔！
② （B）有吸盤。
   說明：不是每種樹蛙的卵都是泡沫型卵塊，艾氏樹蛙的卵就不是喔！另外，
   也不是每種樹蛙都是綠色喔！
③ （D）蝌蚪以鰓，成蛙以肺和皮膚為主要的呼吸器官。
   說明：樹蛙是體外受精，蝌蚪多為素食性，雖然少數肉食。另外，樹蛙並
   不是終其一生都在樹上活動，繁殖期牠會移動至水域以便求偶。以上觀念
   記得不要搞混了喔！
④ （C）A→E→F
   說明：一口氣搞懂蛙類的變態過程，你就會是生物小高手了喔！

常用 光學儀器

顯微鏡、望遠鏡、手機、相機、放大鏡、眼鏡，這些工具有一個共同點，那就是幫助人們「看」。顯微鏡讓我們看得更精細，望遠鏡讓我們看得更遠，相機讓我們可以反覆再三地看……一起認識這些常用的光學儀器吧！

常聽說的光學儀器有放大鏡、望遠鏡、照相機、顯微鏡、眼鏡……等，雖然最多人使用的應該是眼鏡與放大鏡，然而最少人擁有、課堂上卻最愛考的則是生物課中才會用到的顯微鏡。

使用率這麼低的東西，為什麼還要學呢？因為許多研究工作全都離不開顯微鏡。

將微小物品影像放大的「神器」

顯微鏡泛指可將肉眼不可見或難見的微小物品影像放大，放大到能被肉眼或其他成像儀器觀察到的工具。透過**複式顯微鏡**我們可以將物體放大一千倍左右。其構造組成為：**目鏡、物鏡、粗調節輪、細調節輪、玻片夾、載物台、反光鏡與光圈**……等。將物體放大的主角是**目鏡**與**物鏡**兩個鏡頭。

想要知道放大倍率請記得這個公式：**放大倍率＝目鏡倍率 × 物鏡倍率**

所以，只要用十倍目鏡搭配一百倍物鏡就可以將想要觀察的細胞影像放大一千倍了。

其他構造是用來做什麼的呢？「調節輪」是用來調整焦距，使物體成像清晰的。「光圈」與「反光鏡」則是用來調節適當亮度的。

如果想要拍下上課中顯微鏡下的影像，最簡單的方式就是直接以手機鏡頭對準接目鏡即可，至少可以記錄下課堂中短暫的驚鴻一瞥。

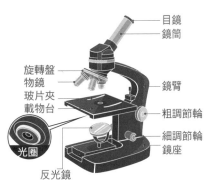

目鏡
鏡筒
旋轉盤
物鏡
玻片夾
載物台
鏡臂
粗調節輪
細調節輪
鏡座
反光鏡
光圈

其他顯微鏡

　　還有另外一種顯微鏡，放大倍率約十到四十倍左右，沒辦法用來看細胞，稱為**解剖顯微鏡**。如果你想觀察一些肉眼無法清楚呈現的生物構造，例如昆蟲的眼睛、蚊子的口器、蝴蝶翅膀上的鱗片、植物的花藥、葉片上的星狀毛、蕨類的孢子囊堆……等等，只要藉由解剖顯微鏡，就可以清楚看到立體、完整的構造。

↑ 這是用手機顯微鏡看千元大鈔的某一角，猜猜看這是誰的臉？成像解析度當然是不及正牌的顯微鏡，但是價格便宜且方便攜帶。

　　解剖顯微鏡比較特別，通常都有兩個目鏡鏡筒，如此才能保留雙眼視覺才有的「立體感」。

　　光學顯微鏡誕生至今已有三百年歷史，是一種古老儀器，如今也能和相機一樣，披上「數位」的皮，走拉風的路。在這條拉風的路上，最晚誕生、功能卻又遙遙領先的，就是手機，特別是**智慧型手機**。

↑ 顯微放大鏡。

　　這也是光學儀器嗎？因為身兼照相功能，所以也算光學儀器喔！它的照相功能甚至把小型數位相機都打敗了，甚至還有**手機顯微鏡**喔！根據產品的不同，三十至一百倍左右較為常見。

　　當然，還有更簡單的工具，如：**顯微放大鏡**，倍率從十倍到四十倍不等。和智慧型手機、解剖顯微鏡相較之下，它的優點是價格便宜、攜帶方便。

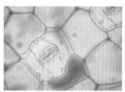

↑ 顯微鏡放大，再以手機拍攝的紫背鴨趾草下表皮組織的表皮細胞與保衛細胞。
↓ 以顯微鏡放大，再以手機拍攝的鐘形蟲。

選用適合輕便的工具，將大自然看得更清楚！

　　俗話說「工欲善其事，必先利其器」，傳統顯微鏡雖功能齊備，然而畢竟昂貴且不方便攜帶，學習也不該受限於工具而只局限在實驗室裡。李老師建議，**如果想進行自然觀察，只要善用周邊簡單便宜好用的工具即可。**

　　同學可以將手機帶到操作顯微鏡的課堂上，細胞、孢子囊、孢子、花粉粒……等的放大影像都可以拍得不錯，會動的鐘形蟲、眼蟲、水螅、輪蟲……等也都成功以手機錄下畫質不錯的影片。

　　只要看得清楚，能體會觀察的樂趣，就能延伸肉眼的局限，何必拘泥於工具呢！

10月 戶外探險去！

第 1 堂課

美麗的芒草是未來重要的替代能源？

秋天到了，你是不是常在野外見到一片白茫茫的芒草風景呢？
它們可不是「雜草」喔！

第 2 堂課

我們是「肉腳」一族！認識蝸牛與蛞蝓

蝸牛和蛞蝓長得很像，一個有殼，一個沒殼，
一起來認識「肉腳」一族吧！

第 3 堂課

老師，有蛇！認識牠就不用恐懼牠

在學校裡發現蛇的時候，你是不是驚慌失措忙著找老師來呢？
上完這堂課，也許你會對牠改觀喔！

第 4 堂課

老師，又有蛇了！要打一一九嗎？認識常見蛇類

原來蛇的身上有這麼多有趣的小祕密呀！
見到牠不要急著打一一九，最標準的作法應該是……

 **生物先修班 10　光合作用**

學習重點：認識光合作用。

美麗的芒草是未來重要
的替代能源

↑ 秋天最具代表性的草本風景。

一到秋日，「賞芒」就成了一大出遊盛事。陽明山區、草嶺古道、桃源谷⋯⋯都是著名的賞芒景點。踏青解壓之際，也可以一起來認識這片金色風景中的要角「芒草」，除了構成美麗怡人的景致，它同時也是未來重要的替代能源喔！

台灣秋日最具代表性的風景

↑ 白背芒分布範圍廣，海拔二千三百公尺以下都有。

台灣的草地若未經刻意整理，常給人雜亂無章的感覺，然而「芒草」常常在秋天開出毛茸茸、掃把狀的花穗，漫山遍野開上一整片，形成一種特殊的美感。

這片風景中的主角為禾本科，以芒屬為主，細分不易，我們以芒草籠統稱之，其中族群分布最廣、最多、最常看到的是白背芒。白背芒常群聚生長，遍生台灣低海拔的向陽坡上。它的花及果實長有白色長毛，我們所賞的芒花，主要是芒草花序上那些絲狀毛。其他較少見的還有五節芒，但和白背

芒是不同植物，春夏季開花，分布以中南部為主。

葉背明顯蒼白

↑ 白背芒葉背比五節芒蒼白，葉緣粗澀，容易割傷皮膚。如果碰到它，要小心別割傷了喔！

最常見的是「白背芒」

白背芒是多年生高大草本，具匍匐地下莖，只會趴在地面生長，又稱「橫走地下莖」。莖上的節可以抽芽長高，地上莖高可達二至三公尺。葉片細長剛勁，像是寬度較窄的甘蔗葉，葉緣粗澀具堅硬的鋸狀小齒，含有矽質，能割傷皮膚。

每到深秋，從白背芒的莖頂便會抽出圓錐狀大花序，直立鋪散，長約三十至五十公分，我們所賞的美麗芒花，其實就是一整個既長又密的花序，如果沒有過敏困擾，可以剪下一枝細細觀察喔！花穗在初期時呈淡紫色，長約三十到五十公分，成熟後轉為淡黃褐色或灰白色，每枝花穗包含數十枝小支穗，每一小支穗再各自開出約數十到近百朵小芒花。芒花雌雄同株，小花有雄蕊三枚，雌蕊兩枚但有兩根花柱，柱頭像支小毛刷。授粉後結成長橢圓形果實，成熟種子帶著白毛，可以幫助它傳播，協助它飛得更遠。

看起來像「野草」，實際上很有價值！

因為它看似平凡又容易繁殖，現代人眼中常看不見它的價值。但以前的人很懂得利用它的優點，例如製成掃把、臥蓆，編成茅草屋擋風遮蔭、作為飼養水牛的牧草等。如今，還是可以從各處觀察到芒草生命力旺盛。無論是山坡、水邊、乾旱地、鹹濕地，甚至是火災燒過或是重金屬汙染的惡劣環境，它都能生

↑ 白背芒花穗在初期時呈淡紫色，長約三十到五十公分，成熟後轉為淡黃褐色或灰白色。

↑ 白背芒果實成熟後轉為淡黃褐色。

↑ 灰頭鷦鶯常於芒草叢中穿梭。

↑ 翠鳥也常於站立於溪邊芒草上。

↑ 斑文鳥在芒草叢中的模樣。

長，可說是十足的台灣原生種性格。在生態上當然也有它重要的一席之地，它具有水土保持功能，是能維護坡地水土的護坡植物。芒草草原還能提供許多生物生存的空間，綠繡眼、白頭翁、翠鳥、斑文鳥、褐頭鷦鶯、夜鷺等常見鳥類都常在芒草上跳躍、覓食、築巢。芒草更是許多弄蝶科幼蟲的食草，看似平凡的它可是聯繫著許多動物的生活喔！

　　芒草甚至是未來重要的替代能源喔！歐美有些國家近年來積極種植芒草，打算做為生質能源的重要原料。台灣已找出多種優良品種，投入育種研究，培育生長更快速的芒草。未來，台灣芒草或許能扮演「煤燃料替代能源」的重要角色！

↑ 綠繡眼也是芒草叢中的常客。
↓ 白頭翁也喜愛於芒草叢中玩耍喔！

比芒草更早感知秋天的甜根子草

　　秋天還有另一種重要植物，它不在山丘上出現，而是在河床砂礫地上開花。它就是甘蔗的近親，將河川染成一片雪白的甜根子草。

　　甜根子草於中秋節前後開花，比白背芒稍早，南台灣花期早於北部。它的花序有絲狀毛，在花穗剛抽出來時就是純白色，開花結果後花穗會脫落到只留下中心的軸，其他的分枝都掉光，這一點和白背芒不同。莖為實心，一叢叢分開生長，許多叢連成一大片，常大規模地在各河川河床上開花，景色非常壯觀。葉片狹長成條片，葉寬約一公分，較白背芒窄，整體而言，甜根子草的植株比白背芒顯得秀氣許多。

↑ 甜根子草，花穗剛抽出來時就是純白色。

↑ 甜根子草常生長於河川地、溪畔。

《詩經》中的「蒹葭」指的是蘆葦

「蒹葭（ㄐㄧㄢ ㄐㄧㄚ）蒼蒼，白露為霜，所謂伊人，在水一方。溯迴從之，道阻且長，溯游從之，宛在水中央。」《詩經 · 秦風》中的「蒹葭」就是蘆葦，也是秋天開花，也是毛茸茸的花穗，也是禾本科家族成員。

聽過蘆葦的人遠多於見過的，相較於芒草和甜根子草，它的確較少見，因為蘆葦一定要在水邊沼澤地才能存活。但分布範圍還算廣泛，所有水岸、溼地都可能有它的蹤跡。

蘆葦，常泛指蘆葦屬植物，常見的有蘆葦和開卡蘆。從生長環境就可輕易區別它們：蘆葦分布於沿海地帶，偏好生長在稍有鹽分的土壤上，而開卡蘆通常生長在低海拔的潮濕山區、河邊。

它們是多年生草本植物，具有地下匍匐莖，植株由地下莖長出。莖粗而高大，中空有節，葉互生，花序同為密集的圓錐狀花序。冬天來時，整個植株迅速枯黃，新植株於來年春季時，重新由地下莖生出。

蘆葦屬的水生植物具有發達的地下莖，故無性繁殖迅速，常常在短短幾個月之間，便能占滿一片水域。其族群在變動的環境中極為穩定，耐洪水沖刷，莖部木質化並可耐暴雨。當

↑ 蘆葦的莖節非常分明，每個節的部位都長出一片葉子。葉片狹長似竹葉。

↓ 相較於甜根子草與芒草，蘆葦在台灣較不常見，它總是密集生長成一大片，莖卻根根分明不長成叢。

它們大片長成時，隱密度相對提高，恰好能提供昆蟲、爬蟲、水鳥（如白腹秧雞、紅冠水雞）等生物一個良好的棲息地。

蘆葦更是淨化水質的植物之一，所以人工溼地常常栽種蘆葦，以便淨化水質。

芒草、甜根子草、蘆葦比一比！

名稱	「白背芒」代表	甜根子草	蘆葦
屬別	芒草屬	甘蔗屬	蘆葦屬
葉片	寬度約一‧五公分。	寬度不超過一公分。	長度較短，似加長的竹葉。
花穗	朝單方向展開、顏色介於米黃色和褐色之間。	向四面八方展開、顏色潔白富光澤。	花序長度較前兩者短，約十五至二十公分，為白綠色或褐色。
花期	十一、十二月為主。	五至十月。	秋天為主。
分布	分布最廣。丘陵、荒野及荒廢的地區。	乾旱的河床地上或溪畔砂石地。	灌溉溝渠旁、河堤沼澤、沿海濕地。
景點	基隆山步道、桃園虎頭山登山步道、礁溪聖母登山步道等。	新店溪、大漢溪、大甲溪、八掌溪、蘭陽溪。	淡水關渡八里、彰化福寶溼地、嘉義鰲鼓溼地。
其他	小穗梗可製成掃帚。	葉片細長，花色白。	葉形似加長的竹葉。莖中空。

秋季出遊時，欣賞美麗的芒草、甜根子草、蘆葦，也別忘了它們不僅美麗，對人類的生活還有各種益處呢！

① 若到海邊濕地賞鳥,看到沿岸水裡一整片的草本植物開著大串淡褐色花穗,最有可能為下列何種植物?

（A）白背芒。（B）甜根子草。（C）五節芒。（D）蘆葦。

② 如果秋天到在河川邊濕地賞鳥,乾旱的河床地上或溪畔砂石地看到沿岸水裡一整片的草本植物開著銀白色花穗,最有可能為下列何種植物?

（A）白背芒。（B）甜根子草。（C）五節芒。（D）蘆葦。

③ 下列哪一項並非是芒草、蘆葦、甜根子草這三種植物的共同特徵?

（A）都是單子葉植物。（B）花期主要在秋天。（C）為同科同屬的植物。（D）對於環境都是有益的植物。

④ 關於白背芒的敘敘,下列何者正確?

（A）未來極可能為生質能源的重要原料。（B）只是一種雜草,沒有什麼價值。（C）多生活在水邊,溪邊、海邊或河口。（D）就是五節芒,主要於端午節前後開花。

〔解答〕

① （D）蘆葦。

說明:蘆葦最喜歡分布於沼澤、濕地,因此最有可能是蘆葦喔!

② （B）甜根子草。

說明:甜根子草最喜歡分布於乾旱的河床地上或溪畔砂石地,你答對了嗎?

③ （C）為同科同屬的植物。

說明:三者為同科不同屬的植物。它們都是禾本科植物,分別屬於不同屬喔!

④ （A）未來極可能為生質能源的重要原料。

說明:它不只是無價值的雜草,而且分布地也不是水邊,而是丘陵、荒野及荒廢的地區,它更不是五節芒喔!請問你答對了嗎,生物小高手?

第 **2** 堂課
我們是「肉腳」一族！
認識蝸牛與蛞蝓

↑ 蝸牛和蛞蝓。

常聽到「肉腳」這兩個字，你知道動物界有誰是名副其實的「肉腳」嗎？答案是蝸牛和蛞蝓，牠們全身上下都是柔軟的肉，如果牠們不是「肉腳」，那麼誰才是呢？一起來認識「肉腳」一族吧！

身體「軟趴趴」的就是軟體動物嗎？

蝸牛、蛞蝓這些「肉腳」是屬於腹足綱的軟體動物，先來認識軟體動物吧！一聽到軟體動物，大家可能會覺得都是些身體柔軟的動物，自然就想到蚯蚓、水蛭、蠶寶寶等身體「軟趴趴」的動物，可惜這幾種動物都不是軟體動物喔！

軟體動物共同的特徵是：身體柔軟不分節，有外套膜，有些具有石灰質的堅硬外殼保護柔軟的身體，牠們都沒有真正的內骨骼。外套膜是什麼呢？這是由動物背側皮膚皺褶向上延伸形成的。

軟體動物成員高達十萬多種，在動物界中數量僅次於節肢動物，牠們有大有小，由十八公尺長的

「外套膜」是什麼？

是蝸牛身體背部皮膚的皺褶，所延伸形成的薄膜，位於身體與內臟團背面，夾在殼與軟體間，可保護身體，也可分泌碳酸鈣與貝殼質使殼成長。

大王魷魚到溪溝中常見的一公分大小的蛤，應有盡有。常見的有三大類，如下表。

常見軟體動物三大類

	腹足類	斧足類（瓣鰓類）	頭足類
例子	螺、蝸牛、蛞蝓、鮑魚。	蚌、牡蠣、文蛤。	章魚、烏賊。
特徵	具有一螺旋形的殼。	具有兩片殼。	足的一部分形成環繞口部的腕。

蝸牛、蛞蝓就是屬於表格內軟體動物中的腹足綱。

天涯海角都「有家可歸」的蝸牛

如果能像蝸牛一樣，一生下來就有自己的房子，是不是很令人羨慕呢？但若如果換算成人的比例，一隻蝸牛背負著一個殼，就相當於一個三十公斤中的孩子，身上背著約一百公斤的房子，而且走到天涯海角都得背著，不是那麼輕鬆的。

↑ 蝸牛的兩對觸角，眼睛位於大觸角頂端。

蝸牛屬於無脊椎動物軟體動物門腹足綱群組，只要是**生活與繁殖都在陸地的貝類都統稱為蝸牛**，並不是生物分類學上的一科或一屬。

大部分蝸牛頭部前端有兩對觸角，和昆蟲的觸角不同（就像天牛、蝴蝶的觸角是不可伸縮的），蝸牛的觸角可伸縮自如，亦可縮入自己的肉體內。口器兩側的一對前觸角比較短，又稱為小觸角，可分辨味道以尋找食物，頭部背面還有一對較大的觸角，末端有黑色的圓形小眼球，又稱為眼觸角。蝸牛眼睛可以感光，辨別明暗，可是看不清楚，只能分辨前方有沒有東西。也有些蝸牛只有一對觸角，眼睛就長在這唯一一對觸角的基部，如山蝸牛科。

蝸牛殼的小祕密

蝸牛殼的螺旋方向，分為二種，順時針方向生長的稱為右旋型，反之則稱為左旋型。該怎麼判斷？只要將蝸牛的殼頂向上，殼口面向自己，殼口在你右側者即為右旋型，殼口在你左側者則為左旋型。左旋右旋和種類有關，由基因決定，大部分蝸牛為右旋型，煙管蝸牛是最常見的左旋型，台灣東南部美麗有名的斑卡拉蝸牛也是左旋型。

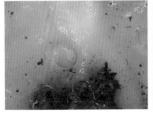
↑ 一般蝸牛卵的表面為膠狀基質，柔軟有彈性。剛由卵孵化出來的蝸牛背上就有殼了。

↑ 蝸牛殼螺旋方向分為兩種，螺旋順時針方向為右旋型，逆時針方向為左旋型。

↑ 小有破損的蝸牛殼。

蝸牛殼是「外套膜」分泌製造的，主要成分為碳酸鈣與貝殼質。蝸牛一生出來，背上就有殼，隨著蝸牛成長，牠的殼徑也會隨之變大，殼高也隨之增加喔！是不是很神奇？蝸牛小時候殼的邊緣很薄且不整齊，成長之後蝸牛殼的邊緣會漸漸變厚，整齊平滑。如遇到小破損，也可以經由外套膜加以修補。殼的表面常覆蓋著一層殼皮，是由一種硬蛋白所組成，如果殼皮受損或脫落，是無法再生修補的。

↑ 這是台灣盾蝸牛。外觀盾狀，周圍具「殼毛」，各螺層平緩，殼褐色，殼表具斜向長紋。普遍分布於低中海拔山區陰暗潮濕的林下葉面，數量不少。

↓ 這是台灣盾蝸牛的幼蝸，殼背較淡，具明顯的褐色斑紋

蝸牛殼的型態、顏色各異，可以作為蝸牛分類的標準，但通常最令大家覺得奇怪的是居然有「殼上長毛」的蝸牛。這些殼毛其實是殼皮的衍生物，也是由硬蛋白所組成。有些蝸牛殼表面上密布殼毛，有些則只在螺層周緣上圍個幾圈毛。殼毛的功能是什麼呢？至今尚無定論，一般推測可能與蝸牛的防禦、感覺與水分保持有關。

「肉腳」蝸牛怎麼生活呢？

大家應該會對於「肉腳」蝸牛的生活很有興趣吧！牠身體柔軟，全身只有肉，沒有骨頭，腹面是肉質的腹足，這就相當於牠們的腳，可以用來爬行前進喔！蝸牛還會分泌一種黏黏的液體濕潤腹足，幫助腹足抓牢物體，也保護腹足不被尖銳物弄傷。蝸牛的皮膚並不像我們具有保水的角質層，體內水分蒸散過多容易死亡。身體伸出殼外時，皮膚的腺體會分泌出一些黏稠液體覆蓋其上，以減緩水分的散失。這些黏液就是韓國當紅蝸牛面膜的關鍵成分喔！

大部份蝸牛都用肺呼吸。多數為雌雄同體，具有雌雄兩套生殖器官，但通常都為異體受精，牠們會在臉孔一側的交配器中交換精子，然後產卵於土中、落葉下或朽木下。

↑ 蝸牛產卵。有些蝸牛卵含有碳酸鈣，較為堅硬，在胚胎發育時可以當作造殼元素。

「無殼蝸牛」蛞蝓

所謂的「無殼蝸牛」就是蛞蝓了！陸生蛞蝓是蝸牛的近親，但牠們的殼大多已退化，少數種類仍可見一小片無螺旋的薄片。牠們的身體分**頭部**、**腹足**和**內臟**三部分。柔軟的身體，兩對觸角，眼睛位於大觸角前端，右觸角後方有一呼吸孔，這幾個特徵都和蝸牛一樣。

台灣的蛞蝓分屬兩類：**皺足蛞蝓**和**黏液蛞蝓**。「皺足蛞蝓」只有一種，體色深褐或黝黑，有一條細但明顯的淺色背中線，背部具厚的革質，有顆粒突起，常見於平地公園綠地、花圃或田邊。

「黏液蛞蝓」顧名思義較會分泌黏液，且因體色較淡有深色斑，因而又俗稱「鼻涕蟲」，體表光滑濕黏，體長二至十五公分，有的生活於平地，也有的生活於山上，但相較於蝸牛，蛞蝓的種類很少。

蝸牛和蛞蝓大多數素食性，以菌類、瓜果、野菜等植物為食，只有少數肉食性蝸牛、蛞蝓以蚯蚓、蛞蝓或其他蝸牛為食。白天，這些「肉腳」一族多躲藏在草叢雜木底或牆角，晚上才出來覓食或交配，但若在下雨潮濕的天氣，白天也可以看見牠們出來活動。

很多人常在花園、菜園或買回家的蔬菜裡發現過蝸牛的蹤跡，也許你會看見牠正在吃你種的花或菜，數量不多時就請別用藥，以免汙染環境。遇見這些「肉腳」，可以親子一起順便進行自然觀察，將有意想不到的樂趣喔！

↑ 殼退化不完全，僅存小片的貝殼，此類蝸牛則通稱為「半蛞蝓」。

↑ 皺足蛞蝓，體色黑而寬扁，摸起來感覺較乾燥。分布很廣。記得，別拿鹽巴撒在牠們身上喔！這會造成牠們身體乾燥失去水分而死亡！

↑ 雙線蛞蝓，普遍生存在潮濕多雨的地區，通常在夜晚活動。

① 下列哪一種動物不屬於軟體動物？

（A）海參。（B）章魚。（C）蛞蝓。（D）干貝。

② 有一種動物常被人類拿來比喻沒有自己房子居住的人。大名鼎鼎的「無殼蝸牛」一般指的是哪一類動物？

（A）海牛。（B）海蛞蝓。（C）蛞蝓。（D）寄居蟹。

③ 關於蝸牛的敘述，何者正確？

（A）又稱陸螺，但和螺一樣，以鰓為主要呼吸器官。（B）隨著身體漸大，殼也會跟著長大。（C）雌雄同體，大都為自體受精。（D）食性主要為肉食。

④ 下列何者為蝸牛與蛞蝓的共同特徵？

（A）與蚯蚓同為軟體動物。（B）孵化時無殼，長大時就長出殼來。

（C）主要為日行性，大都在白天出來活動。（D）大部分種類具有兩對觸角。

【解答】

① （A）海參。

　　說明：海參屬於棘皮動物，不是軟體動物喔！

② （C）蛞蝓。

　　說明：蛞蝓和蝸牛算是「近親」，殼已經退化了，所以就被稱為「無殼蝸牛」。

③ （B）隨著身體漸大，殼也會跟著長大

　　說明：其他選項都是錯的喔。蝸牛並不是以鰓呼吸，而是以肺呼吸。他們雖然雌雄同體但是異體受精，另外，他們主要是素食性喔！生物小高手們，你答對了嗎？

④ （D）大部分種類具有兩對觸角。

　　說明：生物小高手是否發現了？其他選項都不對喔！首先，蚯蚓是環節動物，和屬於軟體動物的蝸牛蛞蝓不同類。蛞蝓終生身上都沒有殼，蝸牛則是一出生身上就背著殼。最後，蛞蝓、蝸牛都是喜歡夜間出沒的喔！

↑ 紅斑蛇吞盤古蟾蜍的樣子。牠是無毒蛇，在捕食大型的獵物時，都是用身體緊緊纏住獵物，獵物只要一呼吸，牠就會纏得更緊，直到獵物因為窒息而死。

第 3 堂課

老師，有蛇！認識牠就不用恐懼牠

長久以來，無論是東西方，蛇都不是受歡迎的動物，甚至常常背負沉重的邪惡罪名。事實上牠不邪惡，不像外表看起來那麼濕黏，也鮮少主動攻擊人。想克服對蛇的恐懼，就先從「認識」牠開始吧！

脊椎骨數量第一？不會眨眼睛？蛇的各種小祕密

大家對於蛇最深刻的印象就是身體細長，沒有四肢，吐著蛇信。樣貌看起來陰森恐怖，又似乎有毒，對人有害。於是在校園中，往往大家一看到蛇就驚慌失措，大喊：「老師！有蛇！」事實上，對於蛇並不需要如此恐懼。希臘神話中，蛇是智慧的象徵，也代表生命的復甦，因為蛇會蛻皮，蛻皮之後的蛇更亮麗有精神，因此也象徵神祕的療癒能力。我們下意識對蛇感到害怕，是因為對牠欠缺完

為什麼牠們可以有時吃少有時吃多？

因為蛇消化食物速度很慢，如果吃得多，消化時間可能要長達數天。又由於蛇為外溫動物，所以蛇的消化速度也與外界溫度有關，在攝氏二十五度時，會較利於消化作用進行。

← 紅斑蛇將盤古蟾蜍吞下肚後，身體明顯看得出蟾蜍體型輪廓。可以吞下比身體還粗的獵物是蛇的特技之一。

↑ 蛇沒有眼皮，永遠是張開著眼，所以也不會拋媚眼喔！

↑ 過山刀為日行性蛇類，瞳孔成圓形。

↑ 青竹絲為夜行性蛇類，白天瞳孔成垂直狀。

整的認識。

　　事實上，蛇的許多小祕密，會讓你聽得目瞪口呆喔！身體細長是蛇的最大特點。牠的脊椎骨數目很多，最少的有一百六十個，最多可達六百個以上。這個數字可是很驚人的，因為我們人類只有三十二塊脊椎骨而已。而蛇確實是脊椎動物之中，脊椎骨數量最多的！

　　蛇屬於爬蟲綱中有鱗目或蛇亞目的動物，生活環境因種類而易，棲息地十分多樣，山上、森林、溪邊、洞穴、住家附近，甚至是沙漠、海洋中都找得到蛇類身影。

　　蛇的視覺和我們一樣是依靠眼睛，但種類不同視力也各不相同，有些視力極佳，有的全盲，大部分蛇的視力就像近視眼的人。比較值得一提的是，牠們沒有**眼瞼**構造，所以不會眨眼睛。但多數蛇的眼睛具有**眼窗**保護，這是一層特化透明的鱗片，所以也會隨著蛻皮時更新。

　　不同的蛇類在適應不同的環境時，視力好壞、眼睛大小及瞳孔形狀都會有所差異。例如，盲蛇眼睛已退化到只能感受明暗，無法辨識影像，而樹棲性的蛇，視覺較發達，眼睛比例也比其他蛇類較大。

↑ 在放大鏡下可以清晰看見盲蛇的鱗片以及退化的雙眼。

↓ 盲蛇外觀狀似蚯蚓，是台灣最小型的蛇。

「外溫動物」是什麼？

外溫動物又稱變溫動物，即其體溫隨著環境溫度的改變而改變。動物界中，除了鳥類以及哺乳類之外，全都屬於外溫動物。

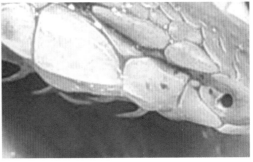

↑ 白腹游蛇「吐蛇信」。　　　　　　　　　↑ 蛇的牙齒向喉嚨方向傾斜，如此便可防止食物逃脫。

蛇有張「血盆大口」？

　　蛇的食物因種類會略有不同，不過，大多數蛇類都是肉食性。兩棲類、鳥類、小型哺乳動物、魚類等各種脊椎動物都可能成為牠們的餐點。蛇的食量多不固定，捕到的食物少，就少吃，或不吃，捕到的食物多，就大吃特吃，還可以吞下比自己大的食物。為什麼牠們能有這張「血盆大口」呢？這是因為蛇的上下顎骨沒有完全接合，左右下頜骨只以韌帶相連，因此口部才能張這麼大，吞下比身體還粗大的獵物。

舌頭牙齒不只是用來吃飯的

　　蛇要搜尋食物，並非單靠著眼睛或耳朵。牠們視力不佳，也無耳孔構造，聽力方面近乎聾子，僅能感應到較低頻的震動。那麼牠們要靠什麼搜尋食物呢？原來舌頭可以幫大忙！們都具有分叉明顯的舌頭，迅速吞吐，這種「吐蛇信」的動作，可偵測外界環境，以彌補其他感官上的缺憾，幫助牠搜尋食物或躲避敵害。

　　偵測到食物之後，蛇通常是以口咬住，再慢慢吞下肚。

　　蛇不是沒有牙齒，但牠們的牙齒並不是用來咀嚼食物的。牠們的牙齒，都向喉嚨方向傾斜，如此構造可防止入口的食物逃脫。毒蛇通常都另有一至三對長得較長的毒牙，經由毒牙可排出毒腺分泌的蛇毒。蛇毒呈半透明粘稠狀液體，依照組成及毒理作用，可分成出血性與神經性蛇毒兩類。當人被毒蛇咬傷，蛇毒便會經由傷口，沿血液、淋巴進入循環系統進而擴散至全身，引起一連串中毒症狀。

↑ 即將進入蛻皮的赤背松柏根。

↑ 赤背松柏根蛻下一張完整的皮。

蛇也會脫下舊衣換新裳？

　　許多小朋友都有舊衣磨損後，換買新衣服的經驗吧？蛇也會為自己汰換衣裳，那就是蛻皮現象。

　　蛇就像其他爬蟲類一樣，有真皮和表皮兩層皮膚。蛇鱗負責保護體內組織，由表皮層的角質蛋白堆積而成，與真皮層形成的魚鱗相異。

　　自我防禦或環境危害時，皮膚的表皮難免會有些磨損、外傷，所以必須定期地更換，這時，表皮的基層藉著細胞分裂產生新的細胞以換掉舊的，這個過程就是蛻皮。

　　蛻皮以前，蛇身上的花紋會變得暗淡無光，眼睛蒙上一層白色的薄膜，這段時間蛇的視覺變差，所以會暫停活動隱藏起來，數天之後，蛇的眼睛又清澈了，變得有生氣有活力，幾天之後就開始蛻皮。蛻皮時，會先借助較硬的物體，以吻端摩擦、使力，舊皮很快就會從嘴部開始龜裂，最後脫掉，就像我們脫掉襪子一般。脫掉的舊皮是無色的，但保有原來蛇皮的紋路特徵。

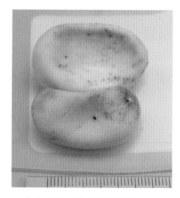
↑ 未做好保濕的蛇蛋會因為失水而扁塌，胚胎無法成功發育。

　　脫掉了舊皮，蛇換上一層閃亮的新皮膚，就像人穿上新衣一樣。蛻完皮後，穿上新衣的蛇就會去找食物和水了。

更多蛇的小祕密

　　蛇屬於**外溫動物**，以肺呼吸。

　　以體內受精進行繁殖，大部分的蛇為卵生。繁殖期間牠們會尋找枯木、腐木、洞穴等適合卵發育的場所產卵，以避免卵被吃掉，此外，這些場所還需兼具

保暖與保濕這兩大特點，以供胚胎發育時水分與氧氣的需求。蛇的卵殼不像鳥類的硬殼，是柔軟又具滲透性的，可以直接吸收水分與氧氣。每窩卵數從一、兩個到數十個不等，孵化期約二至三個月，小蛇就破殼而出了。

有一些蛇為胎生（卵胎生），母蛇會將受精卵留在體內，直到發育完成便將小蛇逐一產出。對於生長環境較差的蛇來說，胎生似乎是更有利的方式，胚胎在發育過程中得以在母體內受到保護。

這和胎生哺乳類的發育方式有什麼不同呢？胎生哺乳類胚胎發育過程中所需的養分是經由胎盤、臍帶，從母體取得的，而蛇的胚胎發育，養分無法全由母體取的，有些仍由卵黃所供應。

一下子要了解這麼多蛇的習性特徵不是件容易的事，如果能在野外不期而遇，尤其是遇見無毒的小蛇時，不妨輕悄悄地靠近觀察，也許就降低了緊張或害怕的情緒了。

「卵胎生」是什麼？

這是一個較舊的名詞，以前指的是「受精卵留在母體的生殖道內，藉卵本身的卵黃質發育成幼體，直到胚胎發育完全才生出來。」如大肚魚、孔雀魚等。現在因為科學上已經累積許多證據，發現這些稱為卵胎生的胚胎時期，發育過程中並非只用卵黃的養分，也會由母體得到養分。目前這名詞已經從國高中課本中移除了。

↑ 蛇去卵空，和鳥類有所不同。蛇類不像鳥類有孵卵及育幼的行為，鳥類孵化後會繼續在巢穴長大，而蛇類是直接離開卵孵化的巢穴。

① 下列何者不是蛇類的特徵？

　　（Ａ）全身濕濕黏黏的，讓人不敢觸摸。（Ｂ）有鱗片。（Ｃ）會蛻皮。
　　（Ｄ）都是以肺呼吸。

② 蛇的生殖方式為下列哪一項？

　　（Ａ）卵生。（Ｂ）胎生。（Ｃ）卵胎生。（Ｄ）卵生或胎生。

③ 關於蛇的攝食行為，下列敘述何者錯誤？

　　（Ａ）能吞下比自己的口還大的食物。（Ｂ）蛇都定時定量，每天吃下一定
　　量的食物。（Ｃ）絕大多數蛇為肉食性。（Ｄ）蛇的種類不同，偏好的食物
　　也各不相同。

④ 關於蛇類性質描述，下列何者正確？

　　（Ａ）會主動攻擊人，固為害蟲。（Ｂ）有毒蛇占大多數，有必要清除蛇
　　窩。（Ｃ）為外溫動物，氣溫過低時會有冬眠行為。（Ｄ）吐蛇信的目的在
　　於宣告勢力範圍，無關感覺。

【解答】

①（Ａ）全身濕濕黏黏的，讓人不敢觸摸。

　　說明：蛇的表皮上有鱗片，是乾爽不潮溼的。

②（Ｄ）卵生或胎生。

　　說明：蛇多為卵生，但有的母蛇會將受精卵先留在體內，直到小蛇孵化後
　　才一一產出。所以蛇有卵生和胎生喔！

③（Ｂ）蛇都定時定量，每天吃下一定量的食物。

　　說明：蛇的食量根據牠捕到的獵物數量而定，捕得少，就吃得少，捕得多，
　　就大吃特吃啦！

④（Ｃ）為外溫動物。

　　說明：蛇不會主動攻擊人，所以不必將牠看成害蟲。「有毒蛇居多」也是
　　錯的，更不要隨意清除蛇窩，以免破壞生態平衡。另外，吐蛇信有助於探
　　查環境情勢，以補足視力、聽力的不足。生物小高手，你答對了嗎？

第 **4** 堂課

老師，又有蛇了！
要打一一九嗎？認識常見蛇類

↑ 有蛇的自然環境才是健康的大自然！

遇到蛇該怎麼辦？我該打一一九嗎？我該打死牠嗎？我該拿石頭丟牠嗎？該如何分辨這條蛇有沒有毒？有時在路上見到被車撞的蛇屍，部分駕駛自以為這是在「為民除害」，殊不知，這其實是一種錯誤行為。為了避免當「生態殺手」，讓我們再次更深入認識蛇⋯⋯

有蛇的大自然才是健康的大自然

在上一堂課已經簡介過有關蛇的許多小祕密。要讓大家真正接納蛇、認識蛇，是必要的難題。

由於蛇類特殊的外形與神秘的習性，加上部分種類有著致命的劇毒，自古以來人們對蛇是既敬又畏，但大多還能在大自然中與蛇類和平共存。而現代人離自然遠了，欠缺相關知識，心理上又盲目的厭惡或害怕，造成一遇到蛇常常就是立刻打死牠，有人則是刻意捕捉蛇類來進補或賣錢。

這些都是不對的，生態系中，蛇類是無價的自然資源，牠們與人類健康的生活有密切關係。在食

> 「台灣六大毒蛇」
>
> 為赤尾青竹絲、雨傘節、龜殼花、眼鏡蛇、百步蛇、鎖鏈蛇。
> 六大毒蛇中除赤尾青竹絲外，均為保育類。

物鏈中，蛇類能有效地控制老鼠與蟲害數量，間接減少鼠類對於農作物、人體健康與生活的危害。蛇類除了自己是消費者，同時也是某些更高階消費者的食物，例如老鷹。少了牠，這條食物鏈便會失去平衡，因此，有蛇的大自然才是健康的大自然。

↑ 又見路殺。圖為被單車輾過的青竹絲。

打一一九之前，先認識哪些蛇有毒！

台灣的陸生蛇類約四十六種，具有毒性的種類共十六種，其中有可能致人於死的僅十二種。十二種之中常見的「六大毒蛇」裡，有五種被列為保育類，換句話說，大部分的毒蛇已經不常見了。

也就是說，我們如果遇到了蛇，假設牠的花紋不是鼎鼎有名的那六大毒蛇，便不必太害怕。蛇幾乎不會主動攻擊人，人蛇相遇時，蛇多半也會很害怕地溜走。

所以，與其驚慌失措地想打一一九或是找人求救，不如真正認識牠們吧！

最常見的毒蛇赤尾青竹絲

台灣六大毒蛇中最常見、數量最多的是赤尾青竹絲，又稱為赤尾鮐。牠是中小型蛇，體長最大約可達九十公分，屬於蝮蛇科的毒蛇。具有一個常被當作有毒特徵的典型三角形頭部，頭頂沒有大型鱗片，全為細小鱗片，全身為草綠色、

翠綠色或深綠色，尾巴末端為磚紅色，在野外非常容易辨識。多數的雌蛇在身體兩側，腹部和背部交接處，有一條白色細縱線，雄蛇則是白、紅兩條的細縱線，在蛇類中是少數可以大略辨識出性別的。牠的鼻孔與眼睛之間有一個明顯的頰窩，可感覺熱以確認攻擊對象。尾部短小，可纏繞在樹枝上。

眼睛

頰窩

赤尾青竹絲喜歡棲息在中低海拔和平地的樹林、灌叢、竹林、果園、水田、溪溝邊等環境，在竹林裡有著極佳的保護色。白天夜晚牠都會活動，

↑ 白天在樹上休息的青竹絲。照片中的這隻青竹絲較可能是雌性。
↓ 青竹絲具有頰窩感溫，白天瞳孔垂直。

↑ 只要看到綠色的身體，紅色的尾巴，就知道是牠了！青竹絲！

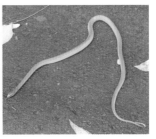

↑ 同為綠色的身體，但沒有紅色尾，頭型不同，頭頂為大型鱗片，這是無毒的青蛇。

但在夜間活動較為頻繁。以兩棲類、蜥蜴、鳥類和老鼠為食物。胎生，一次可產三至十五隻小蛇。

　　容易被誤認為赤尾青竹絲的，當然就是其他同為綠色的蛇，在台灣只有青蛇、灰腹綠錦蛇這兩種蛇也是綠色的。但只要多看一眼，仔細辨識，就不易混淆。

聽起來很可怕的龜殼花是保育類！

　　龜殼花為中型毒蛇，體長最大不超過一百五十公分，體背為黃褐色或棕褐色，並有一系列不規則形的黑褐色斑塊。和青竹絲一樣的地方是，同屬蝮蛇科的出血性毒蛇，擁有容易辨識的三角形頭部，頭頂沒有大型鱗片，全為細小鱗片，背鱗均具有稜脊，腹鱗大。具有頰窩，以及大型毒牙。

　　龜殼花分布於全島中、低海拔地區，主要的棲息地為農墾地、河岸灌木叢、樹林邊緣，也常在住家附近出現。夜間較白日活躍，以鼠類為主要食物，卵生，雌蛇有護卵行為。部分龜殼花個體具有較強的攻擊性，遇晃動之光影便立刻攻擊。

　　與牠外表相似的有擬龜殼花和大頭蛇。但擬龜殼花是無毒蛇，大頭蛇則是微毒，和龜殼花不太一樣喔！

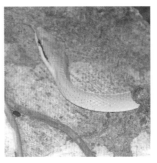

↑ 灰腹綠錦蛇是台灣少見的第三種綠色蛇，漂亮而稀有，千萬別打死牠喔！牠是三種綠色蛇類中唯一具有「黑眉毛」的，眼部有一條過眼黑色縱帶。注意看就能辨識出來喔！

「頰窩」是什麼？

部分蛇類在外鼻孔與眼睛之間具有頰窩，頰窩可以感測紅外線的強度和方向，察覺極小的溫度變化，在黑暗中牠們就可以輕易感測到內溫動物（如齧齒類）的迅速運動。非常靈敏喔！

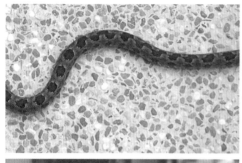

↑ 龜殼花的體背為黃褐色或棕褐色，並有一系列不規則形的黑色斑塊。

↓ 龜殼花的典型三角形頭部、眼後有一黑褐色細縱帶、頸細，頭頂全為細小鱗片，具有頰窩。

↑ 這是擬龜殼花，牠是無毒的喔！

↓ 這是大頭蛇。樹棲性，微毒。

黑白相間的雨傘節

第三種常見毒蛇為雨傘節，為中型毒蛇，最大約可達一百七十公分長左右。體色黑白相間，白色段較短，黑色段較長，黑白分明。牠的頭部不像青竹絲或龜殼花那樣呈現三角形，頭頂也不是細小鱗片。而是呈橢圓形的頭部，具很短的毒牙，毒液為神經毒性，被咬到時不會感覺到劇痛，也不腫脹，容易讓人掉以輕心，延誤就醫，導致毒液侵入神經系統，造成更嚴重的傷害。

雨傘節主要為夜間活動，以蛙類、蜥蜴、老鼠……等為食。全省低海拔地區，如鄰近水域的開墾地、溪流或水塘邊都有機會遇到雨傘節。牠的性情其實很溫馴，行動緩慢，不會主動攻擊人。所以，如果遇見牠，就像遇見其他蛇類一樣，只要轉頭走掉就好，不必著急，更不要傷害牠。

外表與牠相似的是白梅花蛇，但還算好區別。雨傘節的黑白紋邊緣很平整，白梅花的紋路有鋸齒，白梅花的尾部比雨傘節細長，纏繞性也比雨傘節好。

誰是「台灣三大衰蛇」？

　　大家都說「台灣三大衰蛇」就是擬龜殼花、青蛇、白梅花蛇，因為牠們明明無毒卻老是遭人誤會。其實，主要是因為人們對於蛇的認識太少，一條無辜的蛇，只要遇到了無知的人都成了「衰蛇」。學習認識牠們的外表，只是要辨識，並非要剷除牠們。

　　也許你還是不喜歡這一類動物，沒關係，大家保持距離，互不侵犯，依然可以和平相處。下一次看到蛇，不用急著找人幫忙，更不要傷害牠，因為你已經認識牠，也知道牠對人類與大自然的重要性了！

↑ 雨傘節之黑白平整而明確，背脊明顯。

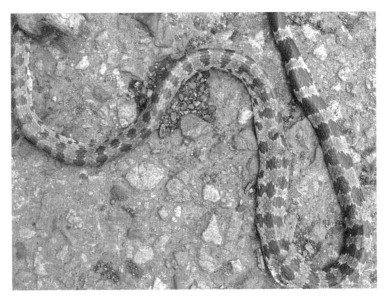

↑ 白梅花蛇橫帶環紋邊界略呈破碎狀，且軀體的中、後段斑紋帶有灰、褐過渡色。這是一條被人打死的衰蛇。

① 走在山路或郊區道路遇見蛇的時候,我們應該如何是好?

　（A）為了避免牠傷害其他路人,可以砸死牠。（B）打一一九,請打火弟兄來處理。（C）轉頭走掉就好,千萬不要傷害牠。（D）可以抓回家煮蛇湯進補或賣錢。

② 關於蛇在生態系中的角色,下列敘述何者正確?

　（A）蛇為初級消費者。（B）蛇類能有效地控制老鼠與蟲害數量。

　（C）蛇類沒有天敵。（D）食性多元,雜食,大部分蛇類吃水果、穀物、青蛙和蜥蜴等。

③ 下列是長得相像的兩種蛇的配對,何者錯誤?

　（A）雨傘節－紅斑蛇。（B）龜殼花－擬龜殼花。（C）赤尾青竹絲－青蛇。（D）雨傘節－白梅花蛇。

④ 下列何者為毒蛇的共同特性?

　（A）頭部均呈三角形。（B）都有頰窩。（C）都產生出血性的毒素。

　（D）都具有毒腺,能產生毒液。

【解答】

① （C）轉頭走掉就好,千萬不要傷害牠。

　說明:聰明的生物小高手,仔細上過這兩堂課,你應該知道怎麼做了!

② （B）蛇類能有效地控制老鼠與蟲害數量。

　說明:蛇會吃其他動物,所以並不是初級消費者喔!蛇類是有天敵的,有的老鷹會吃蛇。蛇類是肉食性,非雜食性。

③ （A）雨傘節－紅斑蛇。

　說明:雨傘節是和白梅花蛇長得很相似,牠和紅斑蛇長得並不像喔!

④ （D）都具有毒腺,能產生毒液。

　說明:不是每種毒蛇頭部都是三角形,雨傘節的頭部就不是三角形。不是每種毒蛇頭都有頰窩,例如雨傘節就沒有頰窩。也不是每種毒蛇頭都是出血性毒蛇,例如雨傘節就是神經性毒蛇。生物小高手,你答對了嗎?

光合作用

常聽到「光合作用」這個詞，可以將太陽光轉化為植物需求的能量，這種神奇的作用，人類想學也學不來。如果不乖乖吃飯，光曬太陽是無法獲得維持生命的能量的！一起來認識「光合作用」吧！

取得太陽能量，轉化為養分

地球上所有生物生存以及人類生活所需的能源，歸根究底幾乎都來自太陽，然而太陽提供的能量，並不一定是生物可以直接取得的。以動物為例，牠們獲得太陽能量的方法，是透過第三者取得，這個第三者，就是綠色生物。綠色生物包含藍綠菌、藻類以及綠色植物，它們身上具有葉綠素，可以藉此進行光合作用，成功有效地將太陽能轉變成化學能，儲存在葡萄糖、澱粉……等養分之中。

葉綠體含有葉綠素和酵素，葉綠素負責吸收太陽光能，藉由酵素的幫助將所吸收的能量把水分解，並釋放出氧氣，接著將二氧化碳合成葡萄糖和水。

像這樣，植物利用光能，將水及二氧化碳合成醣類的機能，就稱為光合作用。其反應過程可分為光反應及碳反應（或稱暗反應）兩種反應，「光反應」指的是將光能轉變為化學能的反應，「碳反應」將二氧化碳合成為葡萄糖的過程。

整個光合作用的過程可用下列化學反應式表示之：

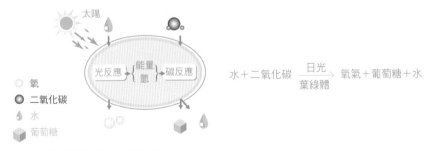

光合作用和生物的關係

「光合作用」有什麼用？非常有用喔！綠色生物藉由光合作用產生的能量，除了提供它們生命所需之外，還可以成為其他生物的能量來源。例如一株草被飢

餓的兔子吃下肚，這時，兔子也將這株綠色植物行光合作用獲取的能量一併給吃下肚了。

除了提供動物維持生命的養分來源之外，人類生活所利用的其他能源如化石燃料也是直接或間接來自光合作用。也就是說，我們現在所利用的煤、石油、天然氣等燃料是數百萬年前的動植物遺骸，埋葬在地層下，經高溫、高壓和細菌引起的複雜化學變化後，累積形成化石燃料。目前全世界每年消耗的能量仍約有百分之九十來自於化石燃料。

換句話說，人類至今，仍在利用植物行光合作用時所儲存的能源。

太陽能去了哪裡？

約有百分之五十為地表吸收後再輻射出去；約有百分之三十被反射回太空；約百分之二十將地表的水蒸發，形成雲、雨及空氣的流動；只有約百分之〇‧〇六被植物用來行光合作用。

「人工」的光合作用可行嗎？

光合作用可能就在一片小小葉子中進行，這看似微不足道的簡單作用，卻是人類無法輕鬆複製的。

一九七三年，人類面臨第一次能源危機，世界各國逐漸意識到石化能源終有不敷使用的一天。尋求高效率、乾淨、好用的可再生能源成為世界科學家的共同目標，而太陽能又隨處可見、源源不絕、零汙染、無須花費等優點而備受重視。

然而，天底下難道會有健康、好吃又免錢的午餐嗎？果不其然，數十年來累積的太陽能板研發與應用雖已為人熟知，卻還是無法達到十全十美。

太陽能電池可以利用材料的光電效應，把太陽光能直接轉換成電能。相較於石化燃料發電對環境的傷害，太陽能發電影響的確較小。然而，製造電池時所使用的電力，仍會產生汙染物，絕非零汙染、零排碳。

「人工光合作用系統」可能是較為新潮的選項。這種系統也想仿效植物，由水製造出氫氣，用水和二氧化碳結合產生出甲醇等燃料。系統由類似塑料的夾層組成，頂層材料吸收空氣中的水和二氧化碳，次層吸收光，利用太陽能生產燃料。

目前，除了各國已經相繼設立人工光合作用研究據點，想搶得製造新再生能源的先機，可見這是未來的潮流。

只要一想到人類處處以大自然為師，向動植物取經，運用在科技文明上，就會深刻認知到人類是多麼渺小。只要多種樹，讓綠色植物盡情進行光合作用，就能使環境更好了！

11月 戶外探險去！

生物先修班 11 維管束

學習重點：
認識維管束、木質部、韌皮部、植物內部養分運輸模式

↑ 「蜻蜓點水」就是產卵。圖中的無霸勾
蜓是台灣最大的蜻蜓，也是唯一的保育類
蜻蜓，因大而美。

第 1 堂課
蜻蜓和豆娘是 小小直升機

看著蜻蜓在空中飛，我們有了竹蜻蜓這種玩具，西方人更進一步發明直升機，直接飛上天，無論是直升機或竹蜻蜓，飛行原理和蜻蜓都有相似之處。

「蜻蜓」和「豆娘」怎麼分？

相較於蝴蝶，蜻蜓是較少出現在都會區的昆蟲。

台灣的蜻蜓超過一百五十種，分類上屬於蜻蛉目，分為**均翅亞目**及**不均翅亞**目兩大類。兩者有什麼不同呢？「均翅亞目」就是我們俗稱的「豆娘」。顧名思義，「均翅」表示牠們的前後翅大小、形狀比較平均，差異不大。在台灣共有九科、四十四種。

「不均翅亞目」指牠們的前後翅大小、形狀是有些差異的。此類即是我們常稱的「蜻蜓」，在台灣共有五科一百一十七種之多。

「飛龍在天」的蜻蜓

蜻蜓的英文是「dragonfly」，聽了是不是覺得

「翅痣」的功能
是什麼？
....
它具有為翅膀加重的作用，可以減少飛行時所產生的抖動，以保持飛行時的平衡。

我們應該替蜻蜓取個綽號「飛龍在天」呢？牠和其他昆蟲一樣，構造分為頭、胸、腹三部分。頭部有一對複眼、三個單眼，觸角很短不明顯，口部的大顎發達。胸部包括前胸，及由中胸、後胸癒合成的合胸，胸部具兩對膜質翅膀，多為透明，翅膀在靠近末端處有塊長方形區塊，稱為「翅痣」。

↑ 蜻蜓的外部型態。

　　牠的腹部分成十節，第一節和最後一節較短，雄蟲最後一節有「攫握器」，也叫「肛附器」，交尾或連結產卵時，可以此部位夾住雌蟲的前胸。雌蟲腹面下有一產卵管，上面有兩根分開的尾毛，從這個特徵可分辨蜻蜓的雌雄。

豆娘是「縮小版」的蜻蜓？

　　豆娘，學術名為「蟌」，外型就像較精緻縮小版的蜻蜓，柔弱纖細，飛行能力較弱。相較於蜻蜓大得幾乎占滿頭部的複眼，豆娘的複眼較小，分布在頭部兩側。牠腹部較細圓，蜻蜓大都粗扁。屬「均翅亞目」的豆娘前後翅相似，停下來休息時，喜歡將翅膀朝上閉合，蜻蜓則是平展在身體的兩側。

　　豆娘和蜻蜓有許多共同點喔！比較整理如下表：

蜻蜓、豆娘比一比！

		我是豆娘	我是蜻蜓
相異特徵	分類	均翅亞目。	不均翅亞目。
	體形	較纖細，腹部細長，渾圓。	腹部較粗壯。
	眼睛位置	複眼分布於頭部兩側。	較大的複眼幾乎占滿頭部。
	翅膀	前後翅大小、形狀相似。	前後翅不相似。
	靜止狀態	翅膀合併豎立背側。	翅膀平展攤開。
共同特徵		成蟲與幼蟲同為獵捕小昆蟲的肉食性動物，有咀嚼式口器，複眼大，單眼有三個，為「不完全變態」。牠們的幼蟲都是生活在水中，通稱為「水薑」。	

蜻蜓的生活史包含**卵、前稚蟲、水薑（稚蟲）、成蟲**，是沒有蛹期的不完全變態昆蟲。

　　雌蜻蜓產卵在水域中，卵約像大頭針的頭那麼小，但肉眼可見。夏天時，卵在水中發育約六至十天即可孵化變成前稚蟲，之後馬上蛻一次皮，變成水薑。水薑可以活上幾個月或一至四年不等，經過數次蛻皮，再羽化為成蟲。

　　大部分種類的蜻蜓多在春、夏、秋季的白天或清晨羽化，很少在冬季的半夜羽化，有些種類一整年都可見到其成蟲。

　　蜻蜓成蟲期的時間很短，約只有稚蟲期的十分之一長，成蟲會捕食蚊類、小型蛾類、葉蟬等，是農業上重要的益蟲。蜻蜓交尾的方式和其他昆蟲不同，我們不會看見兩隻蜻蜓的尾端連在一起，雄蟲會強迫似的以尾端的「攫握器」挾住雌蟲前胸，如二五二頁的杜松蜻蜓。如果雌蟲願意，就會彎曲腹部進行交配。雌蜻蜓和雌豆娘跟雄蟲交配後，都會在水面飛行，多數種類會將尾部往水面輕點，把卵產在水中。這就是「蜻蜓點水」啦！

↑ 蜻蛉目稚蟲都稱為水薑，豆娘水薑纖細，有三片尾鰓可用來呼吸，若斷了，蛻皮時會再長出來。

↓ 蜻蜓的稚蟲水薑，身體較粗短，腹部末端沒有尾鰓，呼吸是靠直腸鰓。

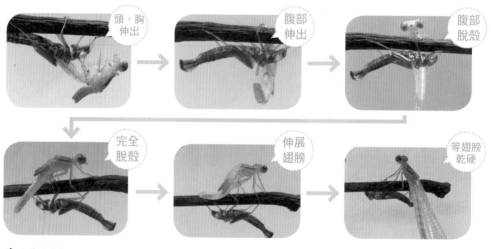

頭、胸伸出 → 腹部伸出 → 腹部脫殼 → 完全脫殼 → 伸展翅膀 → 等翅膀乾硬

⇧ 豆娘的羽化。

常見的豆娘在這裡

由於蜻蜓和豆娘的幼蟲都是生活在水中，所以池塘、溪流、沼澤、水田、人工積水容器、河流、瀑布等，都有機會找到牠。常見的豆娘有**短腹幽蟌、白痣珈蟌、中華珈蟌、昧影細蟌**。

常見的四種豆娘

	短腹幽蟌	白痣珈蟌	中華珈蟌	昧影細蟌
	↑雄蟲 ↓雌蟲	↑雄蟲 ↓雌蟲	↑左雄右雌	
外形	雄蟲合胸側視具橙紅色的勾狀條紋，腹部細長，第一至五節暗橘紅色，其餘為黑色。前翅透明，後翅中央有大面積區塊為深褐色，具金屬光澤。雌蟲胸部條紋與雄蟲類似，但顏色為黃色或黃綠色。	雄蟲全身深綠且泛著藍色金屬光澤，非常美麗，除此之外並沒有明顯的斑紋。雌蟲體色較為黯淡，翅膀尖端前緣的假翅痣被白粉覆蓋，形成一個明顯的斑點，這是其中文名稱的由來。	雄蟲胸部綠色具金屬光澤，翅膀分三截，前半黑褐色，中間白色，末端黑色。雌蟲翅痣白色，明顯。	複眼上半部為綠色下半部為黃色，合胸黃綠色，翅膀透明無色，腹部黃色，第七至十節為黑色。成蟲出現於五至十月。
分布	遍布全台。	低中海拔山區，森林旁的溪流、山溝、瀑布等清澈的水域環境。	多分布於北部低中海拔山區成蟲多在四至十二月出現，喜歡清澈小溪流環境。	主要分布於中北部海拔兩百至二千公尺地區。
特色	牠是最常見的溪流型豆娘，也是台灣特有種。成蟲發生期很長，每年三至十二月都有機會看見。	台灣特有種。	台灣特有亞種。	本土普遍種。繁殖季節時會群聚水塘、溼地。雄蟲會以攫握器抓住雌蟲的前胸，姿勢狀似「L」形，稱為「連結產卵」。

常見的蜻蜓在這裡

不均翅亞目中，常見的有紫紅蜻蜓、鼎脈蜻蜓、善變蜻蜓、杜松蜻蜓等。

常見的四種蜻蜓

	紫紅蜻蜓	鼎脈蜻蜓	善變蜻蜓	杜松蜻蜓
	 ↑ 雄蟲 ↓ 雌蟲	 ↑ 雄蟲 ↓ 雌蟲	 ↑ 雄蟲 ↓ 雌蟲	 ↑ 誰是雄蟲？誰是雌蟲？
外形特色	雄蟲全身為紫紅色，腹眼紅色，合胸、腹部均為紫紅色，末端第九至十節側邊會帶一點黑色斑，翅膀透明，翅脈紫紅色。 雌蟲腹部黃褐色，腹部背面具黑色中線，側視兩邊各有一條縱走的黑色線紋。	雄蟲合胸黑色，翅膀透明，翅痣黑色，後翅基黑色，腹部三至七節灰白色，八至十節黑色。雌蟲合胸側視有兩條黑色斜帶，後翅基褐色，腹部淺黃褐色，側視一至八節有黑褐色縱紋。	翅膀大部分為紅褐色，翅尖端透明，翅脈及翅痣為鮮紅色。雄蟲複眼紅褐色，合胸及腹部紅褐色，腹部背面中央有明顯黑色縱線條紋，左右兩側有不明顯的淡黑條紋，攫握器紅色。 台灣俗稱「紅蜻蜓」中最常見的種類。	雄蟲複眼綠色或深綠色，胸部綠色或黃綠色，側視有六條散亂的黑色斑紋，腹部黑色，第一至三節膨大，第三節後變細，七至十節黑色較粗，腹側具三至四枚白色的大斑，攫握器白色，翅膀透明，翅痣黃褐色。雌蟲外觀近似雄蟲。
分布	分布於低、中海拔山區之池塘、小溪、溝渠等水域。	分布於低中海拔地區之池塘、水田、山溝、沼澤、小溪等水域。	普遍分布於全島。	分布於低中海拔水域。

自然環境因著人為因素變化漸多，蜻蜓與豆娘愈來愈難生存，土地開發利用增加、水域汙染、池沼、溼地面積嚴重減少，甚至是欠缺生態保育觀念的「放生」，也會危害其生存。保護天然水域品質、不隨意放生外來動物、不任意清除水中原有生物，唯有這樣，才能讓這些「小小直升機」繼續快樂飛翔！

① 關於蜻蛉目雌雄蟲體的異同，下列敘述何者正確？

（A）大部分的雄蟲顏色較漂亮，雌蟲較黯淡。（B）大部分的雄蟲較小，雌蟲較大隻。（C）雌雄外形相似，無法由外觀區別。（D）和青蛙一樣是體外受精，卵在水中發育。

② 蜻蛉目中唯一的保育類昆蟲是？

（A）善變蜻蜓。（B）短腹幽蟌。（C）無霸勾蜓。（D）霜白蜻蜓。

③ 下列何者不是分辨蜻蜓和豆娘的方法？

（A）眼睛大小。（B）翅膀、腹部形狀。（C）休息時翅膀的樣子。（D）翅膀的顏色。

④ 關於蜻蜓的性質敘述，下列何者正確？

（A）有一對翅膀。（B）生活史都在陸上完成。（C）捕食蚊類、小型蛾類、葉蟬等，固為農業的益蟲。（D）為完全變態的昆蟲。

〔解答〕

①（A）大部分的雄蟲顏色較漂亮，雌蟲較黯淡。

說明：仔細看看本堂課的照片，就會發現大部分都是如此喔！

②（C）無霸勾蜓。

說明：無霸勾蜓還算常見，是保育類昆蟲。

③（D）翅膀的顏色。

說明：雖然翅膀大小形狀有異，可以分辨蜻蜓和豆娘，但翅膀顏色多半差異不大，因此並不是辨識兩者的憑據喔！

④（C）捕食蚊類、小型蛾類、葉蟬等，固為農業的益蟲。

說明：蜻蜓不只擁有一對翅膀，生活史有好長一段時期都在水中，另外，牠屬於不完全變態昆蟲喔！生物小高手，你答對了嗎？

第2堂課
榕樹不開花就結果？

↑ 牛奶榕的榕果外觀。其實裡面藏有一朵朵小花喔！

提起榕樹大家都不陌生，可以聯想到它四季常綠，樹蔭涼爽，還有，常結滿小果實，引來許多小鳥飽餐一頓，那麼，結果之前不是應該開花嗎？為什麼印象中好像沒見過榕樹開花呢？究竟是我們沒見過，還是它真的「不開花就結果」？

榕樹和無花果是親戚嗎？

不開花就結果，難道是「無花果」嗎？沒錯，無花果正是與榕樹同類的植物，感覺不到它開花就結果了。這類植物在我們生活周遭並不少，除了**榕樹、無花果**之外，**菩提樹、雀榕、稜果榕、牛奶榕**等都是，還有一個大名鼎鼎的清涼食品「**愛玉**」也是。無論在哪一個季節，我們都看不到這些同為桑科榕屬的植物開出我們既定印象中的花朵，只會看到樹幹上或大或小，像果實一般的東西。

「癭」是什麼？

由於外來生物刺激，引起植物產生不正常生長及分化的組織，就是「癭」。昆蟲所引起的癭叫做蟲癭，蟲癭產生的位置在花上稱為蟲癭花。

← 隱頭花序內部其實是長這樣的。一朵朵小花完全被一個囊狀總花托包覆，所以從外看不到花。

以植物學而言，被子植物的有性生殖，大都需要兩性生殖細胞才能形成果實和種子，所以**開花→傳粉→受精→結果**是一定的邏輯順序，果實既然是由花中的子房發育而來，那麼被子植物一定是先開花後結果。

所以說，桑科榕屬成員當然還是會開花，只是它們的花很小、構造簡單。許多小花被包覆在一個由花軸頂端膨大凹陷成中空的囊狀物中，外表看起來就像果實一樣，這個像果實的東西，就叫做**榕果**。其實這是一種花序，稱為**隱頭花序**，結出的果實即為**隱頭果**，榕果是其中一種隱頭果。一朵朵小花被一個囊狀總花托包覆住，從外不但看不見花朵，外觀看起來還比較像果實，這就是為什麼榕樹常被誤以為不開花就結果了。

花都躲起來了，該怎麼授粉？

所有的花都被包在隱頭果裡面，那麼該如何授粉結果呢？別擔心！它們歷經了數千萬年的演化，發展出特別的授粉系統，有一類微小且高度特化的**榕果小蜂**可以進入這些半封閉的榕果中產卵，同時也幫助榕樹授粉，這種高度化的共生關係讓生物學家們公認為自然界中的奇蹟。

有機會採下一顆榕果，就可以觀察到有的榕果末端開了一個小洞，小蜂們就是從這兒進出的。

榕果小蜂協助授粉，但牠自身爬進榕果的目的其實是覓食與繁殖，牠們把卵產在隱頭花序裡的蟲癭花中，幼蟲就在榕果中孵化。就在榕果小蜂進進出出的過程中，也順便幫榕樹完成授粉，這就是**互利共生**。

剖開榕果，發現榕屬植物分兩種

榕樹的小花朵根據功能可分為**雄花、短花柱雌花**（又稱**蟲癭花**）與**長花柱雌花**（又稱**種子花**）。

榕屬植物可依「花」分為兩種類型，第一類，一株植物的每一個榕果內同時具有雄花與兩種雌花，稱為雌雄同株，如正榕、雀榕。第二類為雌雄異株，雄株只產生雄榕果，榕果內有雄花及蟲癭花。而雌株的榕果則只有長花柱

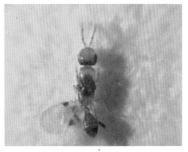

↑ 雀榕的植株結滿了榕果。
↓ 以放大鏡觀察比螞蟻還小的榕果小蜂。

雌花，水同木、愛玉、薜（ㄅㄧ、）荔、無花果都是屬於這一類。

以薜荔為例，**薜荔**的雄榕果發育至雄花成熟並產生花粉時，蟲癭花中子房內的雄性榕果小蜂會先羽化出來，突破蟲癭花，與雌小蜂迅速交尾後死亡，接著雄花盛開釋出花粉，受精後的雌性榕果小蜂由蟲癭中羽化而出，因為身上沾著許多花粉，等於是帶著花粉粒離開雄榕果的。若進入另一個蟲癭花正值成熟的雄榕果，就可以在蟲癭花的子房中產卵。若是進入正逢雌花成熟的雌榕果，由於雌薜荔果內都是長花柱雌花，不適合薜荔小蜂產卵，因此薜荔小蜂在榕果內爬來爬去之後，會再離開去尋找可以產卵的蟲癭花。因為它身上沾著由雄榕果帶出來的花粉，進出之間，就幫了植物完成授粉工作。

也真是多虧這些小蜂們，否則，那麼小一個孔，蜜蜂、蝴蝶、鳥類都進不來，有性繁殖的大媒人若都被拒於門外，植物也難以繁衍至今。而榕樹們也回饋了這些小蜂們，提供特定的小花當作育嬰房！

↑ 從薜荔果外觀不易辨識雌雄，剖開以後才能見真章！

愛玉果凍是什麼？

愛玉「子」在水中搓揉成凍稱為愛玉果凍。因為愛玉的「籽」外層的種皮富含果膠及果膠酵素，這兩種物質在冷開水中，溶解再與鈣作用而凝結成果凍。

薜荔、愛玉是孿生兄弟？

薜荔聽起來似乎是個少見植物，其實校園、公園圍牆上常有它的身影。

它是攀緣性藤本植物，以不定根吸附在牆壁或其他樹幹上。枝條有兩種，一種是會長出較大葉子，也會挺出攀附的牆壁或樹幹，還會結出隱花果的枝條。另一種枝條其上的葉子比較小，枝條是攀附在牆壁或樹幹上，會長出「不定根」。

↑ 薜荔雄榕果中的薜荔小蜂。

↑ 愛玉植株與愛玉果。

↑ 愛玉小果實。

↑ 愛玉子洗出來的愛玉凍。

只要不是由種子發芽長出，而是由莖或葉長出來的根，就稱為「不定根」。

薜荔的葉子卵形或橢圓形，葉端鈍，葉緣全緣沒有鋸齒，背面葉脈的地方有密生柔毛。

果實為倒圓錐狀球形，直徑約四公分，外表有白色斑點，成熟的時候變成暗紫色。很像是縮小版的愛玉。

談起**愛玉**，吃過它的一定比見過它本尊的還多。

愛玉與薜荔的屬名與種小名都相同，換句話說，它們其實是同種但不同變種的孿生兄弟喔！

愛玉經由日籍植物學家牧野富太郎發表命名，後來因英國植物學家認為愛玉與薜荔十分相近，但薜荔在植物分類上學名發表較早，因此現代學者大多將愛玉視為薜荔的變種。兩者外觀仍有一些差異，愛玉的葉較長而尖銳，榕果較大型呈長橢圓狀，多為深綠色，表面散生白色斑點，生長海拔也較高。而薜荔多分布在低海拔地區，葉較小型，榕果較小呈短橢圓形，果膠含量較低，所以一般不會用來製作愛玉凍。

當然了，愛玉跟薜荔一樣，也有專屬於自己的小蜂在幫忙傳粉喔！

↑ 無花果也屬於雌雄異株。但要打開隱頭果才會知道這一棵是雄樹還是雌樹。

↓ 曬乾後的愛玉。可以洗出愛玉凍。

① 下列有關生物間交互作用之敘述，何者正確？
（A）螞蟻取食蚜蟲尾部所分泌的蜜露——寄生。（B）榕屬植物與榕果
小蜂間的關係——互利共生。（C）同一片森林中之綠繡眼與赤腹松鼠
——掠食。（D）大樹與其樹幹上附生的台灣山蘇花——寄生。

② 下列哪一種植物有它們自己專屬的「媒人」負責授粉？
（A）櫻花。（B）茶花。（C）無花果。（D）龍眼。

③ 根瘤細菌與豆科植物的關係，下列何種關係與其不同？
（A）薜荔與薜荔小蜂。（B）蝌蚪與水薑。（C）海葵與小丑魚。
（D）螞蟻與蚜蟲。

④ 關於桑科榕屬植物敘述，下列何者正確？
（A）它們都是不開花就結果，又名無花果。（B）它們的花開在果實
中，一樣有花瓣、花萼、花蕊等構造。（C）它們均為雌雄同株。（D）
外表看起來就像果實一樣的榕果為隱頭花序，結出的果實即為隱頭果。

【解答】

① （B）榕屬植物與榕果小蜂間的關係—互利共生。
說明：小蜂協助授粉不易的榕屬植物授粉，榕樹則提供小蜂產卵的場
所，對雙方的繁衍後代而言都很有幫助！（A）為共生。（C）為競
爭。（D）為片利共生。

② （C）無花果。
說明：無花果的花躲在隱性花序內，授粉不易，所以需要榕果小蜂當
它的專屬媒人，負責授粉工作喔！

③ （B）蝌蚪與水薑。
說明：蝌蚪是蛙類的幼蟲，水薑是蜻蜓或豆娘的稚蟲，水薑會吃蝌蚪，
是掠食的關係，其他選項皆為互利共生關係。你答對了嗎？

④ （D）外表看起來就像果實一樣的榕果為隱頭花序，結出的果實即為隱
頭果。
說明：榕屬植物的花不明顯，但它們一定是先開花才結果的，但它們
的花並非開在果實中，也不一定都是雌雄同株。生物小高手，你答對
了嗎？

第3堂課

為了你的安全，你最好認識我！
辨識有毒植物

↑ 曼陀羅很美吧！別被美色迷惑了！

在野外遊戲時，你是不是也會採一些花花草草來玩？有一些植物花朵美麗、果實誘人，讓人很想吃一口，但可未必安全。還有一些雖不起眼，只是碰到汁液卻也讓人紅腫、痛癢或發炎，你知道為什麼嗎？答案是，你或許遇上了有毒植物！

藥跟毒僅僅一線之隔

除了小孩遊戲時誤觸有毒植物汁液，許多成年人因食用或藥用過量，也常是讓有毒植物躍上新聞版面的原因。這是因為對於植物不是很了解，本來要「採藥」，卻因誤認而中毒。

最常聽說的就是誤用**曼陀羅**。曾有人將曼陀羅煮來吃，結果神經中毒送醫。還有人聽說曼陀羅可以顧肝，於是摘花煮成「曼陀羅養肝茶」，分送友人飲用，後來飲用者有的昏迷，有的出現類似嗑藥症狀，經送醫治療後清醒。

大花曼陀羅屬於茄科木本曼陀羅，花朵呈喇叭

「歸化植物」是什麼？

植物因為引進、偷渡或無意間被人類帶到另一個國度去，並且能在新的國境內自行繁衍下去，就稱為歸化植物。毛地黃就是典型的「歸化植物」。

狀如吊鐘向下垂，曼陀羅全株皆有毒素，尤其以種子、果實和花毒性最強。民間常用它來治療老人咳嗽、氣喘，但使用劑量如未準確控制，很容易因服用過量而導致中毒。它的毒性與藥性在中國古書中早有跡可尋。

民間小說《七俠五義》中的「迷魂藥」，《水滸傳》中的「蒙汗藥」應該都含有曼陀羅。《本草綱目》中也有使用曼陀羅花當作藥物的記載。

因大花曼陀羅全株均有毒性，稍有不慎就有中毒危險，一般在服食後半小之內就會出現症狀，食用者開始覺得口乾舌燥、心跳加快、頭昏頭暈症狀，接著可能出現幻覺、意識模糊、哭笑無常、肌肉抽搐，甚至痙攣昏迷。這是一種神經興奮劑，俗稱「瘋花」。

外觀美麗的曼陀羅竟暗藏如此危險，真是意想不到！

↑ 大花曼陀羅花一般有白色、紅色、黃色或紫色等，果實呈圓筒狀錐形，結果率不高。每年三至十二月為開花期。全台灣各地都有野生或栽培種。

為什麼植物會有毒？

有毒植物和一般植物在外觀上並沒有絕對的差異特徵，無法以顏色、氣味、形狀等特性加以辨別。若無足夠的經驗千萬不要冒然採食，以免引起不必要的傷害。

「有毒植物」泛指對人類或其他動物能造成傷害的植物，並不是一個專有名詞。但為什麼植物會有毒呢？

↑ 這顆馬鈴薯已經發芽了，千萬不要吃。可種來觀察。

↑ 聖誕紅全株有毒，乳汁會引起皮膚紅腫發炎。

↑ 麒麟花全株有毒，以乳汁毒性最強。

因為植物不像動物可以自由移動，較能躲避危險，為了保護自己免於被傷害，便演化出許多自我防衛的機制，讓體內存在毒素就是一種尋常的自衛方式。

有些有毒植物中存在毒性蛋白、氫氰酸、生物鹼等有毒化學成分，若吃到這些成分，輕微則引人不適，如紅腫疼痛，嚴重的可能傷害器官甚至危及生命。

有毒植物在那裡？

有毒植物可能存活於任何地方，不論是居家室內、庭園公園、山區海邊，千萬不要掉以輕心。

例如蔬菜中發芽的馬鈴薯和未成熟的蠶豆都帶有毒性。枇杷、梅、李、梨等薔薇科的水果，其種仁、花芽或樹皮等也含有毒性，吃這些水果時記得只吃果肉，種子吐掉比較好。

↑ 大部分人都熟識的洋長春藤，養於室內或戶外均可，果實、種子和葉子有毒。
↓ 虞美人為罌粟科植物，全草有毒，其中以果實毒性較大。

觀賞植物，如長春藤、黃金葛、聖誕紅、麒麟花、虞美人、馬纓丹等也都是有毒植物，只能觀賞，可是吃不得的。

我們一家都有毒？

如果以植物的科別而言，許多有毒植物常常是「同一家人」，也就是同科的植物，例如夾竹桃科、豆科、大戟科、茄科、石蒜科、天南星科、杜鵑花科、蕁麻科等。並非這些科別的每一成員都具毒性，或者毒性相同喔！但是若對植物的科別有基礎概念，辨識有毒植物會較容易些。常見到的有夾竹桃科、豆科、蕁麻科。

夾竹桃科中的夾竹桃應該是紀錄中最危險的有毒植物之一，曾有以枝條當作筷子吃飯而嚴重中毒的案例，因此現

↑ 馬纓丹在公園校園中是很常見的植物，枝葉及未成熟果實有毒。

↑ 軟枝黃蟬，樹液有毒。誤食造成嘔吐、腹瀉、發燒、噁心、嘴唇紅腫、心跳加快、循環系統障礙等。

↓ 小花黃蟬，花較小，能結果實。

↑ 沙漠玫瑰，全株有毒，以乳汁毒性較強。

↓ 日日春，全株有毒。誤食會有細胞萎縮、白血球及血小板減少、四肢麻痺、無力等症狀產生。

↑ 黑板樹的白色乳汁具有毒性。

↓ 鳳凰木的花和種子有毒。

在很少有校園栽種此樹。但這一科植物成員常有著美麗的花朵，因此校園中都還有種植此科植物，如軟枝黃蟬、小花黃蟬、沙漠玫瑰、日日春、黃花夾竹桃，以及常見的行道樹黑板樹，這些植物均為全株有毒，尤其以乳汁毒性最強，誤食會造成多種身體上的傷害，一定要多加小心。

有乳汁的植物除了我們熟悉的桑科，菊科等成員外，很多種類或多或少都具有毒性，在確認之前，不要隨便採食較為安全。

此外，豆科家族中也有不少成員是有毒的，例如鳳凰木、大葉合歡、紫藤、雞母珠、蝶豆，薯豆。我們經常食用大豆、紅豆、綠豆、豌豆等，就容易忽略了該科其他成員的毒性，以為豆科家族其他成員也很安全。

至於郊山步道中，大家最容易被「咬」到而引起不適的就是蕁麻科中的咬人貓、咬人狗、蠍子草等。

咬人貓分布在海拔七百至三千公尺山區，葉

↑ 紫藤，種子有毒。

片兩面附生的**焮毛**是表皮細胞的突起，似針頭狀的刺毛，含有類似蟻酸的有機酸，人的皮膚若碰觸到，立即有刺痛或灼痛感。

蠍子草為高大草本，全株散生焮毛，與咬人貓類似。葉片互生，常是三裂狀，葉緣有粗鋸齒，兩面均具焮毛。

至於咬人狗，它不像咬人貓及蠍子草為草本植物，而是可長至好幾米高的喬木。外形就像常見的闊葉樹一般，但葉形較大，全株不見像咬人貓葉上那麼明顯的焮毛，辨識上較為困難。而秘密武器就藏在全株幼嫩部分、葉面、葉背、花序軸、果柄等部位都長有焮毛，若經碰觸會讓皮膚紅腫，引起疼痛燒熱的感覺。台灣中、南部海岸、溪岸及山麓叢林內較為常見。

還有一種會開出成串的美麗花朵，常引來遊客摘採的是毛地黃。毛地黃自十九世紀由日本人引種到台灣，現在普遍分布於阿里山、大雪山、太平山等中海拔山區。

植物種類繁多，其中潛藏的有毒植物在生活周遭形同看不見的危機。多一份知識，才能多一份保障，為了你的安全，你最好認識有毒植物們！

↑ 咬人狗的植株。

↑ 雞母珠的花與果實都美麗。
但種子（下）含毒蛋白。

↑ 蝶豆的花很美麗，成熟的種子有毒，不要誤食才好。

↓ 毛地黃，典型的「歸化植物」，全株有毒。

↑ 咬人貓，葉對生為闊卵形至心形，邊緣有雙重鋸齒。

↓ 蠍子草，葉片常是三裂狀，葉緣有粗鋸齒，野外活動，小心謹慎，留意牠們。

① 下列何者為有毒植物？
（Ａ）咬人貓。（Ｂ）狗尾草。（Ｃ）象草。（Ｄ）爬牆虎。

② 有毒植物多出現在什麼地方？
（Ａ）高海拔山區。（Ｂ）荒郊野外。（Ｃ）海邊。（Ｄ）任何生活環境。

③ 下列何者為有毒植物的辨識特徵？
（Ａ）花的顏色。（Ｂ）氣味。（Ｃ）是否有白色乳汁。（Ｄ）沒有絕對的辨識特徵。

④ 關於有毒植物的敘述，下列何者正確？
（Ａ）有毒植物常致人於死，應該全面剷除。（Ｂ）有毒植物也常是藥用植物，但應尋求正確取得與食用途徑才不至藥到命除。（Ｃ）有毒植物不可怕，只要不是吃下肚就不會引起傷害。（Ｄ）大花曼陀羅只有花才有毒性，果實與種子並不具毒性。

〔解答〕

① （Ａ）咬人貓。
　說明：仔細上過本堂課，你就會發現其他都不是有毒植物喔！

② （Ｄ）任何生活環境。
　說明：這一題夠簡單了吧！有毒植物並不是遠在天邊，與我們生活沒有關係，而是隨時隨地都可能遇上喔！

③ （Ｄ）沒有絕對的辨識特徵。
　說明：認真上過本課的高手們，這一題一定會答對喔！

④ （Ｂ）有毒植物也常是藥用植物，但應尋求正確取得與食用途徑才不至藥到命除。
　說明：對於有毒植物不應抱著「應該全面剷除」的想法，而應該認真了解，避免中毒。許多有毒植物並不是不吃下肚就不會有危險，有時誤觸也可能會造成不適，例如蕁麻科中的咬人貓、咬人狗、蠍子草等。

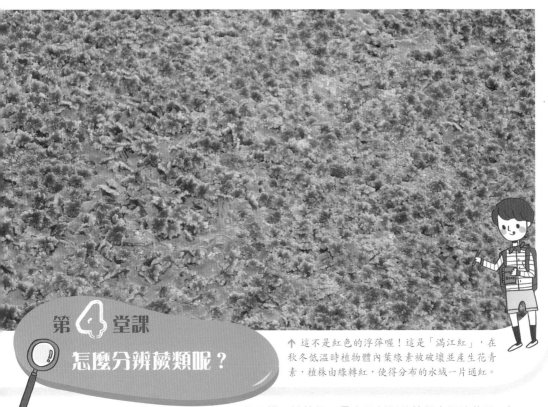

第 4 堂課
怎麼分辨蕨類呢？

↑ 這不是紅色的浮萍喔！這是「滿江紅」，在秋冬低溫時植物體內葉綠素被破壞並產生花青素，植株由綠轉紅，使得分布的水域一片通紅。

想分辨一株植物，最容易判斷的就是它們的花了，如果有一類植物都不開花，像蕨類一樣，那我們該如何分辨它們呢？

認識我的「蕨」代風華

蕨類植物不會開花結果，是**沒有種子的維管束植物**，我們可說蕨類植物為**低等維管植物**，但也可以說它是最高等的孢子植物。因為它們用孢子來繁殖後代，它們是所有用孢子繁殖後代的植物中，唯一具有維管束的一群。

因種類不同，蕨類的外型會有很大差異，如常見於淡水的滿江紅，個體微小浮於水面，而筆筒樹則特別高大，呈樹狀。

不開花，還是有其他特徵

既然具有維管束，就表示蕨類植物有真正的根、莖、葉。種子植物在未開花時，全株器官也是

有關「維管束」

維管束是植物的運輸構造也可以支撐植物體，讓植物體長得高大，長得粗壯。支撐的作用就好比高等動物中的脊椎一樣，可以支撐身體。

265

根、莖、葉，但蕨類的幼葉成捲旋狀，這是辨識蕨類最簡單的方式。也就是説，我們在任何地方，只要看到植物幼葉呈捲旋狀，幾乎就可以肯定那是蕨類。只是有少數蕨類，如石松、捲柏、瓶爾小草、及水生的蕨類沒有這項特徵。

　　蕨類不開花，也就不具果實和種子，大部分也不具明顯的莖，葉子便成了整株蕨類最發達而顯著的部分。

　　葉子都是綠色的，又如何區分是否為蕨類？成熟的葉子背面常有孢子囊群，這是蕨類的第二項特徵。只要看見孢子囊群，就可以確定眼前植物是蕨類。

↑ 筆筒樹，低地森林裡最挺拔出眾的蕨類王者。

　　孢子是蕨類主要的繁殖及傳播工具，與高等的種子植物不同。孢子只有一個細胞大小，肉眼無法看見。通常六十四個孢子為一群，包在孢子囊中，數個孢子囊再聚成一堆，形成孢子囊堆（群）。孢子囊群排列的方式、外形與保護裝置的型態各有差異，可能呈圓形、腎形、線形……等。產生的位置亦不同，有的沿著葉緣著生，有的散生於整個葉的下表面，這些都是辨識各類群蕨類的重要依據。

↑ 大多數蕨類的幼葉呈捲曲狀，此為蕨類重要的辨識特徵之一。
↓ 我們常食用的山蘇蕨，幼葉呈捲曲狀。

↑ 即使是高大的筆筒樹，幼葉亦呈捲曲狀。
↓ 這是不可食用，具毒性的栗蕨，幼葉也呈捲曲狀。

↑ 蕨類外部型態。
↓ 典型的蕨葉多呈羽狀複葉。

↑ 蕨葉的下表面具有孢子囊堆，孢子囊群排列的方式各不相同。

形形色色的葉

大多數蕨葉是一至多回的羽狀複葉，但也有單葉的，如車前蕨、石葦。蕨類的葉形變化很大，筆筒樹的葉子最長可達四公尺，寬一‧五公尺，膜蕨科有些種類長度卻不到一公分。也有些蕨類的葉柄十分細長，可以纏繞在其他植物上綿延十幾公尺，如海金沙等。

有的蕨葉因功能不同，可分為專供製造養分的**營養葉**，和著生有成群孢子囊的**孢子葉**。通常孢子葉在孢子成熟散布後就會枯萎，但是有些仍然具有製造養分的功能，這類蕨葉特別稱它為**營養孢子葉**。

很多蕨類植物具有優美細緻的葉，由於較一般園藝植物耐陰，因此是很理想的室內觀葉植物喔！如鐵線蕨、鳥巢蕨、鹿角蕨等。也有不少成為插花的花材，如腎蕨、過山龍。

蕨類的生活史

所有教科書講解蕨類植物時，一定會提到「世代交替」，這個概念先前在七月介紹蘚苔植物時也曾經提過。簡單說就是蕨類植物的生活史主要分成兩種階段，一個稱為**無性世代**，也就是所謂的**孢子體世代**，另一階段為**有性世代**，也就是**配子體世代**。植物體若能長出孢子，稱為孢子體，植物體若能長出配子，稱為配子體，所謂的配子就是精卵細胞。蕨類的孢子體很發達，最高可達數十公尺，最小也有數公分，比配子體更容易觀察。

↑ 溪邊有人站在筆筒樹下，是不是覺得它的葉片很大呢？

↓ 海金沙，葉軸呈攀緣狀，能無限生長，也能產生分枝，它長長的葉軸常被當作是它的莖，很容易讓人誤以為是它的蔓莖。海金沙是世界上擁有最長葉片的植物。

平常我們看到蕨類具有根、莖、葉分化的植物體，就是它的孢子體。孢子體經過一至數年的生長後，便能產生孢子，在蕨葉的下表面可以看到孢子囊成堆生長（如二六七頁圖）。孢子囊外有一圈厚壁環帶，具有彈性，有助於孢子飛散傳播。

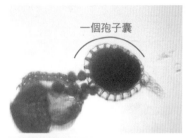

一個孢子囊

蕨類的成熟孢子隨風飄散，落地之後在適當的環境中可萌發成有性世代，也就是配子體（又稱原葉體），配子體很小、心形、扁平，呈綠色，直徑約五到十五公釐，具有藏精器和藏卵器，假根及生殖構造都著生在原葉體腹面。

原葉體下表面中央肥厚部位靠近心凹處，是藏卵器著生位置，內有一個卵細胞。在原葉體下表皮心尖附近有藏精器，產生許多精子。配子體上的精子利用它的鞭毛借水游到藏卵器與卵子結合，成為受精卵。受精卵在配子體上發育成為大而明顯的孢子體，也就是常見的蕨類，完成生活史，如此循環不已。

↑ 孢子囊堆中，其中的一個尚未破裂的孢子囊。左邊另一個已破裂，釋出了孢子。

↓ 配子體很小，又長在陰暗處或土壤中，所以要很仔細才能找到它們。在陰濕的角落、石壁、長苔的素燒紅瓦盆、水溝兩側等，都有希望很容易找到它們，找到看到之後自然就更容易了解它的生活史了。

蕨類可是「老前輩」了

當會開花的植物還沒有來到這個世界，蕨類植物在距今四億年前便出現了，可說是大家的「老前輩」。現在生存在地球上的蕨類大約有一萬二千種，主要分布在熱帶、亞熱帶和溫帶。台灣有超過六百種的蕨類，占全世界百分之五的種類，密度高居世界第一。

該去哪裡尋找蕨類呢？許多蕨類喜多雨、溫暖而潮溼的氣候，尤其喜歡分布於溪谷及森林底層。但也有些向陽蕨類經常出現在陽光充足的開闊地區，住家附近陽台上，街旁水溝邊，校園的圍牆上……處處有蕨跡，都是賞蕨的好地點。蕨類中的台灣山蘇花、過溝菜蕨（也稱過貓）可以吃，鐵線蕨、腎蕨、鹿角蕨等可當成盆栽植物。是和我們生活息息相關的好夥伴！

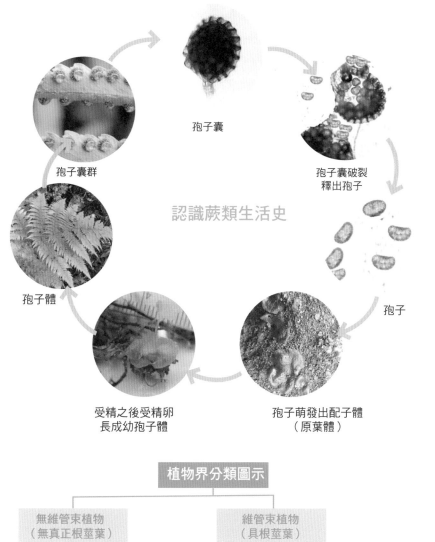

認識蕨類生活史

孢子囊

孢子囊群

孢子囊破裂
釋出孢子

孢子體

孢子

受精之後受精卵
長成幼孢子體

孢子萌發出配子體
（原葉體）

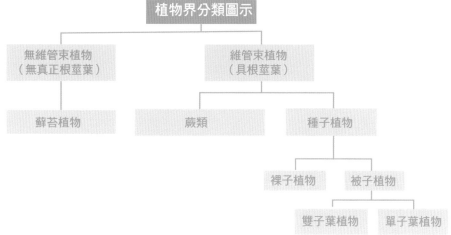

植物界分類圖示

無維管束植物
（無真正根莖葉）

維管束植物
（具根莖葉）

蘚苔植物

蕨類

種子植物

裸子植物

被子植物

雙子葉植物

單子葉植物

① 下列何者可以當作是判斷是否為蕨類的特徵？

（A）是否為羽狀複葉。（B）植株上有沒有花與果實。（C）幼葉是否捲曲狀。（D）是否有地上莖。

② 蕨類可藉由哪一特徵作為分類依據？

（A）孢子排列的形式。（B）孢子囊堆的排列形式。（C）維管束排列的方式。（D）是否可以產生孢子。

③ 關於蕨類植物的敘述，下列何者正確？

（A）蕨類以孢子繁殖，孢子飄落就可以再萌芽出一株新的蕨類植物體。

（B）蕨類以孢子繁殖，生活史中不具精卵受精的過程。（C）蕨類可以產生孢子，也具有維管束。（D）蕨類不開花結果，無法成為食物，對人類沒有利益。

④ 蕨類通常喜歡生活在潮濕有水的環境，主要的原因為何？

（A）它沒有角質層可以防止水分散失。（B）它沒有維管束可以運輸水分。（C）它的氣孔太多，容易喪失水分。（D）它不具花粉管，受精作用過程需要有水分作為媒介。

〔解答〕

① （C）幼葉是否捲曲狀。

說明：雙子葉植物也有羽狀複葉的。被子植物不開花時，植株上也不具花與果實。有些草本植物也常不具明顯的地上莖。生物小高手，你答對了嗎？

② （B）孢子囊堆的排列形式。

說明：孢子肉眼無法看見，也無因種類而有不同的排列方式。而維管束的排列放式主要在區別單子葉與雙子葉子物。至於孢子，蘚苔與真菌也都是會產生孢子的，所以（A）、（C）、（D）三個選項都不能當做分類依據喔！

③ （C）蕨類可以產生孢子，也具有維管束。

說明：孢子飄落是長出配子體（原葉體），蕨類以孢子繁殖，生活史中具有精卵受精的過程，蕨類不開花結果，但有的可作為食物，有的可以觀賞。

④ （D）它不具花粉管，受精作用過程需要有水分作為媒介。

說明：它角質層可以防止水分散失；也有維管束可以運輸水分。它的氣孔沒有太多。小高手，你都答對了嗎？

生物先修班 11
維管束

常聽到「維管束」這三個字，究竟它長什麼樣子？維管束到底是什麼？我們要如何才能看到維管束？放心，它並不是那麼難理解，一起來「攻破」維管束吧！

植物體內的「高速公路」

生活在陸地上，個體較高大的綠色植物，體內必須具有專供快速運輸物質的組織，這些組織就是**維管束組織**。

請想像一個國家中四方往來的高速公路，有了這些專門負責運輸的道路，就能快速輸送各地需要的物資。維管束對於植物而言，就是像這些高速公路一樣重要。想想看，一株上百公尺高的植物，內部沒有馬達，沒有動物具有的心臟，那麼，樹頂所需的水分與礦物質如何送達呢？就是靠維管束。

在維管束植物的根、莖、葉器官中，運輸水分的細胞上下排列成管狀，運輸養分的細胞也上下排列成管狀，兩種管狀構造聚集成束，因此稱為維管束。其中專門運輸水分的稱為**木質部**，專門運輸養分的稱為**韌皮部**。韌皮部通常分布在維管束外側，木質部則靠內側。維管束組織可由根部延伸至莖部，再延伸至葉，其中，葉內的維管束組織稱為**葉脈**。

認識木質部、韌皮部的運輸

木質部運輸的水分並不是我們一般飲用的純水喔！而是溶有許多礦物質在內的水。土壤中的水分由根毛進入植物體內，到達根部的維管束後，由木質部運送到莖、葉等各部分的細胞。這就是為什麼澆花要澆在根部著生的土壤中，因為水分在木質部中是由下往上運輸。

至於韌皮部所運輸的養分，指的是植物葉片行光合作用所產生的葡萄糖等養分，由韌皮部從葉運送到莖及根各部分，供植物細胞利用或儲藏。例如地瓜的養分由上往下運送，儲藏在根內，甘蔗也將養分往下送到莖，儲存於莖中。

有一天，當植物需要養分時可以再分解這些儲藏的養分，這時也是由韌皮部負責運輸。例如地瓜以塊根繁殖時，儲藏的養分可以分解並由下往上運輸到

芽，供芽生長利用。換句話説，養分的運輸方向是雙向的。

那麼為植物施肥的養分也是這樣由韌皮部運輸嗎？事實上，任何肥料都需要以無機鹽狀態溶解在水中才能被植物體吸收，換句話説，肥料是能被植物吸收的無機鹽，而不是有機養分，是由木質部負責輸送的。

認識形成層

多年生的雙子葉植物在木質部和韌皮部中間，還有一群可以不斷分裂的細胞叫做**形成層**，形成層的細胞分裂之後，向外推出便形成新的韌皮部，向內推則產生新的木質部，這就是為什麼雙子葉植物的莖會逐年加粗。而玉米、芒草等單子葉植物根莖內的維管束則不具有形成層，所以根、莖均無法逐年增粗。

雙子葉樹木逐年生長後，形成層內側會累積出大量的老舊木質部，俗稱為木材，在形成層以外的部分俗稱樹皮，韌皮部被包含在樹皮之內，所以樹木怕環狀剝皮一圈的原因就在於樹皮中的韌皮部運輸管子斷掉了，葉片製成的養分無法輸送到下面的莖和根去利用，根莖得不到養分自然就會導致死亡。

你是否看過遭雷劈打的空心樹仍繼續活得好好的？樹木是不怕空心的，因為具有輸送水分功能的細胞是位於形成層附近的新生木質部，中心的老舊木質部的細胞早已充滿了木質，多已失去輸送功能，因此許多空心樹由於還有形成層可以新生木質部細胞，所以並不影響運輸。

維管束長什麼樣子？

維管束在植物體內的排列可是井然有序的，一年生植物如苜蓿、大理花、咸豐草等雙子葉植物莖內的維管束排列成環狀。玉米、水稻、小麥等單子葉植物莖內的維管束則散生在組織中。

那麼，我們要如何觀察到維管束？看看用絲瓜晒乾做成的傳統菜瓜布吧！那些纖維就是了。如果沒有菜瓜布，總吃過橘子吧？剝開橘子皮時，那些白色的線狀物質，就是它的維管束。

↑ 絲瓜內的纖維就是維管束。晒乾做成菜瓜布後就很明顯了

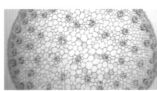

↑ 橫切玉米莖，從切面觀察維管束，玉米是單子葉植物，維管束散生。

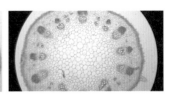

↑ 橫切向日葵莖，從切面觀察維管束，向日葵是雙子葉植物，維管束環狀排列。

12月 戶外探險去！

第 1 堂課

是誰把秋天變紅了？

一到秋冬，野外山頭就充滿了黃紅綠紫繽紛交織的風景，
令人不禁懷疑這些樹葉中是不是藏了一位神奇小畫家呢！

第 2 堂課

有魚有蟹有蝦還有蛙！豐富的台灣溪流

到山林溪流間玩耍的時候，
你是否注意過溪水裡面有哪些生物？

第 3 堂課

睡蓮真的在睡覺嗎？

睡蓮為什麼叫做睡蓮？它真的在睡覺嗎？睡蓮和蓮花、荷花又有什麼不同？

第 4 堂課

很醜但很溫柔的蟾蜍

蟾蜍是不是有毒？牠長得那麼醜，我是不是該躲牠躲遠點？
其實蟾蜍可是很溫柔的喔！

生物先修班 12 植物的感應

學習重點：認識植物的向性。

第 1 堂課
是誰把秋天變紅了？

↑ 美麗的台灣紅榨楓。是誰讓它變得如此繽紛？

每到秋天，那綠黃橙紅繽紛交會的美景，是春夏難以企及的。許多人並不知道，如果想要追到各色楓葉匯聚的美景，並不容易。你知道繽紛秋色背後的祕密是什麼嗎？

藏在葉子裡的小畫家是誰？

說到秋天的景致，最先浮現在腦海的一定是滿山的紅葉吧。但是，原本綠油油的楓葉，為什麼會變成紅色呢？

事實上，關鍵在植物體內的色素：葉綠素、葉黃素、胡蘿蔔素和花青素。這四大色素在氣溫影響下產生的化學變化，可是與葉子的顏色息息相關喔！

我們都知道，植物在太陽下會進行光合作用。尤其在白天時數較長的春夏，光合作用更是旺盛，葉片行光合作用時除了合成醣類外，也會加速葉綠素的分解。到了夜晚，葉綠素又開始合成，形成一個平衡的循環。在春夏兩季，葉片中最大比例的色

變紅？還是變紫？

你可能已經知道植物會變紅變紫，是花青素在背後作祟。但你可能不知道，紅或紫是和植物體內的酸鹼性有關！花青素種類很多，顏色會隨著酸鹼值而變，隨酸變紅，遇鹼變藍，顏色範圍從紅色、粉紅，藍紫都有。這就是為什麼我們在紫色高麗菜沙拉上灑上酸性的油醋醬時，紫色高麗菜會轉為豔紅！

素為葉綠素與胡蘿蔔素，由於這兩種色素都會吸收紅光、藍光、藍綠光，唯一不被吸收的綠色波長由葉面反射而出，在我們眼中，葉子便呈現青翠的綠色。

到了秋天，天氣變冷，葉綠素的合成速率減慢，在葉片中的含量便跟著降低。這時候，主宰樹葉顏色的則變成葉黃素與胡蘿蔔素，這兩種色素會反射黃色波長，葉子便逐漸變成黃色。

接著，氣溫繼續降低，植物輸送葡萄糖的能力減弱，葡萄糖便囤積在植物體內。葡萄糖的增加，則會促進植物體內的花青素形成。花青素會反射紅光與紫光，令葉片開始轉紅、轉紫。等氣溫更低，葉子的葉綠素更少，花青素比例不斷增加，綠色盡褪，紅色增強，就變成我們賞楓時看見的美麗紅葉了。

台灣有哪些楓？

楓界大紅人台灣紅榨楓

你知道台灣最「紅」的楓樹是誰嗎？台中稍來山、阿里山與大雪山森林遊樂區內都有它的蹤跡，它就是所有台灣原生種楓樹之中顏色最紅豔、也最受遊客歡迎的**台灣紅榨楓**。台灣紅榨楓是落葉性喬木，分布於中央山脈較高海拔的地區，它的特色是「紅」，因此極具觀賞價值。它的葉片裂痕相較於青楓淺了許多，為不明顯淺三裂。秋霜之後全株轉為豔紅，大約於十二月至次年一月為最佳賞楓紅時間。

台灣最常見的楓是青楓

青楓是落葉性喬木，分布於台灣全島低、中海拔，約兩百至兩千公尺的山地闊葉林內，如陽明山國家公園、東勢林場、清境農場。校園、公園亦常有栽種，只是栽種地若海拔不高，秋冬低溫不足，葉子還未轉為橙紅便已凋零。它的特色是葉多為掌狀五裂，對生，幼樹樹皮為青綠色，果實有翅膀。每年最佳賞楓期是十一月至十二月（依所在高度不同而有變化）。

而除了紅榨楓與青楓之外，在台灣還能欣賞到以下四種具代表性的楓樹喔！

楓樹和槭樹原來有歷史糾葛！？

自古以來因為累積了很多觀察上的錯誤，就連植物學最重要的百科《台灣維管束植物簡誌》也誤將青楓分類在槭樹科，而事實上青楓是楓樹科。為什麼會有此錯誤呢？台大李學勇老師等專家考證發現，誤將部分楓樹科植物列入槭樹科，是日治時期的錯誤稱呼。近年來學界才開始慢慢更改這些名稱上的錯誤。

各種楓比一比！

楓樹種類	分布地	形態	特色
台灣掌葉楓	文山、烏來、太平山等地零星分布。	葉裂七裂，裂片先端漸尖，鋸齒緣。	葉緣七裂，比青楓多了兩個小角。
台灣三角楓	北海岸或溪畔、福壽山農場。	葉裂三裂，淺裂，全緣或波緣。	不在山上在海邊，但已有不少公園、農場將它當作景觀植物。
尖葉楓	陽明山、大雪山森林遊樂區。	葉裂三至五淺裂，葉尖長尾狀，葉緣為不整齊的細鋸齒緣。	到了秋天樹葉轉黃而非變紅。
樟葉楓	低至中海拔山區零星分布。	葉長橢圓形，全緣，無葉裂。	葉形像樟樹，到了秋天葉色也不會變紅。

「楓香」不是楓！我們只是長得像，其實細看不一樣

　　每當賞楓季來臨，南投的奧萬大、新竹霞喀羅等森林遊樂區總是擠得水泄不通。但是你知道嗎？其實，我們在這兩處賞楓勝地看到的紅葉並不是楓葉。大部分是稱作「楓香」的樹。楓香的外貌和楓樹相似，名字也讓人容易混淆，它屬於金縷梅科，而非楓樹科喔！

　　究竟「楓」和「楓香」該怎麼區分呢？只要觀察葉形、葉序、果實、種子，

就能發現兩者的不同！楓樹屬（楓）的葉子為對生，全緣至七裂，果實外貌為擁有雙翼的翅果。楓香的葉子為互生，三至五裂，果實外貌為球狀聚合果。

此外，雖然常有人以「楓香三角，楓五角」口訣來區分葉形相似的青楓與楓香，但事實上，楓香的葉片也有四裂或五裂。因此，只以葉片裂緣來區分並不完全正確，為避免錯認，建議大家還是以葉形、果實、葉序等特徵一起觀察，較不易認錯喔！仔細觀察底下的照片，試著分辨楓香與青楓的不同吧！

楓香、青楓比一比！

	楓香	青楓
葉形	掌形葉，網狀脈。葉多三裂，偶爾可見二至五裂。葉緣呈細鋸齒狀。 	掌形葉，網狀脈。葉多五裂，偶爾可見六至七裂，裂片呈三角形。葉緣呈鋸齒緣。
葉序	單葉，葉序為互生。葉片 AB 左右交互排列稱為互生。 	單葉，葉序為對生。
花	 花期多為春季。花沒有花瓣，是雄花和雌花分開的單性花。雌雄同株，花與葉同時長出，雄花是葇荑花序，雌花是頭狀花序。右為雄花花序，左為雌花花序。	花多而小，花徑約〇‧五公分。花瓣淡黃色，五片，圓形，雄蕊五至八枚。花期多為春季。

	楓香	青楓
果實	果實近圓形，表面密生尖銳刺狀，長得像海膽。 由多數蒴果互相癒合而成頭狀聚生果。 離開母體時是垂直墜落到地面上。 	果實是雙翅果，像一對漂亮的翅膀。 離開母體時旋轉或滑翔而下。
種子	每一蒴果中有種子，有的種子有翅膀。 	每一個翅果上有一個種子。

　　除了外型以外，要以海拔高度判斷楓香與青楓並不容易，因兩者皆常見於台灣平地至海拔兩千公尺地區。但若以知名景點而言，奧萬大、霞喀羅這兩處赫赫有名的賞楓勝地，所賞的主要是楓香，而到苗栗馬拉邦山和石門水庫賞楓則以青楓為大宗。只要抓住一些辨識特徵，欣賞美麗的秋色，秋天就可以成為感性知性皆豐收的季節喔！

① 以下哪一項不能用來區別楓樹和楓香？

（A）葉序為互生或對生。（B）果實的形狀。（C）葉緣的三裂或五裂。
（D）花的型態。

② 左圖可能是誰的果實？

（A）松樹的毬果。（B）楓香的球狀聚合果。（C）楓樹的雙翼翅果。
（D）荔枝的果實。

③ 下列哪一種植物色素是楓葉變紅的關鍵角色？

（A）葉綠素。（B）葉黃素。（C）胡蘿蔔素。（D）花青素。

④ 加拿大以楓樹聞名，國旗上的楓葉標誌、及製取楓糖的楓樹，此楓樹與下
列何者在植物分類上關係最遠？

（A）楓香。（B）台灣紅榨楓。（C）三角楓。（D）青楓。

（解答）

①（C）葉緣的三裂或五裂。

說明：雖然常聽到「楓香三角，楓五角」，但楓香也是有四或五裂的，特
別是幼葉經常出現。記得還是以葉序、花朵型態、果實形狀來辨識才比較
準確！

②（B）楓香的球狀聚合果。

說明：還記得前面已經看過楓香和楓樹的果實圖片嗎？這一題根本是送分題！

③（D）花青素。

說明：葉綠素使葉子呈現青翠的綠色，葉黃素、胡蘿蔔素則使葉子呈現黃
色。在藍莓、茄子、葡萄等紫色蔬果中大量存在的花青素，才是使葉子「大
紅大紫」的關鍵角色喔！

④（A）楓香。

說明：楓香分類上屬於金縷梅科，其餘皆同為楓樹科植物。學會辨別楓和
楓香的不同之後，你應該就可以成為班上的生態小高手喔！

↑ 台灣的自然溪流上游環境。

第2堂課
有魚有蟹有蝦還有蛙！豐富的台灣溪流

台灣的夏天炎熱高溫，許多人喜歡親近溪流，玩水、釣魚、撈蝦、抓蝌蚪，甚至是溯溪，你是否也經驗過這樣的夏日活動呢？想要享受暑熱時節的清涼，我們得先平時就維護好乾淨而健康的溪流喔！

上游、下游風景不同

海洋占了地球面積的百分之七十一，聽起來水似乎不餘匱乏，但這些鹹水並不能為陸地生物直接使用，卻占了地球總水量的百分之九十七以上。河川、湖泊、溼地等內陸水域才是提供地球人類主要的飲用水來源，但這些水體連地球總水域的百分之一都不到。

淡水生態系包含**流動水域**和**靜止水域**兩大類。溪流屬於流動水域，是很重要的淡水系統。

相較於其他國家，台灣的河川既短且急，降雨之後就迅速奔流入海，棲息在河川的生物，必須具備一套生存策略來適應這樣的環境。於是，

節肢動物

節肢動物門是動物界最大的一門，約占全部動物品種的百分之八十五。包括：昆蟲綱、蜘蛛綱、甲殼綱等。

從上游到下游，在不同型態河川中便群集著不同的生物。

仔細瞧瞧河流生態系

現代人少有機會實地在溪流中認識水中生態了，溪流裡究竟有哪些生物呢？

在河流生態系中，生產者包含藻類、水生植物，以及岸邊一些喜歡潮濕環境的植物，如**莎草、香蒲、水丁香、布袋蓮及木賊蕨類**等。相較於靜止水域的湖泊及水庫，溪流中的浮游性藻類較少，但藻類常常可作為監測水質的指標生物，根據數量和種類，就可以評估該水域的水質狀況如何喔！

消費者包括**浮游性動物、節肢動物、軟體動物及脊椎動物**。脊椎動物以**魚類**及**兩棲類**為主。

↑ 河流生態系中的水生植物香蒲。香蒲為多年生挺水性草本植物。其中褐色圓柱形長得像熱狗的部位是它的花序。

↓ 莎草。多年生莎草科挺水植物，此為「覆瓦狀莎草」，全台平地、稻田、池埤、溪流旁等地，都可以見到其蹤跡。

水棲昆蟲是溪中重要成員

溪流底棲大型無脊椎動物泛指肉眼看得到的無脊椎動物，其中以水棲昆蟲為最主要的一群，數量和種類都是最多的。包括蜉蝣幼蟲、石蠶蛾幼蟲、石蛉幼蟲、石蠅幼蟲、水龜、扁泥蟲、水薑、蜻蜓、豆娘等。牠們以水中有機物、藻類為食，本身也是大型魚蝦的食物，在物質的循環與能量的流動上，扮演著相當重要的角色。

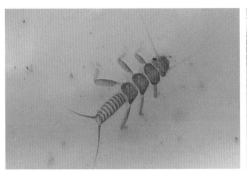

↑ 石蠅科幼蟲（左）及成蟲（右），幼蟲僅出現於水質未受汙染或稍受汙染的溪段。

↑ 圖為石蛉幼蟲（左）與成蟲（右），幼蟲具有特化的大顎，腹部兩側具有腹足突起，以鰓絲呼吸，長相似蜈蚣。成蟲大顎亦發達。

因為很少接觸牠們，因此有些昆蟲名稱聽起來很陌生，其實牠們並不稀有喔！其中最有名的應該就是被形容為「朝生暮死」的蜉蝣了，感謝中國古書讓我們認識這個名字，但你見過這種昆蟲嗎？

以生態系功能的角度來看，水棲昆蟲是溪流生態系食物網中的重要成員，同時，水棲昆蟲也常用作溪流汙染評估指標生物喔！這是因為牠們種類繁多、肉眼可見、生活史長短適中，因此在短時間內，觀察水棲昆蟲的種類就可得知水質的優劣。

蝦兵蟹將好朋友

除了水棲昆蟲之外，蝦蟹類等「蝦兵蟹將」是第二大族群喔！一般人印象中的螃蟹，大概都是海港漁市場可見到的海蟹，或是餐桌上的紅蟳，

但在淡水溪流中，也能發現不少的螃蟹，其中毛蟹是大家較常聽說的，雖然未必見過。一到秋天，毛蟹就會集體遷移到河口繁殖，幼體在海水中成長，

↑ 蜉蝣是一種不完全變態類的昆蟲，成蟲期約二十小時至三日左右，「朝生暮死」這個封號就是這麼來的。

↓ 水錢（扁泥蟲）扁薄形態適合貼附於激流石頭的表面，喜歡乾淨的水質。

數次蛻皮後，才會再度進入溪流環境。因為牠有一雙密生絨毛的螯鉗掌節，所以才會有「毛蟹」之名。台灣河川目前只有兩種毛蟹，一種是台灣扁絨螯蟹，俗稱青毛蟹，另一種是日本絨螯蟹，主要分布在西部及北部河川，屬雜食性而且成長快速的淡水蟹，魚蝦等動物屍體都可以成為牠的食物，是河川中優秀的清道夫。

魚兒水中游，蛙類水鳥也在其中

溪流中的脊椎動物主要為魚類，還有兩棲類和鳥類。兩棲類中，蛙類、蟾蜍均可生活於河內，牠們的蝌蚪也生活於溪流中，如斯文豪氏赤蛙、褐樹蛙。鳥類主要為水禽類，在台灣河流上游以鉛色水鶇、河烏、紫嘯鶇及小剪尾較為常見。中、下游以鷺科鳥類較多，這些水禽主要以水棲昆蟲及河中的魚蝦為食物。

魚類是河川中的大家族，台灣河川中已知的純淡水魚約八十種左右。上游最著名之魚類為櫻花鉤吻鮭，中游有台灣纓口鰍、台灣馬口魚及蝦虎類。而在下游，則以俗稱吳郭魚之慈鯛科魚類為優勢魚種。還有外來種的琵琶魚、原生魚種粗首鱲（溪哥）、羅漢魚等。

一個美麗的城市若有河流蜿蜒其中，這城市必定更柔美，條件是這必須是一條健康乾淨的河流，

↑ 蝦也是溪流中常見的動物，蝦屬於節肢動物。

↓ 毛蟹屬於節肢動物門甲殼綱。圖中為日本絨螯蟹。

也就是除了不髒不臭之外，這河流生態系的生物多樣性也是充足的。台灣河川生物多樣性喪失情況較過去嚴重，原因為河川水質汙染、河道整治不當（如三面光）、人類開發與採捕活動過多、外來種水生生物引進與侵犯等。

↑ 鉛色水鶇在台灣中、低海拔山區溪流附近是很普遍的種類。鉛色水鶇全身以灰藍色為主，可以由尾巴的顏色來分辨性別，雄鳥（右）自腰部到尾部為棗紅色，雌鳥（左）尾羽除基部為白色之外，其餘皆為黑褐色。

↑ 櫻花鉤吻鮭，台灣的國寶魚生活在武陵地區的七家灣溪，是瀕臨絕種的保育類動物。

↑ 粗首鱲，又名溪哥、平頷鱲，雄溪哥俗稱「紅貓」，雌溪哥就稱「溪哥」，產卵期雄性頭部長出追星，體側會出現所謂「婚姻色」的紅、青、黑三種顏色橫紋。

　　河川生物多樣性的保育工作需要本著「尊重生命」的觀念，透過認識與理解台灣河川生物的特性，適度利用生物資源，以維護河川生態體系的穩定，使生物族群能在當地河川原棲息環境中生生不息。

　　水資源是世界上很珍貴的生活資源，溪流更是與生活息息相關，看著水中的魚兒，以及昆蟲、蝦、蟹等各種生物，是不是想要學著認識並愛護豐富的溪流生態，為綠水常流的美好環境多盡一份心力呢？

↑ 吳郭魚生長快速，為台灣淡水養殖魚類之一，也是世界性養殖魚種。但不當的宗教放生活動中，將其魚苗大量放入溪流，造成外來種入侵、河川生態遭破壞。

① 台灣的河川具有何種特性？

　　（A）皆由東向西流。（B）河短、坡陡、流急。（C）河川流量變化大。

　　（D）河川河床狹窄。

② 地球上可提供給人類作為主要飲用水的來源，約占地球總水域的百分之多

　　少？

　　（A）百分之九十七。（B）百分之七十一。（C）百分之五。（D）少於

　　百分之一。

③ 下列哪一種生物適應力強，較能適應高汙染的水域環境？

　　（A）石蠅。（B）蜉蝣。（C）扁泥蟲。（D）吳郭魚。

〔解答〕

① （B）河短、坡陡、流急。

　　說明：台灣河川並非由東向西流，流量變化也不大，河床也並不特別狹窄，

　　只有（B）河短、坡陡、流急才是正確的喔！

② （D）少於百分之一。

　　說明：主要提供給人類作為飲用水的來源，就是河川、湖泊、溼地等內陸

　　水域的水，但這些水體連地球總水域的百分之一都不到。你答對了嗎？

③ （D）吳郭魚。

　　說明：其他三種生物都無法適應高汙染水域。吳郭魚具有耐汙染、抗病力

　　強、雜食性等特質，對於外在環境的適應力強。

↑ 「蓮花」和「荷花」指的是同一種植物。

→ 荷花的地下莖，也就是我們吃的蓮藕。市場上販售的多已將泥土洗淨。

北宋周敦頤《愛蓮說》中禮讚：「蓮之出淤泥而不染，濯清漣而不妖」，以此植物比喻君子的高貴情操。大家應該都很熟悉吧？不過，我們常常將蓮花、荷花、睡蓮三者混淆，究竟該怎麼區分？而其中的「睡蓮」又為何叫做睡蓮？它真的在睡覺嗎？

蓮葉效應：

又稱「蓮花效應」。蓮葉表面有細微突起，使得落在蓮葉上的雨水因表面張力形成水珠，只要葉面稍微傾斜，水珠就會滾離葉面，滾動的水珠會將灰塵顆粒帶走，達到清潔效果。這就是為什麼蓮可以「出淤泥而不染」。

蓮花就是荷花，荷花就是蓮花

蓮花在中國古書中的名稱眾多，例如：荷花，芙蓉、水芙蓉，還有叫來拗口的芙蕖（ㄈㄨˊ ㄑㄩˊ）、菡萏（ㄏㄢˋ ㄉㄢˋ）等，其中以「荷花」為最通俗的別稱。

事實上，古人文章中的「荷」與「蓮」原本指的是這種植物不同的器官部位。「荷」是指葉、花，有「負荷」的意思，「蓮」指的是果實，也就是蓮蓬（花托）這個部位。不過，古人並不清楚植物器官構造名稱，他們並沒有把蓮花的莖和葉柄分清楚，也沒有釐清地下莖和根以及果實、花托和種子。

現在，一般統一以「荷」或「蓮」來稱呼整株植物，不分部位，荷花就是蓮花，蓮花就是荷花。

荷花為蓮科，多年生草本植物，種類超過三百種，原產於印度、中國、日本及菲律賓等，傳入台灣才不過百年的歷史。

荷生活於水中，常以地下莖種植於池塘或河流的淤泥中。生長在泥土中橫走的地下莖，也就是俗稱的蓮藕。地下莖在生長前期較為纖

↑ 蓮藕多食用價值，剖開後裡面會有洞，這些空隙是供空氣流通，使荷花浸在水中的組織能有足夠的新鮮空氣。

細，生長後期則轉為粗大用以儲存養分，變粗的地下莖也正是我們平常食用的蓮藕。一般有五節，節跟節之間會膨大，就是我們食用的部分，斷面約有七至九個縱行通氣孔道，這是水生植物常有的特徵。蓮藕中含有黏質，切斷拉開時黏液相連如絲，這就是為什麼會有「藕斷絲連」這樣的成語。

荷的葉為盾形，葉柄位於葉片中央。葉在幼小時漂浮於水面上，長大成熟後則挺出水面生長，葉脈放射狀，表面有細突起，水滴落在上面會形成水珠。葉著生於地下莖的節上，一節只長一葉，葉柄長，可達一百公分，生有許多向下的刺，蓮農穿梭田間，通常一定要做好防護措施，免於被刺傷。

荷花具芳香味，花朵大而美麗，花瓣數目因種類而異，單瓣者約有十七至二十一瓣，和常見的雙子葉植物花瓣數多為四或五的情形是不太一樣的。顏色、大小亦多變化，粉紅色最常見，還有紅、白等其他顏色。

花朵中央倒圓錐形的部位是花托，一般稱為蓮蓬，初開時一點一點，大約有十多個點點黃色的地方是雌蕊柱頭，花柱很短，以下就是子房。

是否有眼尖的小高手發現了？荷花和一般兩性花一朵花中的雌蕊、子房數

↑ 荷葉會挺出水面。葉呈盾形，葉柄位於葉片中央，葉脈呈放射狀。

↑ 花大朵美麗，這就是許多人寫荷畫荷的原因。

↑ 一個蓮蓬中的柱頭，最外圈約有十一至十四個，次外圈有八至六個，最中央還有一個。

↑ 逐漸成熟的蓮蓬。

↓ 花托顏色由黃轉綠再轉為褐色、蜂窩狀的蓮蓬，子房發育為一個個橢圓形、黑褐色的果實，為蓮實。

目不同。一朵花中只有一個雌蕊的植物較為常見，一朵花中多個雌蕊的較少有。前者較常見，形成的果實叫做單果。

蓮蓬周圍圍著的許多絲狀構造是雄蕊，花藥為黃色。

一朵荷花的花期大約三天，清晨時花苞開啟，大約十點左右就合起來，連續三天之後，花瓣凋零。花謝之後，花托漸大，顏色由黃轉綠，再轉為褐色、蜂窩狀的蓮蓬，其內的子房發育為一個個橢圓形、黑褐色的果實，為蓮實，植物學上稱為小堅果。

果實去殼之後就是種子，它的種皮很薄。而我們所吃的蓮子其實只剩子葉部分，是種子除去種皮和胚，蓮子的胚為綠色且具苦味，若未能將胚去除即時食用，那苦味可是令人難以入喉的。

荷花喜歡濕熱的環境，分布在溫帶的品種，冬天時葉片會枯萎，藕莖會膨大。熱帶品種葉片多不枯萎，藕莖膨大亦不明顯。台灣的冬天，如果環境、溫度剛好適合，荷花植株也是會開花的。

睡蓮真的是「正在睡覺的蓮花」嗎？

釐清了「荷花就是蓮花」之後，還有一個容易讓人混淆的是「睡蓮」。睡蓮真的在睡覺嗎？其實這只是一種比喻，因為它的花朵會開開合合，就像時醒時睡一樣，因此稱為睡蓮。根據「睡眠時段」，可分為白天開花、晚上合起來，以及晚上開花、白天合起來的兩大類睡蓮。

睡蓮為常綠植物，葉片圓形或橢圓形，浮於水面，葉基部有 V 形缺口，春夏秋開花，亦有全年開花品種，花朵壽命約四天，開花時間依品種而定。相較於蓮，睡蓮沒有蓮蓬，不結蓮子。花單生，花軸頂端只開一朵花，稍突出於水面，花瓣有藍色、淡紫色、粉紅色或白色等。

那麼，蓮和睡蓮是一樣的嗎？過去植物分類學家將蓮和睡蓮都放在睡蓮科，但隨著研究進展，目前多將蓮屬獨立為蓮科，而睡蓮則仍為睡蓮科。因此，兩者是不同科的植物喔！

↑ 睡蓮葉片浮於水面，葉基部有 V 形缺口，與荷葉挺出水面不同。

↑ 睡蓮開花，花朵中間沒有蓮蓬。

↑ 有些睡蓮黃昏時就漸漸將花瓣合上，準備要「睡覺」了。

蓮與睡蓮比一比！

名稱	蓮（荷）	睡蓮
科別	蓮科	睡蓮科
葉	葉全緣，呈淺綠色，挺出水面，有蓮葉效應。	全緣或鋸齒緣，濃綠色，浮於水面，無蓮葉效應。
花	花期夏季，花瓣較大，花中心有蓮蓬。	花期為春夏秋季，花瓣較小，花中心沒有蓮蓬。
果實	花謝後，蓮蓬蓮子在空中發育。	花謝後，花梗沉入水裡，果實、種子在水裡發育。

　　睡蓮科在台灣有兩個原生種，芡與台灣萍蓬草，兩者皆長在低海拔的湖泊或池沼。芡分布於中南部，台灣萍蓬草產於桃園縣龍潭等地區。因人口漸多開發建設隨之漸增，湖泊、池沼多被填塞，導致這些植物的生存地銳減，如今野外已無芡的蹤影，一九一五年台灣萍蓬草被發現、命名，後來漸漸失去蹤跡，現在野生族群則僅存於楊梅和龍潭地區，有些地方則以人為復育方式養殖於池塘。目前它是台灣特有生物中瀕危的一種水生植物。另外有一些引進的栽培種，如日本萍蓬草，但和原生種是有一些差異的。

↑ 天黑了，夜睡蓮才開花。太陽高高升起時，它就要「睡覺」了，可說是個「夜貓子」！

① 有關「蓮之出淤泥而不染，濯清漣而不妖」，其中所描述的「蓮」，下列敘述何者正確？

（A）這裡的蓮花就是睡蓮。（B）蓮之出淤泥而不染是因為「蓮葉效應」。（C）蓮花是單子葉植物（D）蓮花低矮，是不具維管束的植物。

② 關於荷花這一種植物的性質描述，何者錯誤？

（A）荷花就是蓮花。（B）荷花中心有蓮蓬。（C）一朵蓮花有一個雌蕊，雌蕊中一個子房，可結出一個果實。（D）蓮蓬是荷花的花托發育而來的。

③ 就植物學而言，下列關於荷花的部位配對，何者正確？

（A）蓮子──果實、種子。（B）蓮藕──根。（C）支撐著大面積荷葉的──莖。（D）蓮蓬──花。

④ 關於睡蓮科植物的敘述，下列何者錯誤？

（A）睡蓮科植物的花朵會做睡眠運動。（B）台灣的睡蓮科植物都是引進的外來種植物。（C）睡蓮的葉片多浮在水面上。（D）睡蓮的花朵中央沒有蓮蓬。

【解答】

① （B）蓮之出淤泥而不染是因為「蓮葉效應」。

說明：這裡的蓮花並非睡蓮，蓮花也不是單子葉植物，是雙子葉植物喔！另外，蓮花具備維管束喔！

② （C）一朵蓮花有一個雌蕊，雌蕊中一個子房，可結出一個果實。

說明：一朵蓮花中有多個雌蕊，每一個雌蕊中一個子房，所以一朵蓮花可結出多個果實。小高手，你答對了嗎？

③ （A）蓮子──果實、種子。

說明：蓮蓬裡一顆顆帶殼的蓮子，是蓮的果實，堅硬的殼是果皮。去掉殼以後，可以吃的蓮子才是蓮的種子。處理新鮮的蓮子時，還將種皮去掉，中間苦苦的綠色蓮心（胚軸）也去掉，只留下兩片肥厚的子葉。蓮藕是地下莖，不是根。支撐著大面積荷葉的不是莖，是葉柄。蓮蓬不是花，是花托。這題如果答對，表示你很厲害了喔！

④ （B）台灣的睡蓮科植物都是引進的外來種植物。

說明：台灣萍蓬草就是台灣原生種的植物喔！

↑ 盤古蟾蜍。

第 4 堂課
很醜但是很溫柔的
蟾蜍

人們理性上都知道不要以貌取人，實際上目光焦點常是帥哥美女。來到生物界也帶著這樣的眼光，美麗的、可愛的、乖巧的就有可能成為家中寵物。有些生物在長相上比較吃虧，就常招人唾棄，醜醜的牠們真的一無是處嗎？

蟾蜍中毒

蟾蜍中毒在台灣不少見，因為在某些地區仍然有吃蟾蜍肉補身的習俗。蟾酥是收集蟾蜍耳後腺分泌的白色毒液所製成，有強心利尿功用。蟾蜍以耳後腺、皮膚、內臟毒性最強。

不受歡迎的蟾蜍

長相吃虧的生物代表非蟾蜍莫屬，一句「癩蝦蟆想吃天鵝肉」真是道盡了蛤蟆的辛酸。蟾蜍由於身體肥胖、四肢短小，皮膚布滿顆粒狀的毒腺，實在不討人喜歡，所以在中國稱蟾蜍為「癩蛤蟆」。

除了長相不討人喜歡之外，人們對牠的另一個印象就是有毒。中國古代，蟾蜍、毒蛇、蜘蛛、蜈蚣、蠍子合稱「五毒」，武俠小說中，牠們也總被當作邪惡的象徵。小孩更是從小就被教育不要靠近蟾蜍，若被蟾蜍吹到氣會中毒。

其實，蟾蜍絕對不像毒蛇、虎頭蜂一樣可怕，牠們是可以親近的生物。雖然很醜，可是很溫柔喔！

牠們口中沒有牙齒，趾端沒有利爪，不會主動攻擊人類，光是這些特性就已稱得上是溫柔了，我們可以很放心地靠近牠、觀察牠，沒有危險的疑慮。牠唯一的防衛武器就是皮膚，但除非吃下牠們才會中毒，只是摸或抓牠們，並不會造成中毒。

　　蟾蜍屬於兩棲綱、無尾目、蟾蜍科，在台灣只有兩種蟾蜍科蛙類，一是黑眶蟾蜍，一是盤古蟾蜍。

　　牠們在頭部兩側眼睛後方各有一個特別膨大的毒腺，稱為耳後腺。在遭受攻擊時耳後腺會分泌白色毒液，讓敵人感覺不舒服，然後吐掉牠們。

蟾蜍不是青蛙

　　蟾蜍有毒，人們只要吃一隻就可能中毒而死，這就是人們最大的恐懼。然而中毒的主要原因還是在於一般人不會分辨蟾蜍和青蛙，或者會辨識，但不知道處理掉有毒部位。一起來學學如何分辨蟾蜍和青蛙吧！

蟾蜍、青蛙比一比！

名稱	蟾蜍		青蛙
耳後腺	有。		沒有。
外形	具毒腺。		不具毒腺。 面天樹蛙，有些蛙類皮膚較粗糙，但不是毒腺。
蝌蚪	黑色，成群聚集。		多分散，體色較淡。
卵	呈長串形。		顆粒狀或泡沫型卵塊。

↑ 盤古蟾蜍蝌蚪為深黑色，喜歡聚集成黑壓壓的一大片，蟾蜍蝌蚪有毒，聚在一起是為了共同防衛，加深天敵對牠們有毒的印象。

↑ 盤古蟾蜍皮膚粗糙、散布突起的疙瘩，有些個體有背中線。

↑ 兩眼內側到吻端之間沒有黑色的硬稜，這是盤古蟾蜍與黑眶蟾蜍最容易區別的特徵。

台灣的蟾蜍

盤古蟾蜍

盤古蟾蜍為台灣特有種，於一九〇八年由美國學者命名，命名的標本採集自台灣中部一個地方，音譯名稱為 Bankoro，因此其種小名 bankorensis 指的是地名。雖知是以地名命名，但由於記錄不夠明確，目前並不知道「盤古」在南投縣的哪個地方。

盤古蟾蜍身體多大型肥胖，個體之間的體型差異很大，雄蟾體長約六至十公分（從吻端到肛門的長度），雌蟾約六至十一公分。體色及花紋變化多端，紅色、褐色或黑褐色都有，有些個體在體側有黑色縱紋，有些有黃色背中線，有些沒有任何斑紋。但無論花紋如何多變，牠們的身上都有或大或小的的疣，眼後還有一對大型突出的耳後腺可分泌毒液。在台灣從平地到高山都有分布，常出現在草地、水溝、登山步道、路燈下或住家旁，平時棲身陸地，秋冬季的繁殖期時會到水池或溪流；雄蟾很少鳴叫，只有在被其他雄蟾誤抱時，才會發出「勾、勾」要對方放開自己的叫聲。

黑眶蟾蜍

黑眶蟾蜍體型較盤古小，頭部具有明顯而且突出的黑色骨質脊稜，這是牠名字的由來，黑線由吻端延續到上眼瞼上方，一對長橢圓形耳後腺，位於眼後，具有大而顯著的鼓膜。

眼睛周圍有黑眶，是牠與盤古蟾蜍最容易區別的外型特徵。體色有灰黑色、黑褐色或黃褐色，變異頗大。皮膚粗糙滿布疣粒，若再仔細看，趾端呈黑色，有

點像塗了黑色指甲油。黑眶眼鏡和指甲油算是牠的時尚打扮吧！

也來認識兩種蟾

除此之外，還有兩種「蟾」值得認識。一種是體長只有二至四公分，很像小型樹蛙的中國樹蟾。

中國樹蟾既不是樹蛙科也不屬於蟾蜍科，牠們的外觀與習性比較像樹蛙，但骨骼構造卻與蟾蜍科比較接近，因此就自成一科，即為樹蟾科。

中國樹蟾身體背面呈綠色至黃綠色，腹面黃色。眼部有一個類似黑褐色眼罩的圖案是牠最好的辨識特徵。雄蛙常在雨後鳴叫，叫聲響亮。

↑ 黑眶蟾蜍體型較盤古小，有耳後腺，眼睛周圍有黑眶，趾端呈黑色。

↓ 繁殖期為春天和夏天，常群聚於水池邊，持續發出響亮鳴聲「咯咯咯咯咯咯……」抱接的時候上雄下雌，但要記得蟾蜍並非體內受精喔！

另一種「蟾」則是屬於細趾蟾科的角蛙。角蛙是全世界最普遍的寵物蛙，幾乎每個水族館都看得到。頭上有一對角狀突起的眼瞼構造是牠的特色，其次還有一張為了大量進食而演化出來的大嘴巴。

盤古蟾蜍和黑眶蟾蜍這兩種蟾蜍的食量也很大，如果你在雨後的住家路燈附近觀察，可以看到因趨光性而來的許多昆蟲，以及到路燈下吃蚊子、蒼蠅、螞蟻等昆蟲的蟾蜍，如此便可以幫忙控制昆蟲的數量，減少農藥使用。蟾蜍除了是昆蟲的天敵之外，也是許多魚類、蛇類與鳥類等動物的食物，如果沒有牠們，那麼許多動物是會跟著挨餓的！

也許你依然不喜歡蟾蜍，但希望你友善對待這種很醜但很溫柔的生物！

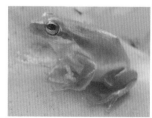

↑ 中國樹蟾，從吻部到鼓膜後方有一黑褐色粗紋，就像個蒙面俠的眼罩一般，很容易辨認。

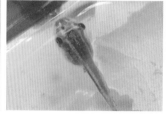

↑ 中國樹蟾的蝌蚪背部有兩條金線，經常浮游水面上，非常美麗。

↑ 嘴大吃四方的南美黃金角蛙。

① 下列何者為台灣的與青蛙蟾蜍的共同特徵？

（A）都為體內受精，卵生。（B）都不具毒性，可食。（C）皮膚都不具防水構造。（D）都有變態時期，蝌蚪與成蛙食性相同。

② 關於蟾蜍的毒性敘述，下列何者正確？

（A）不像毒蛇，毒性不會致命。（B）只要不吃，就不會中毒。（C）只有皮膚有毒，所以去皮再煮食便不會中毒。（D）蟾蜍肉可以製成蟾酥，用以補身。

③ 關於黑眶蟾蜍的敘述，下列何者錯誤？

（A）與中國樹蟾同科。（B）兩眼內側到吻端之間具有黑色的硬稜。

（C）卵為長卵串。（D）蝌蚪有毒，常聚集成堆共同防衛。

④ 關於盤古蟾蜍的敘述，下列何者正確？

（A）繁殖時期，雄蟾大聲鳴叫。（B）卵粒白色，是泡沫型卵塊。

（C）蝌蚪黑色，無毒。（D）為台灣特有種。

【解答】

① （C）皮膚都不具防水構造。

說明：認真上過本堂課的小高手，對你們而言這題簡直是送分題，是不是？

② （B）只要不吃，就不會中毒。

說明：蟾蜍毒性是可以致命的，因此需要多加注意。蟾酥是利用蟾蜍耳後腺製成，並不是蟾蜍肉喔！蟾蜍不只皮膚有毒，耳後腺、內臟等也具毒性。

③ （A）與中國樹蟾同科。

說明：兩者不同科，中國樹蟾為樹蟾科，黑眶蟾蜍為蟾蜍科。

④ （D）為台灣特有種。

說明：雄蟾很少鳴叫，卵呈長串形，蝌蚪是有毒的，才能自我防護。小高手，你答對了嗎？

植物的感應

> 一般人的印象中植物都是不會動的，但植物真的沒有反應嗎？一想到葉片會開合的含羞草、吃昆蟲的捕蠅草，是不是就開始好奇植物是如何感受外界刺激，進而做出反應的？

植物沒有反應嗎？

事實上，植物並不是不會動，它們只是不像動物一樣，對於環境的變化可以做出肉眼可見的反應。它們回應的步調和規模比動物更細緻，接受感覺與產生反應的方式也與動物不同，這就是為什麼植物對於環境的回應容易受忽略。

雖然很難站在植物立場去理解它們的感應，但透過觀察可以發現許多植物的動作頻繁，持續對周遭環境的刺激做出反應。

最常被提到的是許多植物都會**向光生長**以利光合作用，頂芽的生長點就好像有「視覺」一樣，看得見陽光的方向。植物也會因為感覺到重力，自然而然地背地生長，這些感應稱為為向性，和生長激素分布不均有關。

但植物的感應絕非僅止於此，例如每到秋天，落葉喬木的葉子會轉變成紅色、黃色、褐色紛紛落下，落葉現象就是一種對季節變化的感應。同理，葉片氣孔的開閉、開花時間與長出新葉也都是植物的反應。觀察這些現象需要較長時間，若是想要在短短幾秒間看到明確的動作，就得看含羞草的觸發運動以及捕蠅草的捕蟲運動了。

各種感應背後的原理是什麼呢？

植物為什麼會有向光性？這是因為莖背光的一側**生長激素**較多，所以生長

↑ 光源在左方，可看到
植物向光源一方彎曲。

↑ 含羞草受刺激時，葉
柄下垂、小葉閉合。

葉枕

葉枕 ——　—— 葉枕

葉片張開時

葉枕 —— —— 葉枕

葉片閉合時

↑ 酢漿草的睡眠運動。　　↑ 達爾文口中「世界上最精采　↑ 小毛氈苔。　　↑ 豬籠草的「籠子」內
　　　　　　　　　　　　　的植物」捕蠅草。　　　　　　　　　　　　有消化液。

快，向光的一側生長激素較少，生長較慢，於是莖的頂端便往生長速度較慢的一方彎曲，也就是朝向光源方向生長。

　　除了向光性之外，莖的背地性，或是根的向地性、向濕性、背光性，或是向觸性的捲鬚都是和生長素的分布不均有關。

神祕的含羞草和捕蠅草

　　含羞草的觸發運動以及捕蠅草的捕蟲運動是如何產生的？這就和激素無關喔！而是和植物葉柄基部葉枕細胞的**膨壓變化**有關。

　　含羞草的葉柄和小葉基部都具有**葉枕細胞**，當葉枕細胞吸水膨脹時便產生膨壓，使葉柄直立、小葉張開。如果受到接觸刺激時，葉枕細胞便失水而膨壓降低，導致葉柄下垂、小葉閉合。

　　「膨壓」，就是細胞內水分對細胞壁造成的壓力，大部分成熟的植物細胞中都有一個很大的液胞，當液胞內充滿水分時，就壓迫周圍的細胞質，使它緊緊貼向細胞壁，而給予細胞壁一種壓力，這就是膨壓。當細胞內水分快速流出細胞時，水對細胞壁的壓力變小，植物的莖或葉便下垂。有些植物的葉片在一天中的某些時段裡會有葉片下垂的現象，如酢漿草，這樣的現象稱為睡眠運動。

　　補蠅草的捕蟲運動也是和膨壓有關。當昆蟲飛到特化的葉上，碰觸到葉上的感應毛，會使葉子的細胞產生膨壓變化，促使葉子閉合，以捕捉昆蟲。

　　另一種食蟲植物「小毛氈苔」的捕蟲機制完全沒有任何動作，靠的是葉片上濃密的腺毛，腺毛上有膠水般的分泌物，得以吸引昆蟲靠近，並將獵物牢牢黏住而後消化。

　　還有一些進口的豬籠草屬植物，葉片會特化出有蓋子的瓶狀囊，消化液在瓶底積成水池，一旦獵物落入瓶裡的消化液中，它就有了一瓶鮮雞精般的營養品可以享用了。有趣的是，獵物跌入瓶中時，是逃脫不了的，蓋子並不會合上，從頭到尾，它不需要任何動作，就可以完成「食蟲」這件事了。

附錄 排碳的自我計算表

上完四十八堂生物課、十二堂生物先修班，大家是不是都對生物課信心滿滿了？更重要的是，一整年下來，認識了各種生物，也明白如何與整個生態和平相處，共享美好的地球。若沒有走出戶外，光是坐在教室裡讀課本，是很難有這種收穫的！

是否還記得什麼叫「碳足跡」呢？現在拿起計算機，算算看你個人一天大約要排放多少二氧化碳吧！

這個表格該怎麼用？

Step 1　假設你平均一天搭捷運五公里，那麼，你在「搭捷運」這一項目的二氧化碳排放量就是 5km×0.07kg／km ＝ 0.35kg。

Step 2　每一項填寫完畢後，將所有排碳量加起來，就是你平均每天排碳量。全世界平均值是一天十一公斤，看看你是超過十一公斤，還是未達十一公斤？

Step 3　本表格可以事先影印成數份，拿給你的家人、同學一起填填看。

Step 4　比一比，誰排的碳較多？誰排的碳較少？大家一起討論該如何調整生活習慣，才能減少排碳量呢？有沒有其他好點子？

活動項目	平均二氧化碳排放量	你的排放量	活動項目	平均排放量	你的排放量
搭捷運	0.07kg／km		開冷氣機	0.621kg／小時	
搭公車	0.08kg／km		用水	0.194kg／一度	
使用免洗筷／雙	18.27kg／次		用電	0.625 kg／一度	
吃漢堡肉	2.925kg／1 人份（225g）		用省電燈泡	0.011kg／小時	
吃豬肉	3.8 kg／kg		聽收音機	0.006kg／小時	
吃蔬菜	0.4 kg／kg		用紙杯	0.003kg／個	
吃雞肉	1.1kg／kg		用塑膠杯	0.0032kg／個	
吃便當	0.44kg／個		喝保特瓶裝水	0.093kg／瓶	
喝鋁箔包果汁	0.24kg／盒		看電視	0.096kg／小時	
聽音響	0.034kg／小時		搭電梯	0.218kg／層樓	
開電扇	0.045kg／小時		丟垃圾	2.06kg／公斤	
用 A4 紙張	0.018kg／張		熱水澡	0.42kg／次	
用衛生紙	0.04kg／張		用筆記型電腦	0.013kg／小時	
喝新鮮柳橙汁	0.36 kg／一瓶 500c.c.		用桌上型電腦	0.21kg／小時	
喝黑松	0.303kg／一罐（600cc）		讀書（約兩百頁）	34kg／本	

● 總計我平均一天要排放 _____ 公斤的碳。

● 為了減少排碳量，我可以做到的事有這些：

_____

_____

小麥田

知識館 4

生物課好好玩

48 堂課╳12 篇生物先修班，一年四季輕鬆學生物的超強課表！

作者・攝影	李曼韻
出版經紀	廖翊君
封面・內頁設計	黃鳳君
內頁插畫	白佩穎
內頁說明圖片	陸聖欣
校　　　對	修康
責任編輯	徐凡

國際版權	吳玲緯
行　　　銷	闕志勳 吳宇軒 陳欣岑
業　　　務	李再星 陳紫晴 陳美燕 葉晉源
副總編輯	巫維珍
編輯總監	劉麗真
總 經 理	陳逸瑛
發 行 人	涂玉雲
出　　　版	小麥田出版

10483 台北市中山區民生東路二段 141 號 5 樓
電話：(02)2500-7696
傳真：(02)2500-1967

發　　　行　英屬蓋曼群島商家庭傳媒股份有限公司
城邦分公司
10483 台北市中山區民生東路二段 141 號 11 樓
網址：http://www.cite.com.tw
客服專線：(02)2500-7718 ｜ 2500-7719
24 小時傳真專線：(02)2500-1990 ｜ 2500-1991
服務時間：週一至週五 09:30-12:00 ｜ 13:30-17:00
劃撥帳號：19863813　　戶名：書虫股份有限公司
讀者服務信箱：service@readingclub.com.tw

香港發行所　城邦 (香港) 出版集團有限公司
香港灣仔駱克道 193 號東超商業中心 1/F
電話：+852-2508-6231
傳真：+852-2578-9337

馬新發行所　城邦（馬新）出版集團 Cite(M) Sdn. Bhd
41, Jalan Radin Aunm,Bandar Baru Sri Petaling,
57000 Kuala Lumpur, Malaysia.
電話：(603) 9056-3833
傳真：(603) 9057-6622
讀者服務信箱　services@cite.my

印　　　刷	前進彩藝有限公司
初　　　版	2016 年 4 月
初 版 十 二 刷	2022 年 9 月
售　　　價	360 元

國家圖書館出版品預行編目資料

生物課好好玩 . / 李曼韻著 . -- 初版 .
-- 臺北市 : 麥田出版 : 家庭傳媒城邦
分公司發行 , 2016.4
面；　公分

ISBN 978-986-926-236-1(平裝)
1. 生物 2. 教學法 3. 中等教育

524.36　　　　105002572

城邦讀書花園
www.cite.com.tw
書店網址：www.cite.com.tw